A vida atribulada do filho de um libertino

A vida atribulada do filho de um libertino

V.S. Antunes

Primeira edição, 2024
Editor: Cláudio Lopes

ISBN: 978-989-33-5734-7

Facebook: https://www.facebook.com/Berlefes

Instagram: https://www.instagram.com/berlefes_o_pai_libertino/

Threads: https://www.threads.net/@berlefes_o_pai_libertino

Twitter: https://twitter.com/Berlefes_o_pai

Página de autor: https://www.amazon.com/author/gersulio_berlefes

Para todos os que cresceram com um familiar que, por esta ou aquela razão, era uma pessoa muito diferente das demais. Que vos tenha ajudado a dar valor ao que é diferente; que vos tenha tornado um melhor ser humano. Se não foi o caso, espero que este livro cumpra essa missão.

Índice

Prefácio

O livro que tem em mãos não é o livro comum da livraria da esquina. Se a sua capacidade de rir é limitada, pouse imediatamente esta obra. Ser-lhe-ão apresentados capítulos curtos e independentes onde conhecerá os primeiros personagens, mas não se iluda — consoante for avançando entrará numa densa trama, interligada, com muitos personagens e capítulos cada vez mais extensos.

Uma nota pertinente: o narrador deste livro padece de uma condição que facilmente o envia em viagens… Apesar de não confirmado pelos médicos, trata-se de um género de bipolaridade. Ele tanto é inteligente como de repente oscila; por vezes assemelha-se a um poeta sofisticado numa tertúlia intelectual, outras vezes sai-se com um brejeiro "colhões". Nas palavras do tio dele: "O meu sobrinho? Quando faz sol é esperto; quando chove é burro. E vice-versa com ou sem nevoeiro". É o que é, temos de aceitar a diversidade e não cancelar as pessoas só porque são diferentes de nós.

O leitor deverá estar preparado para entrar num universo paralelo, irá conhecer um mundo onde nem tudo é o que parece, experimentará uma realidade que tanto tem de alternativa como de actual. Prepare-se: depois de virar esta página, será tarde demais para voltar a ser quem era. Divirta-se e… boa sorte!

Prólogo

O meu nome é Gersúlio Berlefes Silva, Tó para alguns amigos, "meu burro" para um tio afastado e há quem me trate por Viagens Suzélio Antunes. Pensei muito sobre se deveria avançar com este livro ou ficar caladinho no meu canto. Quase desisti da ideia uma vez que no mundo de hoje algumas pessoas se sentem ofendidas por coisas que não entendem. Segui com o projecto por dois motivos: primeiro porque penso ser importante tentar ajudar todos os filhos que como eu têm um pai libertino, excêntrico, um pai diferente dos que por aí se conhece. Talvez não ajude só filhos, mas também pais, tios, avós, *primos coiso* e o que calhar; segundo, porque ao pensar melhor no assunto concluí que não quero saber. Se te sentires ofendido chupa um limão e vai ler outro livro — há muitos e de todas as cores e formatos. E o mesmo se pode dizer dos livros. Os mais sensíveis poderão classificar como fortes os textos que se seguem, mas quero deixar claro que as partes mais graves foram cortadas. Por favor, não vejam nestas histórias qualquer tipo de abuso. Qualquer interpretação nesse sentido estará completamente errada. À sua maneira, o meu pai ama-me muito e sempre quis o melhor para mim. Nunca, ou raramente, revelou desilusão pelas minhas escolhas e jamais me forçou a seguir os seus gostos. Sempre que precisei, ele estava lá para me ajudar no que pudesse. Numa das vezes que me esfregava as costas no banho disse-me que estará sempre do meu lado, escolha eu o caminho que escolher. Lembro-me como se fosse hoje, mesmo tendo sido ontem.

Tenho 33 anos e já não tenho tanta dificuldade em entendê-lo. Eu gosto de carros e mulheres; ele gosta de lingerie cor de rosa e malmequeres. São gostos e gostos talvez não se discutam, e até acho que lingerie lhe assenta bem. A idade trouxe-lhe alguns quilos extra na barriga, mas como ele compra alguns números abaixo a coisa disfarça. Agora que é raro ele ir ao ginásio, só a mostra na varanda ou em festas da empresa.

Hoje em dia, tem bons amigos que o aceitam tal como ele é e entendem como ele é especial. Eles sabem dos seus bonecos e estão a par das suas estranhas colecções, mas isso em nada afecta a sua relação. Não o criticam e já sabem que em todas as festas o show de cabaré é garantido. Anda sempre feliz e isso deixa-me feliz, mas para mim as coisas nem sempre foram fáceis. Foi muito atribulada a minha infância e juventude e talvez tenha havido um atraso na chegada ao meu estado adulto. Muita coisa eu não compreendia e muita coisa ainda hoje não compreendo, mas aprendi a aceitar o diferente — foi a única forma de manter alguma sanidade. A prova de que consegui estabelecer-me como adulto funcional é que hoje necessito de pouca ajuda especializada.

Vou contar-vos alguns desses episódios, quase todos passados durante os anos que vivi na mesma casa com o meu pai e a minha mãe. Espero que aprendam com a minha experiência e que como eu possam abraçar o diferente. Respeitem os vossos familiares e amigos como são, aceitem-nos da mesma forma que a minha mãe aceita os bitaites do trolha do prédio da frente para o meu lingeriezado pai: com compreensão e um paciente suspiro. Cada um tem os seus gostos, desejos, e estilo de roupa. Sejam brandos no julgamento e empáticos na vossa visão. Todos diferentes, todos iguais.

Password coerente

Eu tinha cerca de 12 anos de idade quando ouvi, por acidente, os meus pais conversarem sobre passwords.

— O teu filho também está na idade de ouro, até aos 12, 13 anos — dizia a minha mãe —, altura em que começará com outro tipo de perguntas do tipo, "papá, porque é que tens fotografias de pilas na gaveta?"

O meu pai nada disse.

— Eles naquela idade mexem em tudo, mais do que agora — ouvi a minha mãe dizer. — Guarda num arquivo online e escolhe uma boa password.

O meu pai continuou calado, a minha mãe não.

— Não se pega, ele não vai gostar também, não é isso, mas sei lá, pode ser estranho para ti teres de explicar o motivo de chegares tão tarde a casa todos os dias.

— Também ainda não tem idade para aquelas revistas.

— As tuas revistas?! Quando ele for mais velho compra-lhe a "playboy". As tuas "playgirl" colocas na mesma gaveta, junto às fotos de pila alheia.

Aquela conversa foi um choque para mim. Tudo bem que eu já me tinha habituado à lingerie que ele usava por casa e ao gritado "bom dia" do trolha Crezílio António do prédio da frente, mas isto era diferente pois confirmava a minha suspeita depois de mexer no computador do meu pai. Ganhei coragem e perguntei durante o jantar:

— Papá, porque é que a tua password é "COLHÕES" tudo em maiúsculas?

— Password do quê? — tentou disfarçar, puxando a boneca barbie para mais perto do prato.

— Eu não te disse para escolheres uma password difícil? — ralhou a minha mãe.

— Filho, não quero que andes a mexer nas minhas coisas.

— Foi sem querer. Eu estava a fazer os trabalhos de casa e ao tentar clicar na barra de espaços, escrevi "COLHÕES". — O meu pai pouco percebia de informática.

— Não faz mal, filho. Vá, come que o jantar está a ficar frio.

— Papá — insisti —, porque é que não gostas do mesmo que o tio?

— Do que falas?

— Eu vi a tua gaveta, papá. Estava a procurar um livro da escola… O tio diz que é… bem, tu não me deixas dizer, mas começa por C, acaba em A e no meio tem ON. Também me parece mais bonito do que as fotos que tens na gaveta.

— O teu tio anda com umas ricas conversas, anda…

— O tio diz "são coisas dele".

— Certo. São coisas minhas e por isso mesmo é que não deves mexer. Agora come. — E continuou a pentear a barbie enquanto chupava o esparguete cor de rosa.

Não voltei a tocar no assunto. Naquela altura eu começava a ter noção de que seria melhor aceitar. Já tinha idade para ter medo de algumas respostas. Até hoje, nunca lhe disse que também tinha acedido à outra pasta. A password era "MAIS_COLHÕES". Eram fotos de amigos onde reconheci o trolha "Crezílio" e um padre, entre outros. Não me pareceu importante mencionar. A minha mãe trocou olhares com o meu pai e sou capaz de jurar que vi um sorriso nos lábios dela. Aposto que ela ria do estranho esparguete.

Quando a minha mãe apanhou o meu pai com a vassoura

Lembro-me de vários aniversários do meu pai, mas houve um que particularmente me marcou, pois teve um impacto muito grande na minha profissão de hoje (sou vendedor de aspiradores). No dia anterior ao aniversário, ele entrou em casa com um grande embrulho. Eu era miúdo e até pensei que fosse para mim. Disse-nos que era um taco de snooker que o amigo lhe ofereceu de prenda. Estava muito feliz e a minha mãe estranhou que ele não a abrisse. Explicou que só a iria desembrulhar no café onde costumava jogar, que era para os amigos verem. "Esse taco tem um formato anormal" — disse a minha mãe, mas não percebi o que ela quis dizer. Talvez tivesse sido uma piada (se bem que o meu pai não riu), mas eu era uma criança e não entendia.

Nessa mesma noite, estávamos os três na sala a ver televisão, quando a meio do filme o meu pai disse que se sentia cansado e que ia dormir mais cedo. Vi-o a subir as escadas para os quartos. Lembro-me bem disto, porque eu ria sempre que via o rabo cor de rosa a subir. Normalmente ele tirava as calças e andava assim pela casa. Ficámos os dois a ver televisão e a certa altura eu pedi bolachas à minha mãe. Ela foi à cozinha buscá-las. Foi quando a ouvi gritar, "o que é isto?!" Eu tentei espreitar, mas a minha mãe disse-me para ficar na sala. Fiquei sentado, mas ouvi a conversa.

— Silva! O que é que estás a fazer, Silva? — gritava a minha mãe.

Afinal o meu pai não tinha ido dormir. Em vez disso, estava na cozinha a fazer não sei o quê.

— O que estou a fazer? Oh, tens cada uma! Então não vês que estou a varrer?

— A varrer?! Tás a gozar comigo? Nessa posição? — A minha mãe estava muito chateada.

— Mas quê? — Ouvi o meu pai responder. — Agora também se tem posição correcta para varrer?

— Sentado, Berlefes Silva? Sentado?! Eu nem uso vassoura! Aliás, de onde veio essa vassoura? Chamas a isso "taco de snooker"?

Não percebi o que o meu pai respondeu. Sei que gritaram mais tempo. Lembro-me de aumentar o som da televisão, pois não gostava de os ouvir discutir.

Cerca de uma semana mais tarde, fui com o meu pai ao café. Ele ia jogar snooker com os amigos.

— Papá, não vais usar o teu taco novo?

— Ó filho, a tua mãe tirou-me o taco.

— A mim também já me tirou os carrinhos da mesa.

Fiquei a pensar que a minha mãe às vezes era má. Desconfiei que o meu pai tivesse posto o taco na mesa de jantar. A minha mãe não gostava de ver brinquedos em cima da mesa.

— Papá, tirou-te o taco da mesa, não foi?

— Não foi bem da mesa que ela o tirou, filho…

— Então, foi da cama?

— Sim, filho. Sim… foi isso…

Só anos mais tarde percebi a mentira. Tudo bem que o corpo era dele e tinha o direito de fazer o que quisesse, mas a minha mãe continua a usar aspirador. Tenho uma vaga ideia de uma discussão deles sobre o aspirador, mas talvez o som da televisão estivesse muito alto.

A obsessão pelo filme

2005 foi o ano de estreia do filme preferido do meu pai. Ele sempre adorou filmes, mas o ecrã gigante era o que mais o atraía. Fazia-me companhia nos meus canais infantis e adorava os desenhos animados do Popeye, do Hércules e dos Teletubbies (adorava o roxo e até tinha uma t-shirt dele), mas aquele filme foi tão diferente que veio a revelar-se mais um marco na sua vida. O outro Marco era o nosso carteiro Marco Zevelim Bastos (Zevelim já sabia que não saía da nossa casa sem um ramo de flores e dois beijos). A sugestão do filme veio de um bizarro amigo seu que trabalhava numa boate aos fins de semana e em lado algum nos outros dias. Disse-lhe que tinha de ver, que ia adorar, e nada lhe contou, deixando-o ansioso para saber do que se tratava. "Deve ser um filme bonito, deve" foi o único comentário da minha mãe, que sugeriu que ele fosse sozinho ao cinema. E ele assim o fez.

Voltou a casa em êxtase, a transpirar, a falar sem parar. "Uma obra de arte, a melhor coisa do mundo, que actores fantásticos", dizia ele. Quis saber a história, mas segundo o meu pai eu ainda não podia ver aquele filme. Acho que nunca me perdoaram por eu ter chorado no filme do Bambi. Achei a decisão injusta, porque muitas vezes o meu pai também tinha lágrimas nos olhos a ver a sua luta greco-romana e ninguém o proibia de continuar a ver. Naquele dia prometi a mim mesmo que quando fosse grande veria todos os filmes de cowboys que existissem.

Depois voltou ao cinema no dia seguinte bem como em todos os restantes dias em que o filme esteve em cartaz. Viu o filme 36 vezes, mas só da primeira vez o viu inteiro. Fez os cálculos e decorou a que minuto entrava a sua cena preferida — a cena da tenda (que o meu "eu" adulto descobriu tratar-se de dois cowboys aos beijos, deitados dentro de uma tenda). Todos os dias saía de casa à mesma hora, às vezes levava saia, outra vez só um casaquito, mas entrava na sala sempre depois do início do filme e abandonava no final daquela cena. Ele sempre adorou filmes de cowboys, talvez os tenha visto todos — desde os mais antigos aos mais recentes —, mas nunca imaginou que um dia pudesse ver cowboys nus.

Para ele era uma viragem no mundo do cinema, um grito de liberdade, um incentivo para continuar a andar de cuecas sempre que lhe apetecesse, com ou sem buraco. *O Segredo de Brokeback Mountain* passou a ser o seu filme preferido. Ele vive fascinado com a cena da tenda. E chora quando a conta com pormenores.

Foi no natal daquele mesmo ano que lhe ofereci a t-shirt do filme. Eu estava com a minha mãe numa loja de soutiens coloridos quando a vi. Infelizmente não encontrei a estampagem ideal, que seria eles deitados na tenda, mas eu sabia que os dois cowboys em cima do mesmo cavalo, todos de bigode (incluindo o cavalo), iriam deixar o meu pai radiante. Eu não sabia se no filme o cavalo também tinha bigode, mas mesmo que não tivesse eu sabia que o meu pai iria apreciar a ideia. Eu era muito novo para ter o meu próprio dinheiro, por isso pedi à minha mãe para comprar. Ela suspirou e passou-me a mão pela cabeça.

— Ele vai gostar, mãe. Tenho a certeza!

— Não duvido, Gersúlio. Não duvido…

E lá aceitou comprar as minhas prendas de natal para ele: a t-shirt dos cowboys e um soutien. Cor de rosa. A t-shirt também.

A partir daquele natal o meu pai passou a dormir com aquela t-shirt. Ainda hoje a usa por casa. Quando tem de a pôr a lavar, fica sentado em frente à máquina de lavar, a chorar. Talvez fique com medo de a estragar ou se calhar lembra-lhe o filme, nunca tive coragem de perguntar pois certamente me ralharia dizendo que não me pode falar do filme. Ainda ontem quando os visitei ele estava deitado no sofá com a t-shirt e cuecas cor de rosa a ver um combate gravado de luta greco-romana. Estive para perguntar se ainda chorava quando a punha a lavar, mas para quê? Para o deixar mais triste? Ele já tinha lágrimas suficientes enquanto olhava para a televisão. Sempre achei que certos programas não são para as idades dos pais. Gostava que me tivessem dito que o Bambi não era para a minha idade, mas não os culpo. Não existem pais perfeitos e se os erros de todos pais se resumissem a proibir os filhos de ver o Bambi, o mundo em que vivemos seria muito melhor.

Quando o meu pai trocou a televisão por um Soutien

Eu tive brinquedos como todas as crianças. Tinha carros, jogos, mas também tive muitos bonecos oferecidos pelo meu pai. Deu-me muitos e diferentes, mas todos tinham um ponto em comum: vestiam lingerie. Meu preferido era o Panda-rosa-fio-dental que tinha o meu tamanho. Eu tinha uns três anos e achava-lhe piada, porque me lembrava o meu pai — o rabo gordo, as nádegas de fora, as cuecas cor de rosa. Se o meu panda tivesse a mesma tatuagem no rabo, ele e o meu pai seriam como clones. Desejei que o rabo do meu panda fosse igual ao do meu pai, que também tivesse um coração vermelho e a frase "Estive aqui. Jelhufes Maia, 1979".

Com o tempo, a televisão passou a ser a minha melhor amiga. Aos oito anos eu já não ligava a certos brinquedos e por isso deixava o meu pai dormir com o panda e com o Delício — nome do boneco que ele me tinha dado de prenda de aniversário e que sempre me pareceu uma pila. Muitas vezes eu tinha de levar com os programas preferidos dele, mas também havia tempo para mim. Dos programas da minha mãe eu gostava, mas os do meu pai eu não compreendia, principalmente os que ele escolhia quando só estávamos os dois. Nós tínhamos tv pirata e ele escolhia sempre canais africanos. Os cenários eram sempre praias, carros ou sofás. Lembro-me que os personagens estavam quase sempre de costas. Ao final de alguns minutos, aquilo chateava-me eu virava-me para os meus carrinhos.

A certa altura, os sábados passaram a ser especiais para mim. A minha mãe levava-me ao parque onde eu brincava com outras crianças; comíamos gelados e íamos às compras. Eu divertia-me muito e via a minha mãe feliz. Agora que penso nisso, entendo que a verdadeira felicidade era estarmos longe do meu pai. Ter umas horas normais por semana fazia-lhe bem. Ele nunca ia connosco. O novo curso dele — ginástica com bolas — era sempre aos sábados. Lembro-me que quando ouvi falar em bolas eu também quis ir, mas a minha mãe disse que aquilo era Pilates e eu não ia gostar. Eu ria muito com esta palavra que o meu pai tanto adorava. "Pila, papá?" e ele respondia "Pilates, filho". A minha mãe soltava uma gargalhada. Eu nunca entendi o porquê, mas como criança que era passei a repetir a pergunta só para a ouvir rir.

Num desses sábados fomos ao talho, a minha mãe foi pedir desculpa à senhora pelo que o meu pai fez. "Ele não volta a baixar as cuecas aqui dentro, peço-lhe desculpa", disse, "ele fica desvairado quando perde uma peça de roupa". A senhora compreendeu e devolveu-nos o soutien preferido do meu pai.

Quando chegámos a casa não havia televisão, mas o meu pai estava sentado no sofá como se houvesse.

— Onde raios está a televisão? — perguntou minha mãe.

— Querida, amanhã saio de casa cedo e compro uma televisão nova. Eu não podia arriscar ficar sem este soutien! — E esticou o braço para mostrar um soutien que tinha o desenho de um homem todo nu com chapéu.

Eu nunca tinha visto a minha mãe tão chateada com ele. Tinha aparecido um vendedor à porta — de bigode e musculado — e convenceu-o a trocar a televisão por um soutien. "Já viste bem este tecido, este desenho", insistia ele, todo entusiasmado, "isto é uma raridade", mas a minha mãe não queria ouvir as explicações dele. Eu também não estava feliz, estar no sofá a olhar para um soutien não era a mesma coisa. Naquela idade eu queria o panda, não o que o panda vestia. Minha mãe resolveu a coisa no mesmo dia. Primeiro a minha mãe disse que lhe cortava a internet, ele não pareceu afectado, mas mal ameaçou tornar a varanda numa marquise, ele voou para o soutien, voltou a metê-lo no embrulho e saiu para rua. Ainda lhe gritei "leva um chapéu, papá", mas ele ou não me percebeu ou daquela vez preferiu as cuecas do buraco no rabo.

A televisão voltou na mesma noite. O meu pai vinha diferente. Não entendi porque é que ele tinha um sorriso tão grande depois de ficar sem o soutien que tanto queria.

— Papá, pensei que estavas triste. Porque é que vens tão feliz?

— Ó filho, encontrei um amigo de longa data, o Maia, o Jelhufes Maia. Está igual o estupor.

— Foi por isso que demoraste tanto tempo a trazer a televisão? — Ele respondeu que sim.

— E as cuecas, papá? Onde estão?

Foi quando ele percebeu que tinha a pila a baloiçar no sofá.

— Pila, papá?

— Pilates, filho.

Surpreendido, levou a mão à cabeça, levantou-se, agarrou as chaves do carro e correu para a rua. Era mesmo coisa dele. O meu pai só não se esquece da cabeça porque isso implicaria andar sem bigode. O meu pai jamais andaria sem bigode.

Quando o meu pai me deixou dizer um palavrão

Cresci numa terra onde se diz muitos palavrões. Desde criança que os ouvia por todo o lado, mas não me era permitido repeti-los. Ouvia nas ruas, na escola, de alguns membros da família, mas raramente em casa. A minha mãe nunca dizia palavrões, pelo menos não à minha frente. O meu pai também não, mas ouvi algumas palavras feias ditas por ele — tão feias que eu nem entendia o significado — quando ele estava na varanda a falar com os trolhas da frente. E ele estava muitas vezes na varanda...

— Papá, já sou grande, já posso dizer cona? — Eu tinha recentemente celebrado os meus 17 anos.

— Podes, mas é uma palavra feia, cuidado onde a dizes.

— Okay, papá. Olha, ontem experimentei cona. Não vais ficar chateado comigo, pois não?

— Claro que não, filho, nem toda a gente gosta de sentir a garganta entalada como o papá. Come o que quiseres, mas usa sempre preservativo! *Heshtégui* pai responsável. *Heshtégui* pai que pega de empurrão.

— Ó papá, que mania é essa agora de andares sempre a dizer isso?

— Garganta?

— Não, papá, essa tristeza do *Heshtégui.*

— Ó filho, não ligues, é da constipação. Mas conta lá como foi ontem. Eu nem sabia do teu primeiro beijo e já me vens com essa surpresa?

— Não houve beijos, papá.

— Como assim? Vá, conta tudo ao teu pai. Primeiro, com quem foi?

— Foi com a prima Engrácia. Ela disse-me: "podes fazer-me tudo menos beijar, que cheiras sempre mal da boca".

— A sério? E tu o que fizeste?

— Eu disse-lhe: "e tu tens bigode!". Depois levantei-me, vesti as calças, atirei-lhe as cuecas à cara e vim-me embora.

— Hoje aprendeste uma lição, meu filho.

— Qual, papá? Lavar os dentes?

— Não — respondeu ele. — A lição é: as primas só dão problemas. Olha por exemplo o teu primo Embrulhado.

— O meu primo Júlio Embrulhado? O que tem ele a ver com isto?

— Sabes porque é que ele fala daquela forma estranha e de vez em quando rebola no chão no meio da rua?

— Não — respondi. Não tinha a menor ideia. Sempre pensei que fosse uma fase complicada que ele estivesse a atravessar. Não deve ser fácil ter uma irmã com três braços, mas só um cotovelo.

— Porque o pai dele e a mãe eram primos direitos — explicou o meu pai.

— Foi por isso que os filhos nasceram assim?

— Sim, filho. Ele é Embrulhado da parte do pai. O pai, com um nome assim, já deveria saber que era para embrulhar e não para comer logo. — E riu-se às gargalhadas.

— Ó papá, não gozes com o nome deles, coitados!

Conversas estranhas e complicadas fizeram parte da minha infância. Muitas vezes me perguntava se os pais dos meus amigos eram assim, tão propensos ao vício das pronúncias. Lembro-me quando fomos ao jardim zoológico e ele andou três semanas a falar como um peru. Qualquer coisa era glu-glu. "Papá, posso mexer no teu computador?", "glu-glu, podes"; "Berlefes, este soutien é para lavar?", "sim, mas toma atenção glu-glu com a mistura de cores";" papá, Ken é com N ou com M?", "glu-glu K". O pior foi quando fomos ao casamento da minha prima. O marido dela não dizia a letra "R", substituía por "L". Bastou a primeira conversa para haver contágio, só que em vez do "L", o meu pai nada usava. Falava como se não existisse tal letra. Saía de casa com as chaves do *cao*, ia *joga snooke* com o *Fedo, atiava* beijos da *vaanda paa* os *tolhas,* jantava como *sempe* na companhia da *babie.* A nossa cadela chamava-se "Bruta" e durante os meses que se seguiram, eu e a minha mãe já não o suportávamos. "Buta, anda cá!", "Senta aqui, Buta!"; "Quem é a linda Buta do papá, quem é?"; "Sua Buta linda!" Durante aqueles meses que pareceram anos, quando lhe perguntavam o nome, ele respondia "Belefes" em vez de "Berlefes". Belefes — como se isso fosse nome de gente. Coitado do meu pai. Não era culpa dele, era uma condição que ele tinha desde muito novo e que ia e vinha de forma aleatória. Apesar de tudo, foi nesta fase do "não R" que melhorou como jogador de snooker. As suas quarta e quintas-feiras de poker foram substituídas pelo taco. Não era inteligente ir jogar poker uma vez que mal entrava na sala os amigos diziam "Lá vem o Belefes".

Felizmente, ao final de algumas semanas ele voltava a falar normalmente.

Hoje entendo que a palavra *cona* é uma palavra feia e que raramente a devo utilizar. Naquela idade eu estava ansioso por dizê-la. Cona fazia-me sentir adulto. Eu não escondo o orgulho que tive naquela conversa com o meu pai, sorrio quando me lembro do dia em que ganhei tomates para dizer cona. Eu mentiria se dissesse que sou uma pessoa normal, que não fiquei com traumas e tiques, mas a infância não me impediu de ser um adulto respeitador. Eu jamais diria cona em público. Nunca sequer a escreveria. Infelizmente oiço essa palavra muitas vezes proferida pela minha mulher. Não pensem que ela é uma devassa demoníaca, nada disso — não estou a falar de sexo, pilates, nem marcas de carros — o problema é que ela não diz a letra "T". A Teresa já era assim quando começámos a namorar e isso não nos impediu de fazer vida juntos. Ela mais do que ninguém entendeu a fase "não R" do meu pai. Sentiu-se muito apoiado por ela, passou a vê-la como uma filha. Parece que o estou a ouvir, "Meu filho, gosto muito da tua Teesa".

No dia em que eu estava a escrever este capítulo, a Teresa apareceu no meu escritório e perguntou-me "já pagaste a cona da luz?" Por um momento fiquei em choque a olhar para ela. Será que o problema de dicção tinha voltado!? Pagámos uma fortuna ao terapeuta para ela voltar a dizer os "T", e ele nunca nos voltaria a ajudar, não depois de ter ameaçado o meu pai com um processo em tribunal por *stalking*. Ele deixou bem claro que nunca mais queria qualquer tipo de contacto com a minha família. Na altura tentei convencê-lo de que era apenas coincidência o meu pai aparecer-lhe à porta de casa todos os dias durante dois meses, mas ele nunca foi homem de acreditar em coincidências. Recusou-se a acreditar que as flores nas mãos do meu pai não eram para ele. Também não me deixou saudades, era convencido demais.

— Oó — disse a Teresa.

— Dormir a esta hora? — perguntei. Eram seis da tarde.

— Totó! — E soltou uma gargalhada. Afinal falava correctamente. Estava mais uma vez na brincadeira. Ela tem um excelente sentido de humor. Desde o dia do nosso baile de finalistas que o percebi. Senti um alívio muito grande. Se ela voltasse a falar daquela forma, teríamos de ficar uns tempos sem visitar os meus pais. Seria mais do que certo ela contagiar o meu pai e… a minha mãe já tem problemas que chegue.

— Vens prá cama? — perguntou a Teresa naquela mesma noite.

— Vou já, estou mesmo a acabar de ler este livro sobre insectos.

— Okay, até já — disse ela. — E não te esqueças de lavar os dentes.

Jesus na vida de meu pai

Fiz catequese — os anos todos — e nem à comunhão solene me safei. Até uma certa altura, todos os domingos eu ia à igreja com a minha mãe. O meu pai só ia quando sabia que era o padre mais novo que ia dar a missa, o loiro de olhos azuis, da tatuagem no rabo. Nunca tinha visto a tatuagem, mas ouvi o meu pai contar à minha mãe. Eu gostava da catequese, gostava de fazer desenhos, gostava dos meus amigos, mas era só isso... Em casa também não se falava muito de Deus nem dessas coisas. Ouvi muitas vezes a minha mãe usar a palavra "pecado" quando discutia com ele, mas acho que aquilo já era vício. Um dia decidi abordar o meu pai sobre a religião.

— Papá, o que pensas de Jesus?

— Não tinha um mau rabo — respondeu num segundo. E antes que eu pudesse falar, ele disparou: — Então, filho? Já sabes que ele é casado, esquece isso!

— Ó papá, não é o Trulídeo Jesus, do café! Cristo, papá! Jesus Cristo!

— Pois, o Trulídeo não pode ser que ele emigrou. Por isso "tinha" um bom rabo e não "tem".

Nem sempre era fácil entendê-lo. Em quase nada. Nunca percebi se ele fugia ao tema religião ou se só conseguia ter um tema na cabeça. Quando casei, foi o meu pai quem quis escolher o padre. Concordei, para mim tanto fazia o padre, fosse o Estricado César Caldas (o padre velho da aldeia), fosse o que ele escolheu — o da tatuagem no rabo.

O meu casamento foi bonito. É já um clássico haver atrasos na chegada à igreja, mas no meu caso não foi a noiva e sim eu. Não sei se tenho coragem de vos contar o motivo do meu atraso de duas horas, ainda estou a pensar nisso, talvez fale disso num próximo capítulo. Seja como for, consegui casar-me e correu tudo bem. Tivemos o DJ Amarfanha e depois no final, a fechar a noite, ouvimos o meu pai a cantar músicas da Marilyn Monroe. Ele já o tinha feito noutras festas, já conhecíamos aquela arte, mas desta vez ele bebeu demais e exagerou. Era o meu casamento, ele estava feliz e a libertinagem apoderou-se dele. Eu lembro-me que ele bebeu mais um copo cheio, num só gole, e correu para o palco, só que desta vez tirou a parte de cima da lingerie. Começou a cantar e rodava o soutien por cima da cabeça. A minha mãe dizia com surpresa para os outros convidados, "ele hoje está tolo, o que é isto?!

O meu casamento só teve uma falha. Ou duas. O padre chegou atrasado mais de duas horas. Por coincidência, o meu pai também se atrasou — disse que teve um furo e que teve de mudar o pneu. Depois, no final do casamento, tivemos de esperar várias horas até que o padre encontrasse a chave do carro do meu pai. A chave lá apareceu. Ele deduziu que ao cumprimentar o pai do noivo, a chave tinha caído para as cuecas. Pediu desculpa, virou-se de costas e baixou as calças para apanhar a chave. Foi quando vi a tatuagem. Era só uma frase: "Escondemos o corpo. Benidorm, finalistas 82".

Os bizarros olhares do meu pai para o Zé

Eu sempre fui franzino. Com 16 anos eu aparentava ser mais novo. Naquela altura o meu melhor amigo era precisamente o contrário. O Zé Traveques, mesmo sendo da minha idade, era alto e forte, parecia já um adulto. Eu nem um pêlo tinha no corpo, mas ele já tinha quase um bigode inteiro. A primeira vez que o meu pai o viu foi no meu aniversário. A minha mãe tinha sugerido que eu convidasse amigos para fazermos a festa em nossa casa. Não convidei muitos, só o meu amigo e quatro raparigas.

Naquele dia o Zé chegou atrasado, mas não por culpa dele. Ele explicou que o pai, que o vinha trazer para a festa, teve de fazer um desvio para primeiro levar o gafanhoto ao médico.

— Não é veterinário? — perguntei.

— Não, é um gafanhoto.

— Não é isso, Zé. Não é veterinário em vez de médico?

— Não, porque era muito grave, estava muito doente.

Eu nada percebia de gafanhotos, por isso não fiz mais perguntas. O meu amigo nunca me mentia.

— Entra, Zé — disse-lhe eu. — Papá, este é o meu melhor amigo.

O meu pai estava encostado à mesa da cozinha, a tentar vestir o novo Ken que tinha comprado (ele colecciona Barbies e Kens, bem como outros bonecos).

— Mas por que raios este fio dental não lhe serve?! — falava ele sozinho.

Quando entrei com o meu amigo, ele pousou tudo na mesa e ficou imóvel, sem nada dizer.

— O que tens, papá? Não dizes olá ao meu amigo?

Após uma breve pausa, ele esticou o braço para o cumprimentar.

— Muito prazer, o meu nome é Berlefes Silva. E o senhor?

— Ó papá, ele não é um senhor, ele tem a minha idade!

— Eu sou o José Traveques, muito prazer — respondeu o meu educado amigo, a rir.

— Traveques? — questionou o meu pai. — Bonito nome.

Apertaram as mãos por um tempo que me pareceu uma eternidade.

— Tem o mesmo nome que o seu filho?

— Quase! O meu filho é Gersúlio Berlefes Silva. Eu sou só Berlefes Silva.

— Anda, Zé — interrompi —, vamos para a sala para veres quem está cá.

O resto da tarde não foi fácil. A minha mãe deixou-nos em paz, repunha o stock de sumo e comida e pouco interrompia a festa das crianças. Do meu pai não posso dizer o mesmo: ele quis participar em tudo e demonstrava especial interesse em interagir com o meu amigo. Quando o Zé tentou encher o balão, o meu pai ofereceu-se para o encher; sempre que o Zé pedia sumo, ele corria para a cozinha e voltava com três jarros cheios e uma embalagem de guardanapos; quando jogámos à cabra-cega, o meu pai disse que seria a cabra. Quase todos os meus amigos adoraram o meu pai.

A meio da tarde, fomos jogar na consola megadrive, pois eu queria estrear a prenda do meu pai. Ele sabia o que eu queria e já me tinha dito que era um jogo. Desembrulhei a prenda e descobri que era um jogo novo do qual eu nunca tinha ouvido falar. A capa era um grande bigode em cima de um pedestal e o nome do jogo era "Armadilhas na noite".

— Papá, isto não é de terror, pois não? Sabes que não gosto de terror.

— Não, filho, nada disso. Isso é… — parou de falar, correu na minha direcção e arrancou-me o jogo das mãos.

— Ai desculpa, filho… enganei-me... troquei as prendas. Essa é para mim. — E depois foi buscar a prenda certa.

Todos adorámos daquele novo jogo de bolas. Salvo erro, foi o ano de estreia do Pang! O meu pai também jogou connosco. Fizemos equipas de dois e ele insistiu em ficar com o Zé. Eu não me importei, eu estava feliz por ele gostar dos meus amigos. Eu fiz equipa com a minha mãe que, entretanto, se juntara a nós depois de discutir com o meu pai na cozinha. Não sei porque estavam zangados, só consegui ouvir algo sobre filmes de bigodes. Jogámos até ao final da festa, mas depressa percebi que era irritante jogar com o meu pai. Distraía-se muito. Sempre que era a vez dele, tínhamos de o chamar pois ele estava a olhar não sei para onde.

— Estás muito calado, Zé. Não estás a gostar do jogo?

— Estou, Tó, estou... acho que estou a ficar com sono.

Tal como os meus amigos mais próximos, o Zé Traveques tratava-me por Tó. Naquela altura ele era o único, eu tinha poucos amigos próximos… Também havia outra pessoa que me chamava Tó, mas esse não era um amigo e sim o bully da escola. Roubava-me o lanche, dava-me pontapés e depois chamava-me Tó Manco. Não choro pelo meu passado: só acontecia nos intervalos, nas aulas eu estava seguro. Seria pior se tivesse sido ao contrário. E mesmo assim, foi só no início, pois depois eu levava sempre um lanche extra para ele.

Quando chegou a hora dos meus amigos irem embora, o Zé disse-me:

— Nunca mais quero voltar a tua casa. — E foi embora para sempre.

Naquela altura eu não percebi o motivo. Hoje, desconfio que ele deve ter levado a mal a prenda errada do meu pai. Ao ver a capa com o bigode, deve ter pensado que estavam a gozar com ele. Ficou tão afectado que a nossa amizade nunca mais foi a mesma. Nós víamo-nos na escola, até porque éramos da mesma turma, mas fomos ficando mais distantes, e quando ficámos em turmas diferentes deixámos de nos ver. Se eu bem me lembro, esta foi a primeira amizade que perdi naquela idade. Não a única, mas foi a primeira.

O meu pai e os bigodes

Desde que me lembro, o meu pai sempre usou bigode. Nem sempre foi farfalhudo, com missangas e madeixas cor de rosa como ele agora usa, mas sempre foi comprido e bem penteado. Ele sempre gostou de todo o tipo de pêlos, mas o seu fascínio era por bigodes fossem dele, de outro homem, mulher ou qualquer animal. Gostava tanto que quando o nosso gato morreu (intoxicado com o batom da barbie), ele guardou os bigodes na caixa das alianças na gaveta das fotos preferidas. Ainda hoje, quando vai tomar banho ele leva consigo a gaveta inteira, fechada num balão daqueles que ele dizia não serem para a minha idade. Lembro-me que uma vez fomos ao circo e ele trouxe para casa o palhaço. Inteiro. Primeiro fiquei muito feliz por ter um palhaço em casa, mas o meu pai disse-me que aquele palhaço não era para a minha idade, e por isso eu nunca pude entrar no quarto onde eles os dois brincavam com a caixinha dos balões. Naquele momento eu relembrei o tempo da minha primeira comunhão, quando alguns dias antes o meu pai tinha ido a uma festa de palhaços e não me levou com ele…

Eu estava na minha adolescência (atrasada) quando, escondido no cesto da roupa, ouvi uma conversa da minha mãe com a mãe dela.

— Ó filha, tens de apimentar a relação. O que achas da ideia de um bigode diferente lá em baixo? Sabes que ele adora bigodes!

— Ó mãe, outro? Eu tentei um bigode à Salvador Dali e fui ter com ele à varanda, toda nua. Sabes o que ele me disse? "Dá-me uma coisa má no coração só de pensar que um dia este prédio da frente vai estar acabado".

Eu não estava a perceber o que falavam. A minha mãe era bonita e eu nunca a vi de bigode.

— Minha querida filha, já sabes que ele aprecia os bitaites do trolha Crezílio — disse a minha avó. — Isso não quer dizer que não te ame.

— Eu sei, mãe… eu sei…, mas não sei mais o que fazer.

— E à Poirot? Porque não experimentas um bigode à Poirot?

— Se calhar não é má ideia — respondeu a minha mãe. — Não tenho nada a perder.

— Isso, minha filha, deixa crescer e depois logo se vê. Se não resultar, sempre tens o Charlot.

Durante as semanas que se seguiram, eu andei sempre atento a observar a minha mãe. Coitada, o bigode dela crescia mesmo devagar. Até eu tinha mais pêlos na cara. Eu andava triste pela minha mãe, pois eu sabia que ela tudo tentava para agradar o meu pai. Houve uma vez que ela não se importou do barulho dentro de casa e deixou-o tocar bateria com as nádegas até se fartar. Até um break de bateria ele fez. E nós nem bateria tínhamos. A minha mãe era fantástica, gostava muito de nós e fazia tudo para nos ver felizes. Eu não gostava de a ver triste, ela merecia ser feliz. Por isso, decidi colocar em prática a minha ideia para a ajudar.

Estávamos no carnaval e eu mascarei-me novamente de cowboy. Não me faltava nada: botas, cinto com grande fivela, pistola, chapéu e, à última hora, um grande bigode que o meu pai me deu dizendo que os cowboys mais bonitos tinham um assim. Fui assim vestido para a escola e participei no desfile popular com todos os meus colegas (o meu pai também participou, sem roupa e a fingir que era o meu cavalo, mas isso é outra história). Quando cheguei a casa, a minha mãe pediu para arrumar o disfarce no sítio dele. Eu arrumei tudo, menos o bigode. Eu não podia falar da minha ideia, pois ela ficaria a saber que ouvi a conversa com a avó. Agarrei no bigode e, sem ninguém saber, meti-o em cima da cama dos meus pais. A ideia não deve ter resultado, pois no outro dia continuei a ver a minha mãe sem bigode. Também não estava na cama. Procurei debaixo da cama, procurei junto da roupa de cowboy, mas nunca encontrei. Não podia perguntar à minha mãe onde estava... e depois, também só iriam dar falta dele no próximo carnaval. Desisti de procurar e nunca mais pensei naquilo.

Algumas semanas depois estava eu a bater à porta da casa de banho, muito aflito, mas o meu pai não se despachava. Era normal ele ficar lá dentro muito tempo, na banheira, com os seus bonecos e a cantar aos berros *Bee Gees*. Depois de eu tanto insistir, ele gritou mais uma vez *"I'm stayin' aliiiiiiiive"* e lá saiu à pressa. Eu entrei a correr para a sanita e foi quando reparei que ele se tinha esquecido da gaveta. E ali estava o meu bigode de cowboy. Por isso o meu plano tinha falhado! Limpei o rabo, puxei o autoclismo, lavei as mãos e roubei o bigode. Era altura de colocar em prática a minha outra ideia.

Andei aquele dia muito empolgado com a minha ideia. De certeza que ia resultar. À noite, já na cama, fiz tudo para não adormecer e esperei que os meus pais se deitassem. Depois, fui à minha pasta da escola buscar o meu tubo de cola e apliquei-a naquele bigode. Em bicos de pés entrei no quarto deles. Tive de ter muito cuidado para não acordar a minha mãe. Com o meu pai não havia problema, pois ele dormia de fones nos ouvidos já que só conseguia adormecer com a música da Cinderela. Lembro-me de sentir a adrenalina a correr-me nas veias, eu parecia aquele ladrão que uma vez entrou de noite na nossa casa e que o meu pai convidou para tomar um sumo três vezes na mesma semana. Tive de dar a volta à cama, pois a minha mãe dormia do outro lado. Quase tropecei no longo rabo da pantera cor de rosa que o meu pai abraçava enquanto ressonava. Com sorte, a minha mãe estava a dormir com a barriga virada para cima. Com todo o cuidado, tirei-lhe o cabelo da frente da boca e de uma só vez estampei-lhe o bigode no sítio certo. Ela mexeu-se, eu baixei-me em pânico e escondi-me debaixo da cama. Falou qualquer coisa que eu não entendi. Deixei-me ficar ali, sem fazer barulho. Tinha tanto sono que acabei por adormecer.

Acordei com a voz do meu pai:

— Abrílio? Tu aqui?!

— Endoideceste de vez? — Ouvi a voz da minha mãe. — Sou eu, a tua mulher.

— Espera, não te mexas — disse o meu pai. E ouviu-o sair da cama.

Espreitei com todo o cuidado e vi-o tirar do armário uma gravata, um casaco e um chapéu.

— Veste isto — disse ele para a minha mãe.

— O quê? Tu agora és sonâmbulo? O que se passa?

— Não digas nada — insistiu o meu pai —, veste isso.

Eu não conseguia ver, mas a minha mãe deve ter feito o que ele pediu. Eu não entendi aquele pedido, mas logo ali eu percebi que o meu plano tinha resultado, pois a cama começou a abanar muito e a minha mãe agradecia a Deus. Como eu estava feliz — ajudei a minha mãe.

As semanas seguintes foram de alegria contagiante lá em casa. Eu adorava ver a minha mãe feliz. Só não gostava dos beijos que ela me dava, pois agora arranhavam muito, mas de resto eu estava muito feliz por vê-la sempre sorridente. Hoje, adulto, dou por mim a pensar que se não tivesse sido eu e aquela supercola, talvez eles nunca tivessem tido outro filho — o meu querido irmão bebé, o Juzenildo. Ou como o nosso pai carinhosamente lhe chama: *bigodes*.

A operação

Aos 18 anos tive esta conversa interessante com o meu pai. Sei que foi num sábado, pois ele tinha chegado da aula de pilates e tínhamos estado a falar sobre os vários tipos de bolas.

— Papá, sabias que tenho um amigo que está a pensar fazer uma operação?

— Está doente?

— Não, papá. É mais uma operação de transformação. Ele quer uma pachacha.

— Cona? — perguntou o meu pai.

— Não, papá, pachacha! O teu aparelho dos ouvidos está a funcionar bem?

— Sim, filho, mas já sabes que oiço mal nos dias de chuva.

— Mas hoje está sol!

— Por isso mesmo!

Nem comentei. Com aquela idade eu já tinha desistido de entender os raciocínios e vícios do meu pai. Ele vivia num mundo só dele — um mundo de exposição gratuita, ideias ortodoxas e repleto de bonecas.

— Mas o que achas? — continuei.

— Pachacha ou cona acho feio.

— Não é isso, papá. O que achas da ideia do meu amigo?

— Ó filho… ele podia é pôr uma pila…

— Pila, papá?

— Pilates, filho!

Rimos às gargalhadas.

— Pila já ele tem — expliquei-lhe.

— Okay, mas põe outra! Uma pila nunca é demais!

— Que faria ele com duas pilas?

— O mesmo que faz com uma — respondeu o meu pai —, mas a dobrar.

A nossa conversa foi interrompida por um barulho de máquinas a trabalhar no prédio em frente. "Venho já", disse o meu pai. E correu escadas acima. Fiquei à espera no sofá, entretido com os legos outrora meus. Foi só para fazer tempo, pois naquela idade eu já não os usava, e só não os deitei fora porque o meu pai os pediu. Ele brincava com eles como eu nunca brinquei: eu encaixava-os uns nos outros, fazia castelos, casas, robôs, etc.; já o meu pai gostava de se sentar em cima deles ou escondia-os nos orifícios dos bonecos. Às vezes também fazia castelos, mas era raro. O que mais lhe dava prazer era mesmo sentar-se em cima deles. Eu não entendia a razão, mas a minha mãe explicou-me que era bom para a coluna dele. Os legos são como os pais: nem todos encaixam da mesma forma.

Como o meu pai estava a demorar, fui ter com ele. Eu estava para subir as escadas quando descobri que afinal ele já estava cá em baixo. Encontrei-o na varanda a olhar para o prédio em frente.

— Papá, então?

— Então o quê, filho?

— Então não ias voltar para a nossa conversa?

— Desculpa, filho, vou já. Sabes que eu adoro ver as obras.

— Olá, Gersúlio!

— Olá, senhor Crezílio — respondi eu ao trolha do prédio em frente.

— Ó papá, e precisavas de mudar de roupa para ver as obras?

Quando estávamos na sala o meu pai vestia um pijama de lantejoulas (aquele amarelo torrado, sem mangas), mas agora estava de saia e tronco nu.

— Está calor, filho. — E levantou os braços para mostrar os bíceps contraídos.

Se calhar ainda não vos falei disto, mas outra das singularidades do meu pai eram os seus gestos que muitas vezes não condiziam com as palavras ditas. Uma vez íamos na rua e cruzámo-nos com um atleta suado que vinha a correr. O meu pai perguntou-lhe as horas e ao fazê-lo colocou a mão não no pulso, mas no rabo. Às vezes, em frente à televisão quando via luta greco-romana, gritava um efusivo "Vamos!!!" e punha a mão perto do cinto. Assumi que esta era uma dessas situações de incoerência gestual, mas as pessoas de fora não sabiam desta condição rara e por isso o trolha Crezílio aplaudiu. "Tem feito exercício", gritou ele do prédio enquanto batia palmas, "muito bem!"

— Então podemos continuar a conversa aqui na varanda? — perguntei eu. Estava mesmo curioso para saber a opinião do meu pai sobre o meu amigo.

— Podemos sim, filho. Sabes, tive uma amiga que tinha uma pila.

— Pila, papá?

— Pilates, filho!

Rimos muito novamente.

— Mas ela fez uma operação?

— Não, filho, nem era dela.

— Oh, mas isso é diferente!

— Diferente da minha era, porque ela era africana. Eu sou mais chinês.

— O quê, papá?! — Eu não entendi nada do que ele disse.

Virou as costas lá para fora.

— Deixa-me apanhar ar, que está muito calor — disse ele, enquanto levantava a saia e sentava o rabo no parapeito.

— Filho, esse rapaz de que falas é mesmo teu amigo?

— Sim, papá, é dos meus melhores amigos. Porquê?

— Se é teu amigo, aceita-o como é, deixa-o ser feliz. Não podemos ser todos iguais.

Eu sorri com aquelas palavras vindas do coração. Mas ele não se ficou por ali.

— Olha para o teu pai — continuou ele —, também acham que eu sou estranho, não é?

Nada respondi, mas pensei para mim "estranho não sei, sem dúvida é diferente dos pais dos meus amigos".

— E sabes porque acham que sou estranho?

— Não faço ideia, papá.

— Porque eu tomo café sem açúcar e deito pimenta no caldo verde. Há coisas piores, não há, filho?

Voltei a sorrir.

—Sim, papá, há coisas muito piores.

O meu pai não era só exibição, risadas, bonecas, bigodes e soutiens. Ele era também amor e carinho e foi um bom pai sempre que precisei. Ou quase sempre. Das vezes que não o foi, nunca foi culpa dele. Ou quase nunca. Existem condições mentais e/ou aptidões inatas para as quais não temos controlo. E se calhar nem temos de o ter, ou pelo menos não sempre. Ele terminou aquela conversa com um excelente conselho que me acompanha até hoje e cuja sabedoria um dia passarei aos meus filhos. Parece que o estou a ver — bíceps ao alto, rabo arrebitado lá para fora, pila ao dependuro no parapeito transparente e a dizer-me enquanto olhava para as obras:

— O seu a seu dono, meu querido filho. Cada um tem o seu rabo, cada um tem a sua pila ou coisa, cada um sabe o que pode fazer e cada um tem o direito de escolher o que com eles fazer. Vale quase tudo para viver e tentar ser feliz. Segue os teus sonhos, meu querido filho.

Quando o trolha veio jantar

Na terra onde eu cresci fazia muito calor, mesmo dentro de casa. Era bom no inverno, mas no verão nem a ventoinha ajudava. Eu não fazia como o meu pai que nos dias mais quentes vestia saia e organizava concursos mister colhão molhado, mas sempre que podia eu andava de calções, descalço e em tronco nu. A história que tenho para contar aconteceu num desses dias tórridos e não, que me lembre não houve concursos. Talvez tenha sido cancelado porque eu estava em casa e não era suposto estar. Naquele dia houve uma invasão de gafanhotos na minha escola e por isso fiquei em casa, com o meu pai. Da cozinha vinha um cheiro delicioso, mas eu não entendia o que o levou a cozinhar, uma vez que já tínhamos jantado. Mas não era só isso que eu não entendia…

— Papá, porque é que estás tão bem vestido?

O meu pai estava de saia branca e com uma camisa de seda amarela cujos primeiros três botões de cima estavam desapertados deixando que uma ou duas missangas saltassem cá para fora. A saia era tão transparente que dava para ver a cintura e o sinal de nascença. E a pila. Tinha o bigode aparado e cheirava a perfume.

— Ó filho, por…

Tocaram à campainha.

— Deixa estar que eu atendo — disse o meu pai.

— E vais abrir a porta assim?

— Claro que não, filho, não me quero constipar. — E começou a calçar os sapatos. Mas eu corri para abrir a porta primeiro.

— Olá, Gersúlio! — Era o trolha Crezílio.

Ele vinha muito bem vestido e notava-se que tinha penteado o bigode. Eu nunca o tinha visto lá em casa e muito menos com camisa de tão grande decote. Durante muitos anos eu só o via pela varanda a trabalhar no prédio da frente e sempre em tronco nu. Também o cabelo estava diferente: tinha muita brilhantina e estava tão penteado para trás que parecia que uma vaca o tinha lambido e depois fugido com medo de ser processada. Deu-me um abraço que detestei (os pêlos do peito fizeram-me comichão no nariz) e perguntou pelo meu pai. Eu estranhei o meu pai não estar ali, pensei que tinha vindo logo atrás de mim depois de se calçar.

— Entre, ele está na cozinha.

Quando chegámos à cozinha, o meu pai estava na varanda, de braços apoiados no parapeito e de costas viradas para nós, a olhar lá para fora. Através da saia transparente via-se o coração vermelho na nádega esquerda. Notei que já estava calçado. Lembro-me bem daqueles sapatos de salto alto porque foi uma das minhas prendas de natal. A minha mãe dizia que ele não ia gostar daquela cor, mas afinal eu é que tinha razão: o amarelo fica bem com tudo.

— Boa noite, senhor Berlefes — disse o Crezílio.

O meu pai virou-se devagar, mesmo muito devagar. Parecia quando a minha Internet estava fraca e os vídeos arrastavam-se. Demorou muito tempo a virar-se para nós: primeiro o ombro... o cotovelo... o braço... depois a mão aberta... o cabelo a esvoaçar... e depois de entregar um sorriso jamais visto por mim, disse:

— Boa noite, meu amigo. O jantar está quase pronto.

— Papá, já jantámos!

— Sim, filho, mas eu convidei o Crezílio para jantar porque temos de falar de negócios.

— Também posso falar de negócios, papá? — Os dois riram e o meu pai passou a mão pela minha cabeça.

— Um dia terás os teus próprios negócios — disse ele. Riram muito novamente.

— O que queres ser quando fores grande? — perguntou-me o Crezílio.

— Ainda só tenho 18 anos, mas quando eu for grande quero ser vendedor de aspiradores. — Mal eu sabia que a minha aversão a vassouras perduraria até aos dias de hoje.

— Filho, vai brincar com o gato que o pai tem de falar a sós com o Crezílio.

— Ó papá, mas nós não temos gato.

— Faz o que te digo e não reclames.

"Aqui há gato", pensei eu. Isto foi uns meses depois do nosso ter morrido e naquele momento senti esperança que os meus pais tivessem adoptado um novo gato. Mas não, não havia. Procurei por todo o lado e nada de gato.

A luz não tinha ido abaixo, mas o meu pai quis na mesma acender velas. Eu fiquei na sala a brincar com o computador do meu pai, mas pela fechada porta de vidro eu conseguia ver os reflexos dos negócios do meu pai. A minha mãe odiava o cheiro a velas, mas naquele dia ela tinha ido dormir a casa da minha avó. Tinha coisas para conversar com a senhora do talho (novamente pedir desculpas pelo meu pai…) e já nos tinha dito que depois passaria a noite em casa da mãe. Talvez para minimizar o calor provocado pelo forno, o meu pai abriu a porta da cozinha e assim a deixou. Ainda bem que o fez, pois eu baixei o som da televisão e pude ouvir a conversa deles.

— São muitos anos a fazer horas extras naquele prédio — ouvi o Crezílio dizer.

— Amigo, quando comprei aquele prédio concordaste com as condições — disse o meu pai —, o ordenado, o trabalhar em tronco nu e nunca acabar a obra.

Nem queria acreditar no que ouvia. Finalmente entendia por que motivo aquele prédio estava a ser construído desde que eu era criança. O meu pai pagou para que a obra nunca acabasse, pois assim poderia apreciar o trabalho dos trolhas. Curioso para saber mais, espreitei pela porta aberta sem que me vissem.

— Senhor Silva, eu…

— Trata-me por Berlefes.

— Senhor Berlefes, eu…

— Sem o senhor, só Berlefes. — E levou o copo à boca para lamber o vinho. — E trata-me por tu.

— Berlefes, tens de compreender… eu também tenho família… O meu marido está farto de me ver chegar a casa tão tarde.

— Marido? És casado?

— Sim, sou.

— Ui, ui, que feminino que ele é! — troçou o meu pai.

O Crezílio ficou muito sério.

— Calma, homem, estou a brincar. Não tenho algum problema com isso. Sabes, tive uma amiga que tinha uma pila.

— Mas fez uma operação? — perguntou o Crezílio.

— Não, amigo, nem era dela.

Tive de tapar a boca para não me rir alto. O meu pai muito gostava de fazer aquela piada.

— Bem, vamos mas é jantar — disse o meu pai —, e depois falamos de negócios.

— Berlefes, tenho feito tudo o que me pediste: mando piropos para a varanda, trabalho em tronco nu, e até me vesti como me pediste. Mereço ser bem pago.

— Não pedi a brilhantina.

— Sim, isso foi ideia minha. Fica bem, não fica?

Respondeu que sim e ficaram os dois a olhar um para o outro, sem nada dizer. O meu pai tinha aquele olhar que faz quando está a ver a luta greco-romana. Voltou a lamber o copo de vinho.

— Calma Crezílio, tudo se resolve. Depois de comermos, as ideias ficarão mais claras.

— Afinal o que é o jantar?

— É o meu prato especial: peixe espada, salsichas, ovos de peru macho, chouriço sem ser às rodelas, pepino, maçarocas de milho, grandes e grossas que só fazem bem à saúde, e tomates para acompanhar.

— Parece apetitoso. E este vinho? — perguntou o Crezílio. — Eu não conheço este vinho. Este desenho no rótulo é uma pila?

— Pila, papá? — gritei eu da sala.

— Cala-te e brinca com o gato — gritou o meu pai.

— Ó papá!

— Pilates, filho. Desculpa! — E disse para o Crezílio: — Crianças… não deixam escapar uma! Mas não, nem pensar, uma pila no rótulo seria bizarro. Isto é um vinho especial, colheita de 69.

— Sim, mas o desenho é uma pila — insistiu o Crezílio.

— Oh, uma pila… achas? — E levantou a saia, virando-lhe o rabo. — E isto, é um coração verdadeiro? Claro que não!

— Tem razão, sen…

— Esquece o senhor. Sou o Berlefes, teu amigo.

— Tens razão, Berlefes. Eu entendo é de chapar massa, não de vinhos.

O meu pai serviu o jantar na mesa da cozinha. Comiam e falavam sobre negócios e outras coisas chatas, por isso perdi o interesse e voltei para a sala onde fiquei a ver televisão com a Hema (…) Alguns minutos mais tarde, voltaram a fechar a porta e deixei de os ouvir. Não quis saber — eu não tinha interesse naquela conversa chata nem nos estranhos reflexos que conseguia ver. Parecia que estavam os dois em cima da mesa, às vezes só um deles, outras vezes só uma perna de alguém, mas certamente era só o vidro da porta que deformava a imagem. Falavam novamente, mas baixo, pois eu pouco percebia. A excepção foi algo que o Crezílio disse mais alto: "Berlefes, deixa-me chapar-te massa!" Que homem incrível era o senhor Crezílio — até nas folgas trabalhava!

Naquele dia, adormeci no sofá a ver televisão. Acordei com vozes que se dirigiam para a porta, mas deixei-me ficar deitado. O jantar e a conversa de negócios tinham acabado e os dois despediam-se. Não sei do que falavam, mas ouvi o meu pai dizer "mais 200 euros e 10 chapadas no rabo e não se fala mais nisso" ao que o senhor Crezílio respondeu "de acordo, temos negócio", e apertaram a mão. Também notei que a saia do meu pai estava toda amarrotada. É normal, senta-se de qualquer maneira, já a minha mãe às vezes lhe ralhava que ele não tem cuidado algum. Depois queixa-se que as pessoas na rua o gozam por andar de cuecas mal passadas. Tinham razão, ele não deveria ser tão desmazelado. O senhor Crezílio parecia um punk bêbedo, com o cabelo todo espetado para cima e para os lados. Só naquele momento entendi porque ele usava tanta brilhantina: era de qualidade fraca e não fixava o cabelo como ele queria. Acho que ele deveria mudar de marca. Talvez tenha sido do meu ângulo de visão, não sei, mas pareceu-me ver-lhe um decote ainda maior.

Aquele verão foi marcante na minha vida, se bem que... todos os verões foram. Humm, pensando bem, naquela casa todas as estações do ano foram marcantes na minha vida. Fizesse chuva ou sol, os meus dias nunca eram iguais aos dos meus amigos. O Xavélio Mácolina, um vizinho da minha idade e quase amigo, contou-me que o pai dele chegou bêbedo a casa e que se borrou todo à frente dele e dos irmãos. "Tão verdinho", pensei. "Ó Xavélio, isso não é nada", disse-lhe eu, "o meu pai encontrou na rua um bêbedo de bigode e trouxe-o para casa. Só quando o bêbedo se sentou no sofá é que percebemos que ele tinha cagado nas calças. Nunca mais saíram as manchas nem o cheiro. A minha mãe teve de comprar um sofá novo". A noite do jantar com o senhor Crezílio foi... bizarra, mas não estaria sequer no top 10 das noites mais bizarras da minha vida. Está longe, muito longe. E acredito que mais bizarria virá.

A minha amiga Hema

Com tão atribulado crescimento, o leitor poderá perguntar-se como me consegui tornar um adulto normal. Não haja dúvidas que se trata de uma pergunta válida, até eu já a fiz algumas vezes. Tenho 33 anos, sou casado, escrevo livros — este é o meu segundo — e já só visito o psiquiatra uma vez por semana (sábados não conta). Bem... tenho de responder que nem sempre foi fácil... muitas vezes me senti confuso, perdido, alturas houve em que senti que vivia com o extraterrestre dos bigodes. Quando eu era muito novo tudo me fazia rir, mas com a idade a avançar as coisas tornaram-se complexas. Se por um lado, foi bom crescer a aceitar os demais diferentes de mim; por outro, era muito difícil explicar aos meus amigos a pila do meu pai no sofá. Nem sempre era por estar nu, às vezes até usava cuecas (ainda que raramente), mas distraído a olhar para a televisão ou a brincar com os bonecos lá lhe fugia a pila ou um colhão. Este é só um pequeno exemplo, pois mais haveria para explicar porque é que eu passei a ir a casa dos meus amigos e não eles à minha. O que me salvou, o que me ajudou imenso a atravessar a infância e juventude, foi a Hema.

Tive alguns amigos, mas a Hema foi especial — foi a primeira e nunca me abandonou, dando-me força nos momentos maus e partilhando alegria nos momentos bons. A Hema era uma hemorroida diferente das outras: bonita, sem rugas, rija como um general e nunca saía. Era interna, mas tinha a invulgar capacidade de se projectar, materializando-se à minha frente tal como um holograma. Desde muito novo que eu a via e com o passar do tempo ela passou a ser só mais uma pessoa bizarra lá em casa. Tinha olhos, mas não tinha orelhas; tinha nariz, pernas e braços e também tinha coração: era carinhosa, amiga do seu amigo, tinha aspirações, medos e acima de tudo adorava conversar comigo. Ela apareceu na minha vida uma semana depois do nosso gato ter morrido. Ao contrário do meu pai, aquele era o único *bigodes* que eu adorava. O meu psiquiatra diz que foi uma forma que o meu cérebro encontrou de lidar com a dor da perda, mas a Hema discorda, dizendo que o meu psiquiatra nada percebe de projecções hemorroidais. Ela ensinou-me que era um segredo muito bem guardado e passado de geração em geração: não todas, apenas as escolhidas, tinham a capacidade de projectar a sua consciência e de falar com os humanos. "As pessoas de mente fechada não estão preparadas para ouvir certas coisas", dizia-me ela. Dei-lhe razão e por isso nunca mais voltei a falar dela ao meu psiquiatra. Ele perguntava-me: "como vai a Hema?" e eu respondia sempre: "Ó doutor, que parvoíce". Com o passar do tempo desistiu e nas sessões que se seguiram já só falávamos do Emílio (que terá o seu próprio capítulo). Alturas houve em que eu temia pela vida da Hema, isto depois de ouvir parte de uma conversa entre os meus pais.

— Jordana, sabes como se cura uma hemorroida? — perguntou o meu pai à minha mãe.

— Não, mas aposto que me vais dizer.

— Sabes como se cura uma ressaca de uma grande bebedeira?

— Com horas de sono?

— Também, mas o sono não chega. A melhor forma de curar é com outra cerveja — explicou ele. — Curar hemorroidas segue a mesma lógica. Há que voltar a bater no ceguinho.

Não entendi o que ele quis dizer. E também não entendia que culpa tem alguém que é cego.

— Nunca mais me esqueço quando o teu pai tentou matar a minha prima com um pimento — disse-me a Hema.

— Ardeu?

— Não, não é isso. É que o teu pai não sabe a diferença entre pimento e pepino.

— Pois, já me esquecia dessa outra condição do meu pai. Ele confunde vegetais, principalmente se forem da mesma cor. Sinto muito, amiga Hema. Mas tentou matar a tua prima com o pepino, foi?

— Nem imaginas... — A Hema mostrava-se triste e nostálgica. — A minha prima sobreviveu, mas às vezes conta-me, em lágrimas, que junto dos tomates se sentiu uma salada.

— Coitada, parece ter ficado traumatizada. Se quiseres, apresento-a ao meu psiquiatra.

— Já sabes que ele não acredita em nós. Além disso, a minha prima já anda em terapia. Nós hemorroidas temos os nossos próprios psiquiatras.

— Não sabia! Existem psiquiatras de hemorroidas? — perguntei, muito curioso.

— Sim, são cavalos.

— Cavalos?!

— Sim, os psiquiatras das hemorroidas são cavalos.

— Todos?

— Não, só os cavalos brancos com bolinhas cor de rosa.

— Existem cavalos brancos com bolinhas cor de rosa?!

— Sim. E verdes também.

— Cavalos verdes?!

— Não! — respondeu ela. — Que parvoíce, cavalos verdes! Eu quis dizer é que também existem cavalos brancos com bolinhas verdes, mas esses não são psiquiatras.

— Então?

— Então o quê?

— O que fazem eles?

— São cavalos.

— Incrível, não fazia ideia. Sempre foram os cavalos?

— Nem sempre. Já o são há algumas gerações, mas antigamente os psiquiatras das hemorroidas eram os mamutes.

— Já não há mamutes, pois não?

— Não, e por isso mesmo. Quando foram extintos, os cavalos viram uma nova oportunidade de trabalho e rapidamente começaram a abrir escolas secretas por todo o mundo.

Fiquei fascinado. A Hema sabia muito de história e também por isso adorava ouvi-la. Ela tem sempre muita coisa para ensinar. Distraía-me, fazia-me rir, mas também me deixou cada vez mais culto. Hoje ela tem 29576 anos (feitos a semana passada, que até lhe cantei os parabéns) e a sua longevidade explica-se com a sua imortalidade. Tal como os vampiros, ela não morre. Porque escolheu a minha casa para viver? Porque me escolheu para seu melhor amigo? Porque decidiu dedicar o seu tempo a melhorar os meus dias? Não sei, não faço ideia, mas estou-lhe muito grato. Sem ela, eu não seria um adulto funcional. Obrigado, general Hema, serei sempre teu fiel seguidor.

O baile de finalistas

Ao contrário de mim, os meus amigos tiveram namoradas antes de se casarem. O meu primeiro beijo aconteceu tarde (ou mais tarde do que o normal) e a minha actual esposa Teresa foi a única mulher que alguma vez beijei. Dizem que "filho de peixe sabe nadar" e, bem, mesmo tendo gostos tão diferentes dos do meu pai, nisto fomos iguais. Ele contou-me que já tinha dado beijos, mas que a primeira mulher que beijou foi a minha mãe. Achei romântico. Não imaginava que aconteceria o mesmo comigo. Foi no mesmo dia que beijei a Teresa que percebi que ela seria a mulher da minha vida. Não foi pelo beijo — mesmo sendo especial —, mas sim por ela ter aceitado tão bem o meu pai. É preciso uma pessoa especial para o aceitar como é.

Eu tinha acabado o 12º ano e a escola decidiu fazer algo que quase já não se faz: baile de finalistas. A Teresa era de outra turma e já tínhamos trocado algumas palavras durante aquele ano. Num dia de coragem ela abordou-me e perguntou se eu queria ser o par dela no baile. "Finalmente, ganhou coragem", pensei. "Sim, claro que sim", respondi. Passei os restantes seis dias a praticar dança em casa. Os meus pais tinham diferentes estilos para ensinar, mas aprendi algo com cada um deles. O meu pai era mais Cha-cha-chá, Kuduro, Forró e Pole dance, mas a minha mãe sabia tango, valsa, salsa e outros estilos ideais para eu dançar com a minha amiga. Por mais que o meu pai tivesse insistido para eu aprender como dar um completo show de cabaret para impressionar os amigos, eu preferi focar-me nos pacíficos ensinamentos da minha mãe. Com ela, aprendi tudo o que precisava para me sair bem naquele baile; com ele, aprendi que para dançar Kuduro se precisa de usar o cu, e que nunca mais na vida quero ver pole dance.

A hora do baile chegou e apesar de nervoso eu não escondia a alegria de estar ao lado da mulher mais bonita da escola. Aconteceu tudo muito rápido. O tempo parecia ter voado e quando dei por mim dançávamos abraçados. Naquele momento eu parecia o rapaz mais normal do mundo.

E o mais feliz. A música era perfeita, a noite era perfeita, ela era perfeita. Levantou a cabeça do meu ombro e olhou-me. Senti um frio na barriga, eu ia finalmente beijá-la. Sem pressas, aproximámo-nos... eu podia sentir a respiração dela na minha boca e…

— Gersúlio! Gersúlio, meu filho! — Não chegámos ao beijo porque do nada apareceu o meu pai aos gritos.

— Gersúlio, meu querido filho! Tu vais para a faculdade, meu filhinho! Tu estás tão grande!

Fiquei alguns segundos sem palavras, enquanto ele me abraçava em lágrimas e com a pila fora das calças. Não é novidade que o meu pai ande de pila ao dependuro, mas depois de beber dá-lhe para a sacudir. O leitor poderá pensar que falo de álcool. Não, nada disso, ele raramente bebe álcool (só em festas e jantares especiais com trolhas). Eu estou é a falar de água. Quando bebe muita, caso tenha a pila de fora ele começa a balançá-la para os lados. Às vezes até diz “olhem, sem mãos! Sem mãos!” Isto só acontece com água, pois sumos não o afectam à excepção do sumo de ananás — quando o bebe, quase toda a gente quer fugir porque ele só quer brincar ao “apontar é feio” (um jogo inventado por ele). Para o bem de toda a gente, é raro encontrar-se sumo de ananás.

— Que fazes aqui? Estiveste a beber água, papá?

— Foi o teu tio Juvílio que trouxe uma garrafa e viemos a beber no carro.

— O tio Juvílio está cá? — Mal fiz a pergunta, senti uma mão no ombro.

— Ó meu burro, como estás tu? — Era o meu tio de França. Tinha bebido (álcool) e deu-me um forte abraço.

Micael Juvílio era o meu tio afastado, irmão do meu pai. Afastado porque vivia em França. Via-o poucas vezes, mas ele estava sempre igual, parecia que a idade não passava por ele: tinha madeixas amarelas, usava uma t-shirt do cantor de música popular Roberto Leal e trazia sempre um palito sujo numa das orelhas. Ao lado dele estava a sua nova mulher — uma tia que eu mal conhecia, pois tinham casado há pouco tempo. Usava um vestido vermelho forte e brincos até aos ombros.

— O que fazem aqui?

— Ó meu burro, não estás feliz por ver o teu tio?

— Estou, tio Juvílio, estou…, mas isto é uma festa só para finalistas e…

— Eh lá, quem é esta menina tão bonita? — sussurrou-me, referindo-se à Teresa, enquanto palitava os dentes.

Com aquelas surpresas eu tinha-me esquecido da Teresa e do beijo que não chegou a acontecer. Senti-me envergonhado por ela, mas foi quando reparei que ela tinha lágrimas nos olhos. Não estava triste, nada disso, antes pelo contrário! Ela chorava de tanto rir com a figura do meu pai.

— É o teu pai? — perguntou-me.

— Sim… — respondi, sem poder mentir.

— Ele é tão engraçado!

Se já não o estava, naquele momento fiquei apaixonado. Ela era mesmo especial. Talvez fosse um dom, ela sempre disse que como profissão gostaria de trabalhar com doentes mentais. Talvez o ver um pai tão diferente tenha mexido com esse seu desejo e produzido tamanha empatia.

— Diz olá à tua tia — disse o meu pai.

— Olá, tia!

— Alors, mon sobrinhe.

— Já não sabe falar português, tia?

— Gérsulie, mon chérie, eu vive à la France, non?

— Mas a tia foi para lá há pouco tempo…

O meu tio vive em França desde pequeno, ela há quatro meses.

— Je te love mucho — tentou ela falar em Português. Tão querida.

Apresentei-lhes o meu par e depois lá nos deixaram sozinhos na nossa especial noite. Afastaram-se os três, de mãos dadas e sempre a dançar. A Teresa ria muito. Depois disse-me que achou muito querido o meu pai aparecer de surpresa. E eu estava cada vez mais apaixonado. Tudo estava bem e preparava-me para o tão aguardado beijo, quando vimos pessoas em pânico a correr em todas as direcções. Não todas, mas quase todas. Por momentos pensei que era uma praga de gafanhotos, até que vi o que o meu pai tinha na mão — um sumo de ananás — enquanto o meu tio ria às gargalhadas. O meu tio sabia que ele não podia beber aquilo, só pode ter feito de propósito. Agora era tarde demais: ele ia querer que toda a gente jogasse. "Apontar é feio" é um jogo inventado pelo meu pai e consiste em meter o dedo indicador no cu mais próximo. O jogo só tinha duas regras e a segunda era que não valia no nosso próprio cu. Nunca mais esqueci a festa de baptizado de um primo, onde havia aquela bebida. Até o sacristão jogou, mesmo sem o querer. Por algum motivo, só os homens perdiam para o meu pai. Isto é, era sempre o cu deles que era apanhado. Talvez as mulheres corram mais rápido, não sei. O meu pai era o rei das festas.

Acabámos a noite todos juntos sentados a uma mesa. A fome tinha chegado e falava-se em ir para casa e encomendar pizzas. O meu tio foi ao bolso e sacou de algo embrulhado num guardanapo de papel.

— Ó tio, tu és sempre o mesmo, continuas com a mania do rissol no bolso?

— Sempre, sobrinho! Nunca se sabe quando a fome aperta! Trouxe este de França.

— No bolso do casaco?

— Sim, queres um bocado?

— Não, tio… não… deixa estar.

Quando esticou o braço para me oferecer o rissol, deixou-o cair ao chão. Ao mesmo tempo eu e a Teresa baixámo-nos para o apanhar e… foi quando aconteceu. Por acidente, as nossas bocas encostaram-se. Nunca esquecerei o meu primeiro beijo.

A reunião na editora

O leitor não pense que foi fácil colocar à venda o livro que tem em mãos. Quando decidi publicá-lo, deparei-me com algumas dificuldades. Já as antevia: nem toda a sociedade está pronta para ler sobre soutiens cor de rosa, mas o maior problema foi com a ideia original que eu tinha para o título. Batalhei para manter o título da minha útil e pedagógica obra, mas fui obrigado a dele abdicar. Ainda hoje acho que a minha ideia era melhor, mais bonita, mais fiel ao conteúdo, mas não se pode ter tudo. Este era o meu segundo livro, mas a primeira editora foi invadida por uma praga de gafanhotos — três vezes — e acabou por ir à falência.

Eu tinha reunião marcada para um sábado de tarde. Fui obrigado a cancelar a consulta com o psiquiatra que no seu habitual jeito engraçado me deu força. "Boa sorte", disse ele, "e não vás sozinho, leva a Hema contigo". Sinto que ele não acredita em mim e por isso me testa todas as semanas, mas não me irá vencer — jamais trairei a general.

Esperei na recepção, sentado ao lado de uma senhora idosa cujos pés batiam no chão alternadamente sem parar. Tinha um grande envelope nas mãos e deduzi que estivesse nervosa por apresentar o seu livro ao editor. Eu também estava nervoso, mas não tanto. As editoras são como os rabos: lá por estarem em todo o lado não quer dizer que sejam o ideal para nós. Se o meu livro aqui não fosse aceite, procuraria outros rabos. A porta da casa de banho abriu-se e de lá saiu um homem que vim a saber ser o editor. A senhora do envelope entrou a correr. Afinal não estava nervosa, só aflita.

— Entre, por favor — disse-me o editor, enquanto abria a porta do escritório.

A minha mãe teria adorado aquele escritório. Tinha livros por todo o lado e não tinha bonecos nem o meu pai. Sentei-me numa confortável poltrona em frente ao entrevistador. Era um senhor de uns setenta anos, sem bigode nem barba e tinha o cabelo todo branco. Estava engravatado e usava uns óculos grossos e pretos. A mesa no nosso meio estava limpa e muito organizada, fiel ao perfil dele.

— O meu nome é Sandro Barroso. Então o senhor quer publicar um livro?

Soltei uma pequena risada que não lhe passou despercebida.

— De que se ri?

— Peço desculpa, achei piada ao seu nome.

Ele olhou-me de lado e eu senti suores frios. Às vezes falo demais, só me prejudico. Não foi uma boa forma de começar uma reunião tão importante para mim, mas não resisti à risada quando ouvi aquele nome. "Sandro"?! Que raio de nome.

— Sim, tenho um livro que gostaria que fosse publicado.

— Como se chama?

— Gersúlio Berlefes Silva, mas vou usar pseudónimo.

— Não, o livro. Como se chama o livro?

— "Os colhões do meu pai".

O editor revirou os olhos e suspirou.

— Calma, não se deixe enganar pelo nome... relembro a expressão "não julgue um livro pela capa".

— Tem toda a razão. Então é sobre o quê?

— Estava a brincar, é mesmo sobre colhões.

— É um livro sobre testículos?

— Não, é sobre colhões.

— Não usamos esse tipo de linguagem aqui.

— Como assim?!

— Dizemos "testículos".

— Mas este livro é sobre colhões.

— É a mesma coisa.

— Se é a mesma coisa, porque é que me corrige?

— Digamos tomates, pronto.

— Não é feio dizer tomates?

— Não é tão feio…

— Testículos são tomates?

— Sim…

— Não sabia, peço desculpa. Aprendi com o meu pai a dizer colhões e pensei que tomates era um palavrão. E testículos não conhecia.

— O seu pai parece-me bastante peculiar…

— Daí este livro que quero publicar.

— Mesmo antes de o ler, digo-lhe já que teria de mudar de nome.

— Não tenho culpa, não fui eu que escolhi o meu nome, mas olhe que há quem me trate por Viagens Suzélio Antunes. Ou então só Tó.

— Hã?

— Diga?

— Eu estava a falar do livro. Não podemos editar um livro com esse título.

— Por causa do meu pai?

— Não, por causa da palavra.

— A palavra "pai"?

— Não, a outra...

— "meu"?

— Senhor Gersúlio, estou a falar do palavrão.

— Tomates?

— Sim..., mas na outra versão, na versão que você quer para o livro.

— Colhões?

— Sim...

— Pode dizer a palavra, não faz mal.

— Eu prefiro não dizer.

— Entendo... Então e se o nome do livro fosse "Os tomates do meu pai"?

— Também não podemos editar com esse título.

— Então não foi o senhor que se decidiu pelos tomates?

Voltou a suspirar. Acho que estava muito curioso para ler o meu livro.

— Pronto, então fica: "Os testículos do meu pai" — disse eu, aproveitando o bom rumo da conversa.

— Também não pode ser.

— Mau, agora também é má fé. Que mal tem os testículos do meu pai?

— É muito agressivo.

— Peço desculpa, não quis ser mal-educado.

— Não, o título! Não podemos colocar à venda um livro com esse nome.

— Então e o Dom Quixote? — perguntei. — Não é também um título agressivo? E publicaram!

— Como assim um título agressivo?

— Oh...não diga que só eu me lembro de pichota quando leio Quixote.

Franziu as sobrancelhas, abriu a boca e ficou uns segundos a olhar para mim, sem nada dizer.

— Pois, se calhar sou só eu... Que nome sugere para o livro?

— Qual é o assunto do livro?

— É sobre a vida que tive quando vivi com os meus pais. O meu pai era muito diferente, excêntrico, e eu tive um crescimento muito atribulado.

— Estou a perceber…

— Já deve ter percebido o quão complicada foi a minha vida — acrescentei —, para eu numa reunião tão formal como esta dizer colhões.

Ele pareceu incomodado. Não gostava mesmo de ouvir aquela palavra. E a criança em mim começava a achar piada.

— Que tal "O meu pai?" — perguntou ele.

— Não conheço o seu pai.

— Hã?

— Diga?

— Que acha do título "O meu pai?"

— Não gosto.

— E então "A minha complicada vida?"

— Não gosto.

— "A minha atribulada vida"?

— Ah, esse já… não, não gosto.

Sugeriu mais meia dúzia de nomes e eu não gostei de nenhum. Por fim, teve uma ideia melhor:

— Que pensa de "O filho de um libertino"?

— Já gosto mais, mas… ainda não é bem isso. — E depois acrescentei: — Colhões.

— Hã?

— Diga?

— Porque disse essa palavra assim fora do contexto? — perguntou ele, muito confuso.

— Peço desculpa, foi distração. — Por dentro, eu ria como se voltasse a ter 12 anos.

Estivemos mais meia hora só a brincar com possíveis títulos, até que ficou decidido que se usaria o actual. Naquele momento ainda faltava que o meu livro fosse lido e aprovado, mas, como é óbvio, venci essa batalha. Hoje, para além de meu editor, o Sandro é também um bom amigo. E quero acreditar que se tornou uma melhor pessoa. Quando o conheci era muito sério, muito formal, nunca sorria. Depois de conhecer o meu pai — foi uma das suas exigências para publicar o livro, pois não acreditava que tal ser humano existisse — ficou menos sisudo, mais alegre, mais feliz.

Eu também lhe devo muito: ao publicar o meu livro não só melhorou a vida de muitas pessoas por esse mundo afora como também melhorou o meu vocabulário na cozinha. Agora já sei as palavras certas: quando faço uma salada coloco alface, pepino, cebola e testículo.

O Pilóquio

Todas as crianças cresceram a ouvir histórias, contadas principalmente pelos seus pais e avós. Noutras vezes, elas próprias as inventavam ou alteravam. Eu sempre adorei uma boa história, mas ao contrário do meu pai eu nunca fui criativo. Entre muitas outras coisas, foi ele que inventou o "Dia do Soutien" no trabalho. O mundo celebra o "Dia do não soutien", mas na empresa dele, uma vez por ano os funcionários têm de levar pelo menos um soutien vestido por cima da roupa, sejam homens ou mulheres. Não são obrigados, mas os que o fazem recebem um bónus financeiro. E se tiverem bigode — os trabalhadores ou os soutiens —, o bónus é maior. Quanto maior for o bigode, maior será bónus. Desde o primeiro ano que aquela ideia foi um sucesso. O bónus é tão atractivo que mesmo as mulheres começam a deixar crescer o bigode meses antes. Mas claro, querendo mais dinheiro os funcionários abusaram, e o meu pai teve de impor uma regra para evitar o matagal em que se transformava o escritório: a partir do segundo ano, ficou definido que só contava o bigode da cara. Não vale a pena irem de calções que de nada adianta. As poucas excepções foram o Zé, o Júlio, o António, o Belmiro, o Fontes, o Juvenal, o João, o Fernandes, o Rómulo, o Silva e o Elídio (que nem lá trabalhava), mas nos últimos anos não conta mesmo. Lá está, desde que eu me lembro o meu pai sempre foi muito criativo. Eu, mesmo a escrever este livro, só conto verdades e não consigo inventar (e também aqui não teria lugar, pois isto não é uma obra de ficção). Ele era incrível a criar e tinha também uma memória enciclopédica de histórias infantis. Ou pelo menos eu assim o pensava — foi com alguma surpresa que, já adulto, vim a descobrir que alguns contos infantis não me tinham sido contados na sua versão original. Admito que algumas versões criadas pelo meu pai eram mais interessantes, mas não é isso que vos vou contar. Prefiro contar os originais, as histórias verdadeiras que o leitor talvez não conheça. Carregam consigo uma sabedoria antiga que atravessou os tempos e que nos faz rir e sonhar mais alto. Serão sempre histórias bonitas para o leitor contar aos seus filhos, netos, sobrinhos e outros.

— Filho, vou contar-te a história do Ali Babá e os 69 ladrões.

— Papá, então não eram 40 ladrões? — A minha mãe já me tinha contado aquela história.

— Era o que eles quisessem, filho!

— Berlefes Silva! — gritou a minha mãe. — Francamente!

— Pronto, então vou contar-te outra história — disse ele.

Eu deveria ter uns cinco ou seis anos, mas a história que a seguir contou, marcou-me para sempre.

— Era uma vez um tronco de madeira caído no chão — começou o meu pai. — E de repente…

— Como se chama a história, papá? — interrompi.

— O nome da história é Pilóquio. — E continuou: — … de repente começou a chover muito e o tronco foi levado pelas águas até um rio onde viviam castores de uma só perna.

— Porque é que só tinham uma perna, papá?

— Porque nasceram assim, filho.

— É como a vizinha Granélia? — Os meus pais soltaram uma gargalhada. A vizinha Granélia só tinha um dente.

— Sim, filho…, mas continuando a história: aqueles castores têm bigode e dentes afiados e então começaram a roer o tronco até que fizeram um menino.

— É assim que se faz meninos?

— Era um menino de madeira — explicou o meu pai. — Os meninos de verdade ficam para outra história.

— Que história é essa, Berlefes Silva? — perguntou a minha mãe.

— Deixa-me contar a história, depois contas tu a que quiseres — respondeu ele. A minha mãe também estava curiosa para ouvir a história do Pilóquio.

— … fizeram um menino, mas o menino não estava completo.

— Só tinha um dente, papá?

Eles voltaram a rir. Eu era uma criança muito esperta para a minha idade. Dou por mim a pensar que a certa altura da minha vida, não sei porquê, comecei a ficar menos inteligente.

— Não, filho. Ele tinha os dentes todos.

— O que lhe faltava?

— A pila — respondeu ele. A minha mãe revirou os olhos. Talvez já conhecesse aquela história, mas não queria estragar a surpresa.

— Como fazia chichi?

— Calma, filho, vou contar a história toda. O chefe dos castores de uma só perna era muito inteligente e chamava-se "Geperto". Ele sempre quis ter filhos e então decidiu que aquele menino de madeira seria o seu filho.

— O menino sem pila?

— Sim, o menino de madeira e sem pila. Horas depois, os castores ouviram um barulho.

— Era o menino a fazer chichi?

— Não, filho. O barulho vinha do menino, mas não a fazer chichi, e sim o pino. Ficaram surpreendidos, pois nunca tinham visto um menino de madeira a fazer o pino. Geperto ficou muito feliz porque agora tinha um filho de verdade. Abraçou-o com as patas e pôs-lhe o nome de "Pilóquio". A chuva não parava de cair e o rio encheu tanto que foram todos arrastados para o mar. Eles sabem nadar muito bem, mas estavam preocupados com o Pilóquio.

— O Pilóquio falava, papá?

— Sim, filho. Falava muito bem, tanto a nossa língua como a dos castores, e sabia contar até 11.

— E nadava?

— Espera, vou contar agora essa parte. O Pilóquio disse-lhes "não se preocupem, eu sei nadar". Os castores ficaram mais descansados, não queriam perder o seu novo amigo. Nem o Geperto queria perder o seu filho. Mas, de repente, ouviram um barulho.

— Era o Pilóquio a fazer chichi?

— Não, filho. Era o barulho dele a bater com os braços na água, muito assustado. Estava a afogar-se.

— Não sabia nadar?

— Não! Ele mentiu, e quando mentiu sabes o que lhe aconteceu?

— Fez chichi, papá?

— Não, filho! Quando mentiu, cresceu-lhe a pila. E Geperto perguntou-lhe se tinha mentido, ao que ele respondeu que não. Disse que sabia nadar, mas a corrente estava muito forte.

— E era verdade?

— Não! Ele estava a mentir novamente. E sabes o que aconteceu quando voltou a mentir?

— Cresceu outra pila? — perguntou a minha mãe.

— Seria uma história bem parva — respondeu o meu pai, mas eu ri muito com a minha mãe.

— A pila começou a ficar maior — continuou ele — e os castores agarraram-na para ele não se afogar. Entretanto parou de chover e o mar ficou mais calmo. E o Geperto disse para o filho: "agora que o mar está calmo, vamos todos nadar de volta para casa. De certeza que sabes nadar?" ao que o Pilóquio respondeu "sim". Mal ele disse que sim, a pila cresceu muito mais e até acertou na perna de um castor. De repente, ouviram um barulho assustador que parecia vir debaixo da água.

— Era o Pilóquio a fazer chichi, papá?

— Não, filho. Era um pinguim imigrado, dos grandes, e que os ia comer a todos. A pila do Pilóquio a crescer debaixo de água chamou a atenção do pinguim, colocando-os todos em perigo.

— Conseguiram fugir? — perguntei, assustado.

— Eles nadaram o mais rápido que puderam, com o Pilóquio às costas do castor Pontas, que era o único castor de bigode e o melhor nadador, mas o pinguim era mais rápido e estava quase a apanhá-los. E então, o Geperto teve uma ideia e começou a gritar: "Mente, Pilóquio, mente"!

— E ele mentiu?

— Sim! Disse muitas mentiras: "eu sei nadar e muito bem"; "eu tenho duas pilas"; "o meu pai é bonito"; "este castor ao meu lado não parece uma lontra" e quanto mais mentiras dizia, mais a pila crescia. E então o Geperto gritou "vira-te para aquela ilha e continua a mentir". Ele assim o fez e quanto mais mentia, mais a pila crescia em direcção às árvores tão longe deles. O pinguim aproximava-se rapidamente, mas o Pilóquio não desistia de mentir: "as girafas falam francês às terças-feiras"; "adoro a minha nova família"; "não vi o castor do meu lado a olhar fixo para a minha pila". Estava a resultar, a pila estava quase a alcançar a árvore mais próxima. "Não pares de mentir", gritou o pai, "continua!" Nervoso e a ver o pinguim tão perto de comer o primeiro castor, o Pilóquio fez o derradeiro esforço para gritar a mentira que os poderia salvar: "Vivo há 100 anos e todos os dias vejo cegonhas com dentes a cantar fado. Meto rolhas nas hemorroidas dos outros e agradeço aos mamutes toda a arte da canalização que trouxeram ao mundo".

— Resultou, papá?

— Sim, filho! Quando gritou aquelas mentiras todas, a pila dele esticou até à ilha mais próxima e bateu numa árvore. A árvore abanou tanto que foi uma sorte o ninho de enguias não ter caído ao chão. Depois, todos os castores saltaram para a pila dele e em fila indiana correram para a árvore.

— E o Pilóquio? O pinguim comeu o Pilóquio?

— Não! Quando estavam todos em cima da árvore, os castores puxaram a pila com toda a força e o Pilóquio veio atrás.

— Viva! — gritei. — Salvaram o Pilóquio!

— Pois salvaram! E quando ele parou de mentir a pila começou a voltar ao tamanho normal, devagarinho. E sabes, naquela ilha viviam outros animais.

— Quem vivia lá? As enguias?

— Não só, também vivia outra tribo de castores.

— Também só tinham uma perna?

— Sim, mas estes, ao contrário dos outros, só tinham a perna esquerda. Deram-se tão bem que ficaram a viver todos na mesma ilha. Estavam salvos, mas apanharam um susto quando ouviram um barulho vindo dos arbustos.

— Foram os castores que caíram da árvore, papá?

— Não, filho! Era o Pilóquio a fazer chichi de cima da árvore. — E depois terminou a história. — A partir daquele dia, o Pilóquio aprendeu a lição e prometeu não voltar a mentir. Tinha colocado a família em risco, tiveram muita sorte, um pinguim com fome até ossos come! Dali em diante, só mentia quando lhe pediam. As mentiras dele davam jeito para saltar à corda, para trepar às árvores, para dançar o limbo e até mesmo para pôr a roupa a secar. Viveram para sempre naquela ilha e foram muito felizes.

Eu adorei aquela história. Conseguia ser melhor do que o "Cinderelo" (a história de um príncipe que é acordado pelo beijo de outro príncipe) ou do que "O bigodinho feio" (a história de um bigode que pensava ser feio, mas que afinal era filho de cisnes). Pedia-lhe muitas vezes que me contasse esta história e talvez por isso nunca a esqueci. Foi, sem dúvida, o conto mais importante que ouvi — ajudou-me e muito a vingar na vida, pois tinha pelo menos quatro lições de moral que para sempre serão válidas:

1 - No mar, devemos evitar estar nus, para evitar ataques de pinguins.

2 - Podemos dar-nos todos bem, pois até os castores e as enguias coexistem.

3 - Desconfia dos castores que olham fixamente para a tua pila.

4 - Os castores pernetas são mais rápidos do que os pinguins assassinos.

A velhota do envelope

O dia de lançamento deste livro calhou num sábado e por isso o meu pai não esteve presente. Insisti e voltei a insistir, mas ele recusou-se a cancelar a aula de pilates.

— Papá, é importante para mim que vás.

— Não sejas egoísta, filho! E os meus interesses?

— Oh... já no outro livro não vieste...

— Ó filho, o teu outro livro era sobre mulheres, que interesse tinha eu? Já me basta aturar a tua mãe!

A minha mãe e a minha avó estiveram presentes, bem como o meu avô paterno. Desconfio que ainda hoje não leram o livro, uma vez que suspeitam que lhes traga lágrimas. E não é de rir, que isto não tem nada para rir, mas sim de tristeza. Eles acham que eu sou um adulto traumatizado por ter crescido em ambiente tão festivo, tão nu. Se lessem o prólogo, perceberiam como estão enganados. Eu não poderia ser mais saudável, mais feliz, mais aberto a novas e variadas experiências. Às vezes sinto uma vontade gigante de lhes contar mais sobre mim, falar-lhes dos meus gostos e desgostos, mostrar-lhes o homem são em que me tornei, mas a Hema não deixa. "Eles não estão preparados para a verdade", diz-me ela. A minha esposa foi à apresentação do livro e ela sim, leu o livro e chorou, mas o choro dela é de alegria — ela não pára de rir desde o dia do nosso baile de finalistas. No trabalho dela — hospital psiquiátrico —, todos os dias encontra pessoas que lhe lembra o sogro. Diz-me ela: "a maior parte deles usa mais roupa, mas ninguém bate a classe do teu pai em cima de uns saltos altos". Quem eu não esperava ver, naquele dia, era a tal senhora do envelope que encontrei no dia da reunião da editora.

— Eu conheço-a! É a senhora que estava na editora a tentar publicar um livro!

— Escrever um livro, eu? Não, meu querido.

— Não era a senhora que estava sentada com um grande envelope?

— Ah, já sei do que falas. Sim, era eu, mas no prédio errado.

— Prédio errado?

— Sim, entrei no prédio errado. São todos da mesma cor e é muito confuso para a minha idade. O envelope eram as minhas análises para entregar ao médico.

— Ah, está explicado então. — E autografei-lhe o livro que comprou. — E então, como está a senhora?

— Colesterol um pouco alto, mas de resto tudo bem, obrigado.

— É bom saber... Muito obrigado por apoiar os escritores. Sabe, naquele dia, como a vi bater os pés no chão, pensei que estava nervosa.

— Não, meu querido. Eu estou sempre a fazer aquilo, é um vício de baterista.

— A senhora toca bateria?

— Sim. E adoro!

— O meu pai também, mas sem mãos. — Arrependi-me mal o disse.

— Como assim?

— Brincadeiras dele, com os pés. — Achei melhor não lhe contar daquela vez que o meu pai tocou bateria com as nádegas. Era ideia dele, não queria que a roubassem.

— De repente, pensei que ias dizer que tocava bateria com o rabo — disse ela, deixando-me sem palavras. — Tenho um amigo que o faz e que toca connosco. Não me digas que um rapaz tão novo como tu fica escandalizado com estas modernices.

— Não, não... é que eu não sabia ser possível...

— Acho que ele é a única pessoa do mundo que consegue, é muito treino de glúteos.

— Pois, só pode ser...

— Tive uma ideia — disse ela, levantando as mãos — e que tal vires a um ensaio nosso? Verás um espectáculo único!

— Não sei... — Pareceu-me um convite estranho, mas ao mesmo tempo estava curioso para ver alguém a fazer o mesmo que o meu pai. Ele tinha muito orgulho naquele *skill* e achava ser o melhor do mundo, senão mesmo o único a consegui-lo. Como ele tantas vezes dizia: "Nem a Shakira, meu filho!"

— Anda daí, vais gostar — insistiu ela.

— E onde toca a senhora? Numa igreja?

— Nas igrejas não se toca bateria, meu querido. Tenho uma banda.

— Toca numa banda?! — Achei incrível uma senhora com aquela idade ser baterista numa banda, mesmo que fossem ranchos.

— Sim, a banda chama-se "Períneos do inferno".

— E que estilo de música tocam?

— Somos uma banda de death metal grindcore atmosférico arranca-orelhas, com fusão de trash gótico e ervilhas mal passadas. Também temos uma música pop, mas ainda não está pronta.

— Não conheço o estilo, mas parece-me interessante, gastronómico. — Eu não percebia nada de música nem de estilos. E ainda hoje não percebo.

— Tive amigos em bandas e eles usavam nickna…

— Sou esquizofrénica — interrompeu-me ela.

— Que nickname tão interessante!

— Não, sou mesmo esquizofrénica. O meu nick é Trevas. Aliás, toda a gente me conhece por Trevas. E tu, como te chamas?

— O meu nome é Gersúlio.

— Muito prazer, Gersúlio. Espero que um dia te possa tratar por Tó. Agora tenho de ir embora, porque era suposto eu estar no prédio ao lado e já estou atrasada, mas toma. — E deu-me um cartão com a morada da sala de ensaios. Até fotografia do lugar tinha. — Aparece amanhã às cinco da tarde. Não te vais arrepender.

— Okay, lá estarei.

Cheguei perto da sala de ensaios 15 minutos mais cedo. Era uma cabana no jardim de uma vivenda, não muito longe da minha casa. Não vi carros estacionados nem qualquer sinal de presença e por isso achei educado esperar pela hora certa em vez de ir lá bater. E depois, eu queria observar de longe, ver os membros da banda chegar, pois um pensamento não me largava desde o dia anterior: "e se o amigo dela é o meu pai?" Era improvável, ele nunca me falou de amigos músicos, mas não impossível. As únicas bandas de que o meu pai alguma vez falou foram a banda gástrica do vizinho do terceiro esquerdo e a banda sonora do filme dos cowboys. Além disso, era um Domingo especial, uma vez que a missa ia ser dada pelo Lúcifer Teles (o padre da tatuagem no rabo). Quando assim era, apesar da missa ser de manhã, o meu pai só voltava a casa à noite e tarde. Mesmo assim, eu não conseguia largar aquele pensamento. Se fosse ele o baterista convidado, a velhota ia saber que eu menti. Fiquei do lado de lá da rua, meio escondido entre um poste e três gafanhotos empoleirados num banco de jardim. Raio de gafanhotos, estão em todo o lado!

Um carro estacionou em frente. Vi sair a Trevas e quatro homens, todos vestidos de preto, dois com guitarras ao ombro. Um deles levava ferrinhos nas mãos, outro uma flauta, mas nenhum deles era o meu pai.

Aliviado, atravessei a estrada para ir ter com eles. Esta história poderia ter acabado aqui, pois por desatenção quase fui atropelado por uma carroça. Não era coisa usual de se ver por ali — nem carroças nem cavalos silenciosos —, mas aquele Domingo já tinha tudo para ser especial. Quem me salvou foi a Hema que gritou no momento em que me pus a atravessar a rua. "Doutor! Doutor!", gritou ela. Há coincidências incríveis: não é que aquele cavalo branco era o psiquiatra dela? Ali a um Domingo?! A puxar carroça?! Sem bolinhas cor de rosa?! Fiquei a saber que aos domingos os psiquiatras não têm bolinhas cor de rosa. "Obrigado, General Hema", disse-lhe eu, "és e sempre serás a minha salvadora". Bati-lhe continência, olhei para os dois lados e atravessei a insana rua.

— Trevas! — gritei-lhe quando se dirigiam à cabana.

— Gersúlio, sempre vieste!

Apresentou-me à banda enquanto entrávamos. Era gente simpática e todos mais novos do que ela, alguns talvez da minha idade. O da flauta lembrou-me o meu pai, quando se sentou na cadeira e a flauta desapareceu. O meu pai fazia o mesmo truque mágico, mas com vassouras. Abriram janelas e garrafas de cerveja e começaram a preparar o ensaio. Sem que se apercebessem, eu olhava-lhes o rabo tentando perceber que nádegas fariam o truque da bateria. Eu podia nada perceber de música, mas foram muitos anos a ver o rabo do meu pai — julgo-me competente o suficiente para reconhecer nádegas de baterista. Ainda penso que a Shakira consegue tocar, mas o meu pai insiste que não. "Achas? Aquele rabo feio alguma vez tocaria bateria?", dizia-me ele. De repente, bateram à porta.

— Deve ser o meu amigo baterista — disse a Trevas, deixando-me confuso.

Afinal, nenhum daqueles era o baterista especial. Fui eu quem abriu a porta.

— Filho, aqui!? — Nem queria acreditar, era o meu pai!

— Papá?!

— É o teu pai? — perguntou a Trevas.

— Espero que não se importem — interrompeu o meu pai —, mas trouxe um amigo. — Era o padre Lúcifer.

— Gersúlio — disse a Trevas —, porque não me disseste que o teu pai consegue tocar bateria com as nádegas?

— Porque... eu... humm... — Apanhado a mentir, senti-me envergonhado.

— Meu querido, o teu pai tem um dom, não tens de ter vergonha! E olha para ele, até se vestiu a rigor! — Todos riram.

O meu pai vinha com uma t-shirt toda branca que deixava ver o soutien cor de rosa. As calças eram pretas, iguais às dos membros da banda, mas tinham um buraco no rabo. Não era numa nádega, era mesmo no rabo. E o buraco não era pequeno, pois mesmo sem tentar era fácil ver-se uma hemorroida. Para já não falar do buraco das calças cuja abertura era tão grande que até os gafanhotos do outro lado da rua lhe poderiam ver as nádegas musculadas.

— De onde se conhecem?

— Filho, a Trevas faz Pilates comigo.

— Exactamente — confirmou ela. — E sabias que o teu pai é o melhor aluno?

— A sério?

— Sim, sabes como lhe chamamos lá?

— O meu pai tem um nickname?

— Sim! Lá ele é o "rei das bolas".

— Olá, Gersúlio — disse o padre Lúcifer —, tudo bem? Já não nos víamos desde o teu casamento.

— Não, padre Lúcifer — corrigi. — Já o vi depois disso, mas em fotos.

— Em fotos? — perguntou ele, confuso.

Mais uma vez eu tinha falado sem pensar. Eu ainda usava o computador do meu pai quando lá ia a casa e nunca lhe contei que voltei a descobrir a password daquelas pastas de fotos. Só precisei de 3 tentativas para descobrir a nova password: não era soutien, não era bigodes, mas sim "COLHÕES_3", tudo em maiúsculas.

— Então onde poderia ser? Nas minhas fotos de casamento — disfarcei, para depois perguntei ao meu pai: — Porque é que nunca me falaste destes teus amigos?

— Vá, vamos começar? — interrompeu-nos o flautista mágico. — Berlefes, estás pronto? É a música do costume?

— Sim, vamos lá mostrar aos jovens o que é música a sério — respondeu o meu pai, enquanto retirava as calças, revelando um fio dental impecável. Parecia um profissional.

O meu semi-nu pai correu excitado para a bateria, com o sorriso de quem nunca se cansa de ver o mesmo combate de "luta greco-romana" gravado há 20 anos e repetido todos os fins de semana. Afastou o desnecessário banco e ficou em pé, de costas para nós, com os braços esticados para trás e de baquetas na mão, confiante no que estava prestes a fazer. A música começava só com o órgão e ele esperava pacientemente a sua vez de entrar, enquanto lhe víamos o coração vermelho tatuado no rabo. O Jelhufes Maia teria ficado orgulhoso daquela visão. A Trevas ficou ao meu lado, depois de ter deixado o telemóvel num local estratégico para que gravasse a música.

— Estás a reconhecer a música? — sussurrou-me ela.

— Sim, claro, é Bee Gees!

— Ah, tu és conhecedor. — Mal ela sabia a quantidade de vezes que ouvi aquela banda ser cantada pelo meu pai na banheira. Mesmo assim, acho que o órgão demorou mais do que na música original. Talvez fosse para o meu pai se preparar mentalmente ou então o teclista gostava tanto do coração que o queria apreciar antes de o ver aos saltos, não sei. Era, sem dúvida, uma tatuagem digna de ser apreciada.

Depois da longa entrada, o meu pai finalmente iniciou a sua arte única. Num movimento difícil de executar, começou primeiro por bater nos pratos com as baquetas. Depois, mais difícil ainda, a nádega do coração vermelho bateu na tarola uma vez; de seguida a outra nádega entrou em jogo e as duas nunca mais pararam de tocar. Por mais vezes que o visse a fazer aquilo, ele nunca parava de me surpreender. A sincronia entre nádegas era assombrosa. E o mesmo pode ser dito do jogo de pés. Ele podia não gostar da Shakira, mas aquele movimento de ancas lembrava-me muito ela. E as pernas?! Não sei como se moviam àquela velocidade sempre que o rabo precisava de chegar aos timbalões mais afastados. E sempre dentro do tempo! Não falhava uma nota! Quando chegou à parte do solo, não me consegui conter e bati palmas com a banda. Tão depressa o rabo estava numa ponta da bateria como no segundo a seguir espancava a tarola. "Pas! Pas! Pas!" — Parecia o trolha Crezílio a chapar massa! Aquilo era um rabo com vida própria, só lhe faltava falar. Que velocidade, que mestria! A Trevas pôs-me o braço no ombro e notei que ela tinha uma lágrima no canto do olho. "O teu pai é um artista único", dizia-me ela.

Quando a música terminou, ele vestiu as calças e veio a correr na nossa direcção.

— Gostaste, filho?

— Adorei, papá! És o verdadeiro artista. Olha que está de fora — e apontei-lhe para a pila ao dependuro.

— Ah pois está, obrigado. — E pôs a t-shirt por dentro das calças.

— Não sei como consegues, Berlefes — disse o guitarrista —, o que tu fazes é único. E o solo foi divinal, cu caraças!

— Pilates desenvolve os meus glúteos — explicou o meu pai.

— Pila, papá?

— Também, filho.

Todos riram. Eu, além de não ter percebido, não gostei. Podem achar infantil da minha parte, mas para mim aquela piada entre nós é sagrada. Ele deveria ter respondido "Pilates, filho". Foi nesse momento que o meu telemóvel tocou. Era a Teresa. Atendi, mas a conversa foi curta.

— Está tudo bem, meu querido? — perguntou-me a Trevas.

— Era a minha esposa. Tenho de ir embora. Rebentou um cano no fogão e ela precisa de ajuda, senão hoje não jantamos.

— Um cano no fogão? — perguntou o baixista, surpreendido.

— Sim, é um fogão dos antigos.

Despedi-me de todos, não sem antes lhes pedir que depois me enviassem a gravação para o telemóvel. Queria ouvir aquilo novamente e também queria mostrar à Teresa.

Naquela mesma noite, ouvimos juntos a música ao som de um caldo verde com pimenta e açúcar amarelo, coisa que aprendi com o meu avô. Ele sempre comia tudo com açúcar amarelo, até as batatas fritas de pacote. Eu gosto, mas só coloco no caldo verde e na cerveja. Enquanto jantávamos, o telemóvel ficou pousado no balcão da cozinha a reproduzir os Bee Gees anais. O final da gravação foi inesperado:

— *E então, Trevas, achas que ele acreditou?*

— *Sim, quero acreditar que sim, Berlefes. Eu meti água quando lhe disse que gostava de vir a ser suficientemente amiga dele para o tratar por Tó, mas acho que ele não percebeu. Podes confiar, ele pensa que foi tudo uma coincidência.*

O milagre da andorinha

AVISO: este capítulo contém bolas, rabo, Moisés (não necessariamente por esta ordem), Eva, mangas, Adão e bananas. Poderá também conter uma ocasional referência (sem piada alguma) a bicicletas.

Perguntei à irmã Selim se o macaco Adão só comia bananas ou se, tal como eu, gostava muito de mangas e chupa-chupas. Ela achou que era um insulto ao primeiro filho de Deus. Ficou tão escandalizada com a minha pergunta que repetiu "ámen" várias vezes e depois quis falar com os meus pais. Agora que sou adulto sei que aquela reacção foi exagerada. Eu era apenas uma criança de nove anos, e se a minha mãe me tinha dito que todos viemos dos macacos, parecia-me perfeitamente lógico que Adão e Eva fossem ávidos comedores de banana. Eram outros tempos, de freiras mais brutas e cegas seguidoras dos sagrados evangelhos. Como é óbvio, Selim não era o nome da minha catequista freira — as pessoas não têm nomes tão estranhos. O nome dela era Jezabel Amenada e todas as crianças a tratavam por "irmã Amenada". Só que eu tinha ouvido o meu pai, em conversa com a minha mãe, a referir-se à catequista como "irmã Selim" e achei tanta piada que contei aos meus amigos. A partir desse dia, nas costas dela, todos dizíamos "irmã Selim". Naquela altura, eu estava longe de perceber que "Selim" tinha origem numa anedota banal (e sem graça) de freiras em bicicleta. Um amigo da catequese sugeriu que "selim" era devido ao barulho dos "mil" crucifixos e terços que ela usava ao pescoço (tal como um pastor é alertado pela vaca que vem lá longe no prado, nós já sabíamos quando a catequese ia começar). Perguntei ao meu pai e ele confirmou, mas disse-me, muito sério, para nunca chamar "selim" à minha catequista. Nem vaca. Aquela reacção da irmã Amenada deixou-me envergonhado e com o passar do tempo deixei de fazer perguntas sobre a bíblia. Questões que me suscitavam muita curiosidade, tais como "será que Eva chupava o mesmo que Adão" ou "será que foi Adão quem criou a palavra tomates" foram respondidas muito tarde, quando eu já não era criança.

Naquela idade, eu só queria saber de chupa-chupas e futebol. Cedo descobri que na religião não há lugar para chupas nem bolas, e isso afastou-me da casa de Deus. Mas eu adorava a catequese.

Todos os sábados, eu ia com religiosa alegria para a catequese. Alguns amigos eu só os via neste dia. Do início ao fim, era sempre a rir. Eu ia mais cedo e, antes de entrarmos, ficávamos a jogar à bola ou à apanhada. Lá dentro fazíamos desenhos, às vezes jogos, e víamos desenhos animados sobre histórias da bíblia. A que eu mais gostava era a de Moisés a abrir o mar. O meu melhor amigo da catequese era muito tímido, e insistia para que eu fizesse uma pergunta à irmã Selim. Nas palavras dele: "como é possível que Moisés não tenha levado com um tubarão no focinho? Pelo menos um douradinho do capitão Iglo, não? Anda lá, Gersúlio, pergunta. Tu fazes muitas perguntas, anda lá". Mas não, eu não voltaria a fazer perguntas. Eu não queria que a irmã Amenada se zangasse. Da última vez chamou os meus pais, e da penúltima vez voltou a repetir os ámens e proibiu-me de ir ao intervalo só porque eu perguntei se Adão ajudava em casa ou se era sempre a Eva a lavar a loiça. O feminismo pode ser novidade para muita gente, mas não para a irmã Amenada.

Apesar da minha família directa não ser religiosa, eu tive não só de frequentar a catequese, como de fazer as duas comunhões. Foi o meu pai que insistiu que as fizesse (principalmente a solene). A minha mãe não fazia questão (há muitos anos que não frequentava a igreja), mas o meu pai queria que o filho seguisse a tradição de família. Os meus avós paternos tinham feito as duas comunhões e tive um trisavô que era padre e que, segundo uma conversa que eu não deveria ter escutado, foi preso por ter sido apanhado a brincar com bolas. A família respondia-me que não, que não eram bolas de futebol, e fugiam ao assunto. Durante muitos anos eu pensei que ele tivesse sido preso por roubar bolas-de-berlim. Quer dizer, ainda penso..., mas essa não pode ser a verdade, até porque no tempo do meu trisavô Suzélio não existiam bolas-de-berlim. Vou anotar para pedir aos meus pais a história verdadeira. Poderá parecer parvo não falar primeiro com eles, mas o meu editor pediu com urgência que eu termine este capítulo.

O meu pai podia não vestir como os outros pais, nem gostar do que os outros pais gostavam, mas em questão de tradições ele era bem banal. Eu não me lembro do meu baptizado, mas as fotos não deixam dúvidas: ele irradiava felicidade. E não o digo pela luz do casaco de pele laranja fluorescente que ele usava, nem pelos bonitos sapatos amarelo-sol, nem tampouco pela bolsa tiracolo com lantejoulas que reflectiam a chama das velas da igreja; mas sim pelo sorriso que apresentava em todas as fotografias. Tanto a minha mãe como os meus avós contavam que ele foi tão feliz a organizar aquele evento que parecia que eu tinha nascido naquele dia. Só houve um senão: segundo a minha mãe, ele foi levar o sacristão a casa e voltou de madrugada, bêbedo de água benta, deixando-a muito preocupada. Perdoou-lhe. Afinal de contas, não era todos os dias que se baptizava um filho. E o sacristão de nome estranho (Paulo) morava longe, a quatro casas de nós. Mesmo assim, desconfio que foi a partir daquele dia que a minha mãe se afastou da igreja. Anos depois, eu testemunhei aquela alegria contagiante no dia da minha primeira comunhão.

É muito provável que o leitor também tenha passado por este ritual religioso. É também razoável que julgue que todas as comunhões são iguais e que seria maçador estar a ler tal descrição. Caro leitor, tal não poderia estar mais longe da verdade. É verdade que os rituais religiosos são como os gafanhotos: há muitos e não faltam pernas; mas também é verdade que de tempos a tempos lá surge um gafanhoto especial, uma comunhão diferente, uma memória que não se esvai por muitos anos que se viva, mesmo que se tente. E eu tentei… muito…

Nas semanas que antecedem a comunhão, treina-se com a catequista todos os passos. Eu treinei mais do que qualquer um, pois quando chegava a casa o meu pai insistia nas simulações. Algumas vezes fazia de padre, outras vezes fazia de conta que era a outra criança que iria ao meu lado na procissão, mas a maior parte das vezes ele fazia de irmã Amenada.

— Papá, não precisas de fingir que és freira. Ela nem vai connosco na procissão.

— Eu sei, filho, mas tens praticado com ela, certo?

— Sim, papá.

— Pronto, assim não ficas confuso. Faz de conta que ainda estás na catequese, nos treinos.

— Mas papá, a irmã Selim n…

— Gersúlio! — ralhou a minha mãe. — Já te dissemos para não dizeres isso. Deves referir-te à tua catequista como "Irmã Amenada".

Pedi desculpa.

— Papá, a irmã Amenada não se veste assim.

— Ó filho, eu sei, mas eu não tenho o hábito.

— Tens de treinar até o teres, papá.

Os meus pais riram muito da minha inocência. E lá me explicaram que hábito era o nome da roupa da freira.

— Filho, eu não tenho a roupa da freira. Tens de fazer de conta que eu sou ela.

— Mas... papá, ela também não pinta os lábios de vermelho nem usa essas cuecas que parecem um fio.

Voltaram a rir.

— É verdade, filho. Ah! Ah! Ah! Eu não me vesti assim para os teus treinos. Eu já estava assim vestido, vim de uma festa.

— Festa de palhaços, papá?

— Sim, filho... sim...

Naquela idade, eu era muito novo para entender as festas do meu pai, mas nunca perdi o hábito. Como já tive oportunidade de referir neste livro, o meu pai não era só festas e bonecos. O meu pai era também ensinamentos que ficariam para sempre. Tinha aprendido uma palavra nova.

— Papá, sabes que eu gosto de palhaços...

— Ó filho, aqueles palhaços eram muito feios. Depois vamos ao circo, está bem? Agora vamos lá praticar o que tens de fazer no dia da comunhão.

Pode parecer uma tarefa chata, mas a verdade é que eu gostava mais da preparação dada pelo meu pai. A irmã Amenada era mais ríspida, nunca ria e quando falava muito próxima, eu ficava cheio de cuspe na cara. Além disso, com ela eu não via o panda. Quando o meu pai me ensinava como andar na procissão, eu ria muito com aquele panda tatuado no rabo do meu pai. Parecia andar de um lado para o outro, na floresta. (Só anos depois, o meu pai transformou o panda num coração vermelho). A minha mãe dizia que o meu pai parecia uma modelo a andar na passerelle, e os dois riam muito. Eu tive muita sorte com os meus pais: eles amavam-se verdadeiramente.

Eu fico nervoso em eventos importantes e com muita gente. No dia do meu casamento não foi a noiva que chegou atrasada, mas sim eu — duas horas. Não adormeci, nem pensei em desistir, nada disso. O problema foi uma crise intestinal que me deixou fechado na casa de banho, sentado numa sanita que já tinha visto melhores dias. Em criança, nervosismo era coisa que não existia. A comunhão seria apenas mais um dia de festa, onde estaria com os meus amigos e vestiria uma roupa nova. O meu pai foi sozinho para a igreja, dizendo que queria acertar pormenores. Eu fiquei à espera da minha mãe pois ela não saía da casa de banho. Do lado de fora, eu conseguia ouvir o nervosismo dela...

— Mas mamã, não tens de ficar nervosa, é só uma comunhão. Anda lá que vamos chegar atrasados.

— Eu sei, meu filho, mas a mamã sente que estás a ficar um homem. — E ouvi-a fungar.

— Estás a chorar, mamã?

— Sim, filho, mas é de felicidade.

— Anda lá, mamã. Estamos atrasados.

— Vou já sair.

Enquanto esperava por ela, eu atirava a minha bola de ténis contra a parede. Lembro-me, como se fosse hoje, daqueles dois sons alternados perante o mau cheiro que me invadia o nariz: a bola a bater na parede e os tímidos peidos que vinham da casa de banho pareciam compor uma música. Impaciente, dei por mim a marcar o tempo, tal como tinha aprendido na aula de educação musical, só que aqui a flauta era o rabo da minha mãe. Ela tocava e depois tocava eu, atirando a bola à parede, tentando estar sempre dentro do tempo como o professor nos ensinava. Aquilo ficou comigo o resto da vida. Ainda hoje, quando estou na casa de banho, atiro uma bola de ténis à parede. Só aconteceu cinco vezes eu falhar e ter de a ir buscar à sanita. Nada que não se lave. Agora que sou um adulto que fica nervoso em eventos sociais, eu percebo que eu sou igual à minha mãe: eu também consigo cheirar muito mal.

Quando chegámos à igreja, não encontrávamos o meu pai. Eu disse à minha mãe que ia procurá-lo lá dentro, podia estar perdido, porque a igreja tem muitas portas e o meu pai nunca se dá bem com portas. Podia falar agora daquela vez em que o meu pai ficou duas horas preso numa casa de banho pública, por andar de porta em porta, mas fica para uma outra vez. No momento em que eu me aproximava do altar, uma porta abriu-se violentamente e de lá saiu a irmã Amenada a correr. Benzia-se tão rápido que parecia ter três mãos direitas, e só dizia "Ámen! Ámen! Ámen!" Não tive tempo de fazer perguntas, pois ela desapareceu por outra porta que voltou a fechar com força. Dirigi-me à porta aberta, mas antes que eu pudesse entrar, saiu de lá o meu pai. Atrás dele, vinha um padre muito novo, loiro e de olhos azuis...

— Papá, o que aconteceu? Vi a irmã Sel... Amenada a sair daqui a correr.

— Nada, filho. Eu e o Lúcifer estávamos a contar anedotas e a freira não gostou. — E enquanto explicava o que aconteceu, penteava-se e o padre apertava o cinto. Não me contaram a anedota, mas claramente era uma anedota de nos deixar descompostos.

— Papá, que roupa é essa?

Eu ainda não o tinha visto naquele dia, pois ele saiu muito cedo de casa. A gravata era bonita, toda preta, de seda, mas o problema não estava na gravata. Nem nos sapatos amarelo-sol. A camisa era tão justa que os quatro botões de cima estavam difíceis de ser apertados, mesmo que ele tenha tentado. E eu não sei se tentou. Mas o mais impressionante eram as calças. Estavam tão, mas tão apertadas, que em baixo deixavam os tornozelos completamente à vista; e em cima tinham o mesmo problema da camisa: botões sem capacidade funcional para esconder qualquer barriga.

— Papá, essa roupa não é a mesma que usaste no meu baptizado?

— É sim, meu filho! Como sabias?

— Vi as fotos, papá, mas isso já não te serve.

— Filho, tive de ir ao baú buscar isto. Esta roupa é do teu lindo baptizado e eu tinha de a vestir novamente, para relembrar o quão feliz fui naquele dia.

— Papá, pelo menos podias ter cortado os pêlos.

— Filho, pêlos no peito é à macho.

— Não estou a falar dos do peito, papá…

Juntei-me às outras crianças, enquanto lá ao fundo o meu pai acenava feito maluco. Algumas riam, apontando para os sapatos de salto alto amarelo-sol e para o matagal que parecia nascer do meio das pernas do meu pai. Ouvi uma menina a falar em Amazónia, mas ignorei. Senti vergonha, tentava passar despercebido, mas era difícil com o meu pai lá ao fundo sempre a acenar e a abanar as ancas para me relembrar a forma correcta de andar na procissão tal como praticámos.

— Ó Gersúlio, deve viver ali o capitão Iglo.

— Ó Magrufes, não gozes com o meu pai. Eu também não gozo com o teu nome nem com os teus três pés, pois não?

— Que tem os meus pés? Não são tortos, pois não?

— Não gozes com o meu pai — gritei-lhe.

— Desculpa, Gersúlio.

— Estás desculpado. E porque estás sempre a falar do capitão Iglo?

— Que tem? Não gostas do capitão Iglo?

— Gosto, mas prefiro o capitão América.

O Magrufes era um bom menino. Era muito meu amigo, mas claro que era normal uma criança rir ao olhar para o meu pai. Não foi só ele, todos riram — crianças e adultos —, só que os adultos disfarçavam. Pediu-me imediatamente desculpa, porque sabia que eu era muito amigo dele. Eu era o único da catequese que não lhe chamava gorducho. Como sabemos, as crianças e as freiras podem ser muito cruéis. Sim, quando eu fazia muitas perguntas, a irmã Amenada gritava-me "pouco barulho, magrinho". Mas nem todos eram maus para o Magrufes. Nas aulas de teatro, que ele adorava, todos o tratavam com respeito. Eram aulas caras, pagas por pais que vestem bem, e a educação era outra. Naquela altura, ele foi o personagem principal numa peça que fez muito sucesso: "Cinderela em três actos". Anos mais tarde ouvi dizer que ele ia ser convidado para uma versão do filme "Família Adams", mas não passou de um rumor, a história não tinha pés para andar.

A procissão estava quase a começar, quando precisei de ir à casa de banho. A minha mãe, muito querida, explicou-me que não havia motivos para estar nervoso. Eu respondi-lhe que não estava nada nervoso. Ia à casa de banho fazer xixi e não música. Ela riu, deu-me um beijo, e eu lá fui a correr. A casa de banho era ao fundo de um corredor. Ia eu a meio, quando ouvi o que parecia um chocalho, cada vez mais perto. O pânico apoderou-se de mim, ao imaginar que iria ser atropelado por uma manada de vacas no dia da minha comunhão. Atropelado e todo mijado, pois eu estava muito aflito. O leitor poderá pensar que isto é impossível, mas eu juro pelos pêlos do meu pai que uma porta se abriu e de lá saiu a correr a irmã Amenada. "Ámen! Ámen! Ámen!" Agora, eram "mil" mãos que faziam a cruz e "duas mil" bocas que beijavam os crucifixos do peito. Tal como da última vez, não tive tempo de fazer perguntas, pois ela desapareceu tão rapidamente como apareceu. Algo em mim me dizia que a seguir ia ver o meu pai e o amigo das anedotas, mas não, ninguém apareceu. Andei mais uns passos e entrei na casa de banho. Quase me mijava nas calças, quando vi, à entrada de um dos cubículos das sanitas, uns pés que pareciam soltos, virados para cima. Dei um grito. E os pés mostraram estar presos a umas pernas: as pernas do meu pai. Levantou-se, assustado com o meu grito.

— Estás bem, filho?

— Assustei-me ao ver esses pés, papá. O que fazes aí de joelhos?

— Deixei cair um brinco, filho. E estava à procura com a ajuda do padre Lúcifer. — Foi quando vi que o meu pai não estava sozinho.

— Tu não usas brincos, papá.

— É uma missanga, filho, daquelas que o papá usa nos pelos do peito.

— Deixa lá isso, papá. Tu tens muitas missangas. — E fui fazer xixi.

Quando saí, eles continuaram lá, em busca da missanga perdida e muito provavelmente a contar anedotas de fazer freiras correr como o diabo foge da cruz. As freiras não entendem o valor de uma amizade sincera. Fiquei feliz pelo meu pai.

Começou a procissão. O meu pai ia ser um dos homens a carregar o andor, mas ficou combinado que ele só o carregaria no regresso à igreja. Durante o início da procissão, ele estava no meio do público com a minha mãe e avós. Nunca tinha visto tanta gente à minha volta. Senti-me um herói, um capitão América a ser admirado pelo povo emocionado. Não tinha andado mais de uns cinco metros quando ouvi a voz do meu pai.

— Olha em frente, filho! Mantém a postura!

Assim o fiz, de corpo direito e pescoço erguido, tal como ele me ensinou. Mas não bastou para o calar.

— Abana o rabo como o papá ensinou, filho!

E ainda o pude ouvir, orgulhoso, a comentar com os estranhos que o cercavam: "aquele de rabo de bailarino é o meu filhote". "Tem o rabo do pai", ouvi alguém dizer. Não pude olhar, quis caminhar como o meu pai me ensinou, mas notei que era uma voz rouca e que aquela curta frase parecia não terminar. Era uma voz que se arrastava, que me arrepiava, e que eu jurava já ter ouvido…

— Não fiques envergonhado, ele só quer o teu bem. — Era o padre Lúcifer, que caminhava ao meu lado.

— Eu não estou envergonhado… eu já estou habituado… Senhor padre, porque tem os lábios vermelhos? É batom?

Ele ficou muito atrapalhado e limpou com a manga do casaco.

— Foi parvoíce minha, Gersúlio. Enganei-me, queria usar o batom do cieiro.

— Mas porque tinha, o senhor padre, batom de mulher?

— Não era meu.

— Então de quem era?

— Vá, Gersúlio, caminha como o teu pai te disse: a olhar para a frente e de costas direitas.

A procissão não foi longa, segundo mais tarde soube, mas para uma criança parece demorar horas. Quando estávamos no regresso à igreja, o meu pai e outros homens substituíram os que carregavam o andor. Ao todo eram seis e, por motivos que me escapavam, pareceu-me que o meu pai ia próximo demais do homem da frente… Agora não eram só os botões de cima da camisa do meu pai que estavam desapertados. Nenhum botão estava apertado. Eu ia perto do andor e avisei-o.

— Eu sei, filho, fui eu que os desapertei. Está muito calor e mais calor vai ficar ao carregar este peso todo.

— Então tira a gravata, papá.

— Não é preciso, filho. A gravata fica bem até num corpo nu.

O meu pai era forte. Desconfio que ele poderia carregar aquilo sozinho. Graças à luta greco-romana que ele via todos os dias, ele percebia muito sobre pesos pesados.

O andor estava quase dentro da igreja, a subir as escadas, quando uma desgraça aconteceu. De repente, não sei se foi por levar os braços ao alto ou se perdeu quilos com o esforço, as calças caíram, deixando o meu pai nu da cintura para baixo. Ele usava cuecas, mas aquele fio dental pouco tapava: para além de se ver completamente as nádegas, a pila do meu pai estava de fora e esticada para a frente. Sem poder levantar as calças, ele continuou o seu caminho como se nada fosse, quase tropeçando. Eu perguntava-me se ele realmente notou as calças caírem. Não tive coragem de gritar para o avisar. Na minha inocência, eu tinha esperança que ninguém notasse, mas não demorou muito para eu perceber o quanto estava errado. Durante o restante caminho, as reacções não foram todas iguais. Algumas pessoas, principalmente as velhotas, gritavam, "isto é, uma pouca vergonha!", "onde já se viu isto?!" e pelo menos uma chegou a desmaiar; outras pessoas riam às gargalhadas e tiravam fotografias; vinda não sei de onde, voltei a ouvir a voz sombria que agora gritava "comia-te esse panda" e "deixa-me subscrever-te… o canal".

— Mamã, um dia também vou ter a pila grande como a do papá?

— Sim, filho, vais.

— E a minha pila também vai ter batom, mamã?

— Depende da sorte, meu filho, depende da sorte.

— Tu tiveste sorte, mamã?

— Ó meu querido filho, digamos que estou muito feliz por teres nascido. E também agradeço muito ao teu avô.

— Porquê o avô, mamã?

— Porque foi ele que empurrou o rabo do teu agora papá.

— Não percebi, mamã.

— Um dia vais perceber, meu filho. Um dia, vais perceber.

A verdade é que ainda hoje não percebo. Não voltei a tocar naquele assunto nem tenho intenções de o fazer. Já sei que não vim nas patas de uma cegonha e isso basta-me.

Pousaram o andor. Eu, e provavelmente todas as pessoas da igreja, esperava que o meu pai se apressasse a subir as calças, mas não. Com uma mão na cintura e outra a limpar o suor da testa, sorria enquanto inspirava fundo, satisfeito com o trabalho bem feito. A minha mãe, em passo apressado, dirigia-se a ele, certamente para o mandar vestir-se, mas eis que aconteceu aquilo que considero o único milagre a que assisti em toda a minha vida. A minha mãe diz-me que foram coisas da minha cabeça, mas eu juro que segundos antes do milagre, eu senti uma rajada de vento dentro da igreja, como que a anunciar o que aí vinha. Uma coisa é certa: o que aconteceu a seguir, não foi da minha cabeça, pois todos viram o mesmo que eu. Do tecto da igreja, surgiu uma andorinha que fez toda a gente ficar a olhar para cima. Sobrevoou-nos várias vezes, desenhando no ar um coração e depois desceu como um falcão, em direcção ao meu pai, para lhe pousar na pila.

— Meu bondoso Deus — alguém gritou.

— É um milagre — ouviu-se.

— Deus está no meio de nós!

E de repente estavam todos ajoelhados, a benzerem-se sem parar, como que a louvar a nossa senhora dos pássaros ou a celebrar a chegada de um Jesus alado.

— Olha, mamã! Um passarinho, que bonito! — Ela não respondeu. Estava de boca aberta a olhar para andorinha, constatando que estava casada com um ser divino.

— Andorinha é bom sinal — disse a freira —, mas costuma ser no céu. Ámen! Ámen! Ámen! — E saiu a correr.

Quase de imediato, a andorinha levantou voo e voltou a desenhar corações no ar. O meu pai puxou as calças e, aproveitando que estavam todos a olhar para cima, fugimos da igreja a conselho da minha mãe, que desconfiava que o povo idolatraria o meu divino pai. Já lá fora, a andorinha passou muito próxima das nossas cabeças e, antes de ir embora, olhou para trás e piscou um olho ao meu pai. Eu nem conseguia acreditar no que via, o meu pai é um Deus. A andorinha afastou-se, parecia voar em câmara lenta, e foi quando vimos a irmã Amenada lá ao fundo, ainda a correr, como se quisesse fugir não só desta igreja, mas de todas as religiões do mundo. A andorinha desceu novamente a pique, em direcção à freira.

— Papá, tu queres ver que ela vai pousar na pila da irmã Selim?

— Pilates, filho. Ó filho, as freiras não têm pila.

— Então, papá? Têm hábito? — A minha mãe riu, para depois me ralhar por ter dito "irmã Selim".

Afinal, a andorinha não pousou na freira, nem na pila, nem no rabo, nem no hábito. Em vez disso, aproximou-se o mais que podia e deixou-lhe um presente na cabeça, o que só a fez correr ainda mais rápido, enquanto gritava "Ámen! Ámen! Ámen!

Não há como saber o que significou aquele episódio, mas marcou-nos muito, principalmente ao meu pai. Eu passei a respeitar as andorinhas e deixei de usar a fisga para brincar com elas; a minha mãe passou a fazer-lhe as vontades todas (bonecas espalhadas em cima da mesa da cozinha ou bigodes postiços a boiar na banheira já não eram um problema); mas o impacto no meu pai foi muito maior. No dia a seguir, ele decidiu tirar o panda do rabo. Não foi bem apagar a tatuagem, mas sim substitui-la. Um bom tatuador como o amigo do meu pai, o Jelhufes Maia, consegue fazê-lo com mestria. Um traço aqui, outro acolá, uns contornos, alguma cor, e de repente o meu pai tinha não um panda na nádega, mas sim um coração vermelho e a assinatura do artista. Eu fui ver o meu pai a receber a nova tatuagem. Foi aí que percebi que aquela voz sinistra, que eu ouvia durante a procissão, pertencia ao Jelhufes. Mal o ouvi falar, lembrei-me… eu nunca o tinha visto, mas às vezes eu chegava a casa e o meu pai estava em reuniões de trabalho com ele, fechados no escritório, quando a minha mãe estava ausente. Foi naquele momento que eu percebi que a voz que tinha gritado "tem o rabo do pai" era a mesma do escritório, aquela que uma vez eu ouvi dizer "é mais rijo do que parecia".

Não voltámos a falar daquele episódio. Dois anos depois eu voltei à igreja para fazer a comunhão solene, mas não voltei a ver a irmã Jezabel Amenada. Nem eu, nem os meus pais. Ainda hoje o povo conta que em noites de lua cheia e às vezes em tardes de domingos soalheiros, a irmã Selim de cabelo castanho-vivo é vista a correr como se fosse uma chita das grandes. Dizem que nunca pára de gritar "ÁMEN". O meu avô conta muitas vezes que na nossa terra só não existe lobisomem porque o coitado fugiu da Jezabel Amenada. Ámen! Ámen! Ámen!

A comunhão solene

Ámen! Ámen!

Ámen! Ámen! Ámen! Ámen! Ámen! Ámen! Ámen! Ámen! Ámen!
Ámen! Ámen! Ámen! Ámen! Ámen! Ámen! Ámen! Ámen! Ámen!
Ámen! Ámen! Ámen! Ámen! Ámen! Ámen! Ámen! Ámen! Ámen!
Ámen! Ámen! Ámen! Ámen! Ámen! Ámen! Ámen! Ámen! Ámen!
Ámen! Ámen! Ámen! Ámen! Ámen! Ámen! Ámen! Ámen! Ámen!
Ámen! Ámen! Ámen! Ámen! Ámen! Ámen! Ámen! Ámen! Ámen!
Ámen! Ámen! Ámen! Ámen! Ámen! Ámen! Ámen! Ámen! Ámen!
Ámen! Ámen! Ámen! Ámen! Ámen! Ámen! Ámen! Ámen! Ámen!
Ámen! Ámen! Ámen! Ámen! Ámen! Ámen! Ámen! Ámen! Ámen!
Ámen! Ámen! Ámen! Ámen! Ámen! Ámen! Ámen! Ámen! Ámen!
Ámen! Ámen! Ámen! Ámen! Ámen! Ámen! Ámen! Ámen! Ámen!
Ámen! Ámen! Ámen! Ámen! Ámen! Ámen! Ámen! Ámen! Ámen!
Ámen! Ámen! Ámen! Ámen! Ámen! Ámen! Ámen! Ámen! Ámen!
Ámen! Ámen! Ámen! Ámen! Ámen! Ámen! Ámen! Ámen! Ámen!
Ámen! Ámen! Ámen! Ámen! Ámen! Ámen! Ámen! Ámen! Ámen!
Ámen! Ámen! Ámen! Ámen! Ámen! Ámen! Ámen! Ámen! Ámen!
Ámen! Ámen! Ámen! Ámen! Ámen! Ámen! Ámen! Ámen! Ámen!
Ámen! Ámen! Ámen! Ámen! Ámen! Ámen! Ámen! Ámen! Ámen!
Ámen! Ámen! Ámen! Ámen! Ámen! Ámen! Ámen! Ámen! Ámen!
Ámen! Ámen! Ámen! Ámen! Ámen! Ámen! Ámen! Ámen! Ámen!
Ámen! Ámen! Ámen! Ámen! Ámen! Ámen! Ámen! Ámen! Ámen!
Ámen! Ámen! Ámen! Ámen! Ámen! Ámen! Ámen! Ámen! Ámen!
Ámen! Ámen! Ámen! Ámen! Ámen! Ámen! Ámen! Ámen! Ámen!
Ámen! Ámen! Ámen! Ámen! Ámen! Ámen! Ámen! Ámen! Ámen!
Ámen! Ámen! Ámen! Ámen! Ámen! Ámen! Ámen! Ámen! Ámen!
Ámen! Ámen! Ámen! Ámen! Ámen! Ámen! Ámen! Ámen! Ámen!
Ámen! Ámen! Ámen! Ámen! Ámen! Ámen! Ámen! Ámen! Ámen!
Ámen! Ámen! Ámen! Ámen! Ámen! Ámen! Ámen! Ámen! Ámen!
Ámen! Ámen! Ámen! Ámen! Ámen! Ámen! Ámen! Ámen! Ámen!
Ámen! Ámen! Ámen! Ámen! Ámen! Ámen! Ámen! Ámen! Ámen!
Ámen! Ámen! Ámen! Ámen! Ámen! Ámen! Ámen! Ámen! Ámen!
Ámen! Ámen! Ámen! Ámen! Ámen! Ámen! Ámen! Ámen! Ámen!
Ámen! Ámen! Ámen! Ámen! Ámen! Ámen! Ámen! Ámen! Ámen!
Ámen! Ámen! Ámen! Ámen! Ámen! Ámen! Ámen! Ámen! Ámen!
Ámen! Ámen! Ámen! Ámen! Ámen! Ámen! Ámen! Ámen! Ámen!

Quando fui processado

Uma breve nota antes de descer aos horrores da burocracia: por motivos a seguir explicados, o capítulo que se segue só foi incluído na segunda edição deste livro. A general Hema, na sua versão mais fofa, ofereceu-se como secretária e contribuiu para a alegria do público: nos próximos dias, todos os leitores receberão este capítulo extra de forma gratuita e digital bem como um brinde de oferta, como forma de agradecimento por todo o apoio recebido. Temos duas opções de brinde: um castor perneta de tamanho médio, ou um Pilóquio articulado movido a pilhas. Poderão também escolher qual é a perna que querem que o vosso castor tenha. No caso do Pilóquio, a escolha também é vossa.

Poucos meses depois de lançar este livro, fui processado por alguns grupos cujos nomes eram quase todos desconhecidos por mim e que desconfiei ser malta adepta do soutien. Não o vou negar — quando notei que o soutien aparecia 39 vezes no meu livro, temi que surgissem problemas. Não sei se a cor rosa tem o poder de enfurecer os amargurados, mas eu sabia que o simples facto de referir tantas vezes "soutien" poderia trazer dissabores. As mamas são um terreno sagrado na sociedade mundial e pôr-lhes as mãos é arriscado. Claro que a maior parte dos soutiens deste livro não escondem mamas — o meu pai não tem mamas —, mas os grupos que me acusam não quiseram saber e, em manada, avançaram para tribunal com o objectivo de retirar o livro do mercado. Aconteceu tudo muito rápido e quando dei por mim estava em frente ao juiz, prestes a defender o soutien. Senti-me uma mulher activista, daquelas que queimam o soutien para gritar liberdade, só que eu não queria que o meu livro ardesse. O meu advogado, de seu nome Bedelho, insistia que a acusação não incidia só sobre o soutien, mas não conseguiu convencer-me. Estou bem ciente do poder que carrega um soutien, das vidas que pode mudar, das televisões que pode levar. Como costuma dizer o meu pai: "São muitos anos a virar soutiens". O doutor Olavo Bedelho Julinho trabalhava na empresa do meu pai e também era da nossa terra.

Tal como na escolha do padre, o meu pai insistiu que seria a decisão certa. "Gersúlio, olha que ele é um advogado excelente. Lembra-te que até hoje só perdeu um caso em tribunal, um em 20 anos de carreira". Era nada mais do que a verdade. E foi um caso muito badalado na nossa terra. O Doutor Bedelho podia ser anão, mas era um grande homem. Eu não percebo de "Direito", mas ainda hoje considero injusto o que lhe fizeram. O juiz até o acusou de irresponsabilidade por não estar pronto para o julgamento. De nada adiantou ele explicar o motivo: deixaram-lhe o processo em cima de uma mesa muito alta e ele nunca o conseguiu ler. Sim, claro, poderia ter subido a um banco, mas não era a mesma coisa. Além disso, não me parecia justo que depois de ter estudado tantas cadeiras, agora fosse obrigado a trepar bancos. Não acreditaram nele e o coitado foi para tribunal quase sem saber do que falava. Seria quase impossível ganhar aquele caso. O cliente foi dado como culpado e teve de devolver as alegadas maçãs roubadas. De certeza que foi sabotagem. Sei que ele recorreu à famosa "AMDPAAA" (Associação Mundial De Protecção Aos Advogados Anões), mas nem sei como ficou isso. Aceitei a sugestão do meu pai. "Okay, papá. Vamos meter o Bedelho".

— Doutor Bedelho, estou arrependido de ter deixado isto para a última hora. Obrigado por ter aceitado ficar com o meu caso.

— Ora essa, não tem de quê. Fico feliz de ter desistido da ideia de prescindir de advogado. — Não me consegui controlar e soltei uma pequena risada.

— De que se ri? — perguntou ele.

— Desculpe, estou a rir dessa minha parvoíce de prescindir de advogado. — Mas eu estava a mentir. Na verdade, eu ria dos dentes dele e da história que o meu pai me tinha contado em pequeno.

Tudo no doutor Bedelho era pequeno, menos os dentes (sete, se os contei bem). Mesmo com a boca fechada os dentes da frente ameaçavam o queixo, nunca tinha visto algo assim. Lembrava-me o castor do Pilóquio, não o Pontas (o excelente nadador), mas sim o outro, o que olhava de esguelha para a pila do Pilóquio. Nalgumas palavras, principalmente as que tinham mais "s", a voz saía-lhe bizarra e fazia-me rir. Segundo o meu pai, era usual ouvi-lo assobiar nos corredores da empresa. Aproveito para deixar uma nota: para poupar o leitor aos demasiados "ssss", evitarei o rigor nas falas do doutor. Seria difícil expressar correctamente as palavras dele, deixo isso à sua imaginação. Sugiro-lhe que pense em serpentes selvagens e suadas; ou então em outras coisas com S tais como sodomia, solilóquio ou saltimbanco. Eu sei lá…

— Pois… — continuei —, é que eu vejo muitos filmes e sempre me pareceu fácil.

— Parece, mas não é. Afinal, o que fez com desistisse dessa ideia tola?

— Foi o episódio de uma série que vi ontem, onde um réu que escolheu defender-se a si próprio teve um final infeliz.

— Cinema não é vida real, senhor Gersúlio… Mas diga lá, esse réu foi preso?

— Não. Já no tribunal, ele partiu uma perna, um braço e dois dentes. E a perna nem era dele. Foi ali que percebi que isto de ser advogado é só para quem estudou.

Ele olhou para mim alguns segundos, até que perguntou:

— Só por curiosidade, que série é essa que segue?

— Ah, não deve conhecer. É uma série coreana, de desenhos animados para crianças disléxicas.

Olhou-me novamente, calado. Eu começava a perguntar-me se teria sido boa ideia contratar este advogado de tão poucas palavras, mas eu confiava no meu pai. E também não havia tempo para outro advogado — estávamos a menos de 24 horas do julgamento. Tivemos sorte com o juiz que iria presidir a sessão. Se, por um lado, é conhecido por ser um juiz severo; por outro, vim a saber ser irmão do meu editor e amigo, o Sandro Barroso. O meu advogado dizia que não era sorte, pois naquela pequena vila só existe um juiz, mas… não sei… Eu acho que foi sorte na mesma, bastaria eu ter ido a outro rabo de editora ou ter recusado mudar o nome do livro e hoje não teríamos a vantagem de ter como juiz o irmão de um amigo. Acertámos os pormenores e ele disse-me que estava confiante na vitória e que se fosse necessário tinha um trunfo na manga. Não fazia a mínima ideia do que ele falava, nem tampouco o seu piscar de olho serviu de resposta à minha dúvida. Naquela noite, demos um abraço de confiança para o dia seguinte. Lembro-me do mau pressentimento que tive, talvez alimentado pela forte dor que senti quando ele me acertou com os dentes no joelho. Passei o resto da semana a coxear.

— Senhor Gersúlio Berlefes Silva, o senhor é acusado de 976 crimes. O que tem a dizer em sua defesa?

— Estou inocente, meritíssimo juiz.

— Nega que isto seja um livro indecente?

— Livro indecente?! Como assim, meritíssimo juiz? Tudo o que está aí escrito é verdade!

O juiz nada disse. Tinha o meu livro nas mãos e começou a folheá-lo. Virou várias páginas e ficou fixo numa delas, até que disse:

— Espere… está aqui implícito "vassoura no ânus". Isto é um dos crimes? — perguntou à advogada de acusação.

— Sim, meritíssimo juiz, mas não é o mais grave.

Voltou ao silêncio, folheando o livro agora mais devagar. Estou certo de que lia os capítulos com toda a atenção. Pareceu-me ver um sorriso, mas não me atrevi a falar. Ele usava óculos e pouco a pouco eles embaciavam. Pareceu iniciar uma gargalhada, mas tossiu e disse "talvez haja aqui algo mais passível de ser considerado crime", para depois voltar à leitura no silêncio. Virou mais uma página e continuou a ler enquanto massajava o bigode, agora com a cabeça mais inclinada para baixo, como que a esconder a cara. Por fim, não conseguiu aguentar:

— Ah! Ah! Ah! Senhor Gersúlio, isto é um exagero! Ah! Ah! Ah! Quem consegue tocar bateria assim?! Ah! Ah! Ah! — Perante surpresa de todos, o juiz ria às gargalhadas. Teve de retirar os óculos para os limpar das lágrimas.

— Espero que continue a achar piada quando chegar ao capítulo sobre o tribunal — disse eu, para logo a seguir me arrepender.

— Tem aqui histórias sobre juízes? — perguntou-me ele, muito sério.

— Não, não, excelentíssimo meritíssimo doutor juiz… não, não tem... Eu estava na brincadeira.

O que aconteceu a seguir surpreendeu ainda mais todos os presentes. O julgamento ainda nem tinha começado e já estava acabado. Ou melhor, adiado.

— Peço desculpa aos advogados, mas esta sessão será adiada — disse ele, com o martelo em punho. — O réu insiste que tudo o que aqui está escrito é verdade, mas eu tenho muita dificuldade em acreditar que tal pai exista e assim sendo, antes de continuarmos, eu gostaria de conhecer o baterista. — E esboçou uma risada.

— Meritíssimo juiz — interrompeu a advogada de acusação —, com todo o respeito, isto é bastante irregular. O pai do réu n…

— Não temos nada contra — interrompeu o meu advogado, para minha surpresa. "Vai ser bom para nós, confia em mim" — sussurrou-me.

O martelo encerrou a sessão e nem as sardas conseguiam esconder a fúria na cara da advogada.

Eu estava desconfortável com a ideia do meu pai presente em tribunal, mas eu tinha confiança no doutor Bedelho e no seu plano de recurso caso a coisa não estivesse a correr bem... Ele acreditava que seria uma vantagem muito grande ter o meu pai em frente ao juiz. A nova sessão foi marcada para dali a dois dias. Aproveitámos o tempo para analisar cada um dos grupos da acusação. Tais como os dentes do doutor Bedelho, eram sete os grupos que me processavam. Uniram-se e contrataram a advogada para me levar a tribunal. No dia seguinte, eu e o meu pai fomos ao escritório do meu advogado. Quando batemos, ouvimo-lo dizer para entrarmos. Nós assim o fizemos, mas não o vimos em lado algum. Espreitei atrás da porta, depois debaixo da mesa, mas ele não estava lá. O meu pai levantou o cinzeiro da pequena mesa da entrada, mas não havia sinais dele.

— Bom dia — disse ele, saindo detrás da cortina. — Sentem-se, por favor.

O escritório revelava classe. Era um espaço pequeno, mas com uma decoração de bom gosto: cortinas de cetim branco pendiam de uma longa janela, e a mesa — apesar de a achar muito baixa — era bonita e feita de um carvalho castanho que me lembrava aquelas mesas ao ar livre das casas das florestas. Mas o que mais gostei foi o conjunto de estátuas que ele tinha por debaixo da janela: a Branca de neve e os seis anões.

— É o seu filho? — perguntei eu, apontando para o retrato em cima da mesa.

— Não, eu não tenho filhos — respondeu o doutor. — Esse sou eu com uns sete anos de idade.

— E já tinha barba até ao umbigo? — perguntei surpreso. Ele agora nem barba tinha.

— É verdade, Gersúlio! Até por volta dos meus nove ou dez anos eu era o orgulhoso detentor de uma poderosa barba.

— Não a deveria ter cortado — disse o meu pai. — Barba e bigode ficam sempre bem.

— Teve de ser. Nessa foto eu só tinha uns sete anos, mas a barba continuou a crescer e depois eu fartei-me de tropeçar.

— E aquele triciclo era seu quando era pequeno? — perguntei, apontando para o canto do escritório.

— É meu sim, bem como o andarilho que está ao lado, mas não os usava em pequeno, só os uso agora.

— Doutor Bedelho — disse o meu pai, mudando de assunto —, não consigo entender o motivo do meu filho estar a ser processado pela "Brigada dos pescadores de Aljustrel".

— No caso desses, acho que é uma questão muito pessoal — respondi eu. — Lembras-te do meu amigo Zé Traveques, papá?

— Claro, como poderia esquecer aquele bigode?

— Pois, é precisamente por gozares com o bigode dele que estou a ser processado. O pai dele é pescador em Aljustrel…

— Ó filho, mas eu nunca gozei com o bigode dele.

— Eu sei, papá, mas ele nunca entendeu isso.

— Então e estes? — perguntou o meu pai, apontando para uma das folhas na mesa. — Por que motivo está a "Associação das formigas de assalto" a processar-te? E já agora, e estes "Piadas estratégicas para vassouras"?

— Bem, quanto ao primeiro eles alegam que referências contínuas a gafanhotos é um desprezo por outros animais como as formigas — explicou o doutor Bedelho —; quanto aos "Piadas estratégicas para vassouras", a acusação centra-se numa teoria de que as vassouras também têm sentimentos. Nos dias de hoje, há quem se identifique com uma vassoura. Eu tenho uma prima assim… diferente.

— A sua prima é uma vassoura? — perguntei.

— Não, que estupidez, nada disso. É uma esfregona.

— Uma esfregona? — perguntou o meu pai. — Daquelas de limpar o chão?

— Sim, mas não é uma esfregona qualquer, que ela sempre foi muito ligada à moda.

— Relembre-me do que me acusam os "Unidos à pipa velha".

— Ah, não se preocupe como esses, senhor Gersúlio. Os bêbedos nunca vencem em tribunal.

— E estes? — perguntou o meu pai, com duas novas folhas na mão. — A "Colectividade da ambiguidade ácida" e "Os paralisados do arco-íris"?

— Esses dois estão relacionados, papá. São geridos por dois irmãos: um ficou paralisado devido ao consumo abusivo de ácido de bateria, às chávenas; o outro defende que as cores do arco-íris são redondas e que o homem nunca foi à lua.

— E têm um caso forte? — perguntou o meu pai.

— Nem por isso — respondeu o doutor Bedelho. — O único grupo que realmente me preocupa é este: "Os defensores dos portões abstractos". Estes vão dar-nos muito trabalho.

— De que te acusam eles, filho?

— É um pouco abstracto, papá.

— Tem a ver com extracto? São um banco?

— Não, senhor Berlefes. O seu filho está a tentar dizer que é difícil de compreender.

— Ó filho, desculpa. Eu sei que sou complicado, mas tens de compreender que aquilo de ter vendido a televi…

— Não, papá, não percebeste! O que é complicado de se perceber é a acusação dos Defensores dos portões abstractos. O doutor pode explicar-te melhor do que eu.

— Sim senhor, posso. Em síntese, os insensatos sugerem que a separa… — foi interrompido pelas nossas gargalhadas. Era quase impossível segurar o riso sempre que se ouvia o som daqueles "s" saídos dos sete dentes. Nem sei se o som era produzido pelos dentes. Talvez as palavras fizessem ricochete no queixo e chocassem com um pêlo encravado no nariz, não sei… Ele fitou-nos, calado.

— Desculpe, doutor. Eu e o meu pai temos uma piada privada sobre a palavra "insensatos", foi por isso que rimos. — Com o tempo, eu tornara-me bom a inventar desculpas. Infelizmente, o meu pai não ajudou:

— Piadas privadas com "Insensatos" e "Pilates".

— Pila, papá?

— Pilates, filho — E voltámos às gargalhadas.

— Gosto de os ver bem-dispostos — disse o Doutor Bedelho —, mas temos de nos focar na estratégia a utilizar em tribunal. Antes de mais: Senhor Berlefes, que roupa é essa que traz?

Aquela pergunta surpreendeu-me. O meu pai vinha de fato completo e até gravata trazia. Nem no meu casamento ele estava tão bem vestido. Tudo bem que usou uns calções de marca — da mesma marca da lingerie que levou —, mas nada de gravata e muito menos sapatos de homem.

— Como assim, doutor? Não gosta da cor?

— Gosto, mas amanhã quero que vá para tribunal vestido com o que costuma usar. É importante que o juiz conheça o verdadeiro Berlefes Silva.

— Doutor Bedelho, não sei se isso será boa ideia…

— Confie em mim, senhor Gersúlio, vai resultar.

— Confio sim, doutor. Já agora, posso fazer-lhe uma pergunta?

— Pode, claro.

— Não tem a ver com o meu caso… espero que não leve a mal, mas gostaria de lhe perguntar como ficou aquela situação da AMDPAAA. Sempre chegou a recorrer?

— Nem me fale disso. Desisti porque afinal o meu cliente mentiu-me, ele era mesmo culpado. Vim a saber que ele roubava maçãs a toda a gente. Ele tem tão mau carácter que um dia fez com que fosse cancelada a peça de teatro da nossa terra, pois teve a infeliz ideia de roubar a maçã. A filha mais nova da minha vizinha ia fazer de Branca de neve e ficou inconsolável.

— Não podiam ter feito o teatro com uma pera? — perguntou o meu pai.

— Poder podiam, mas não era a mesma coisa. Mesmo que se arranjasse uma vermelha, as peras são mais escorregadias, difíceis para o trabalho dos actores, ainda mais sendo crianças. Eu informei aquele sujeito, por telefone, que se eu o voltar a ver ele conhecerá a verdadeira ira do anão. — Notava-se que nunca esqueceu aquilo. Ele estava furioso, parecia um Hulk-castor.

Chegou o dia do julgamento. Se o leitor já assistiu a uma sessão de tribunal, sabe que a mesma pode ser demorada e enfadonha. Não foi o caso desta. Os depoimentos das testemunhas foram curtos, mas coloridos. Uma das testemunhas chamadas pela acusação, e membro de "Os defensores dos portões abstractos", disse em lágrimas que o meu livro lhe estragou a vida. Contou ao tribunal que desde que o leu nunca mais conseguiu olhar para um soutien, fosse de que cor fosse. Sempre que via um, tinha uma crise com espasmos violentos e que isso o levou a desenvolver síndrome de Tourette (expliquei ao meu pai que tal síndrome leva o paciente a dizer palavrões descontroladamente). O drama pesou a favor da acusação, mas lembro-me do meu advogado ter dito "calma, se é drama que eles querem, drama eles vão ter". Ele era um excelente profissional. E a ideia de ter o meu pai em tribunal mostrava-se certeira. Era visível a empatia que criou com o juiz desde o primeiro momento em que começou a ser interrogado. Lembro-me de sentir alívio, pois até àquele momento eu estava irritado com ele pela forma como foi vestido. Entendo que a espontaneidade tenderia a beneficiar-nos, mas pensei que aqueles trajes exagerados pudessem deitar tudo a perder. Não contava que ele levasse calças de buraco no rabo. E não foi quaisquer calças. Ele tinha várias dentro daquele estilo, mas aquelas eram as tais que quando as pendurava no bengaleiro desciam até ao chão, de tão grande buraco terem. Quando se sentava na sanita, nem desapertava as calças. Sentava-se, empurrava o fio dental para o lado e fazia o que tinha a fazer. A minha mãe costumava dizer que ele adorava vestir o buraco com calças (não admira que ela não quisesse comparecer no tribunal). E depois, era mesmo necessário ter comprado missangas novas para o bigode? Todas as que tinha em casa eram pequenas comparadas com aquelas. Até àquele dia, eu não sabia que era possível comprar missangas para bigode que se estendessem até ao estômago.

— Mas admite que este capítulo da vassoura é verdade, senhor Berlefes Silva? — perguntou o juiz.

— Excelentíssimo doutor juiz, o que há de errado com objectos metidos em orifícios? — Fiquei orgulhoso do meu pai, ao vê-lo seguir as instruções que o doutor Bedelho nos deixou sobre como nos dirigirmos ao juiz com educação. — Já levei com supositórios e ninguém achou mal.

— Bom argumento, senhor Berlefes, mas uma vassoura não é um supositório.

— O excelentíssimo doutor juiz que me perdoe, mas será justo que se determine a lei consoante o tamanho e o formato do que se mete no cu?

— Não usamos esses termos aqui.

— Desculpe, eu refaço a pergunta: será justo que se determine a lei consoante o tamanho e o formato do que se introduz no cu?

— Ânus — corrigiu o juiz.

— Sim, era o meu aniversário e aquilo era a prenda de um amigo.

— Hã?

— Diga?

"Até na forma de falar o juiz é igual ao irmão", pensei.

— Senhor Berlefes, uma última questão: o senhor leu este livro do seu filho?

— Não, não li, excelentíssimo doutor juiz.

— Porque não?

— Excelentíssimo doutor juiz, eu é mais bonecada e lutas.

— Muito bem, pode sentar-se — disse o juiz. Não terei sido o único a notar que ele tentava esconder um sorriso.

Depois de todos os interrogatórios, chegou a altura de cada advogado fazer o seu discurso final. A advogada das sardas saiu-se muito bem, e eu estava nervoso com a ideia de queimarem o meu livro. Chegou a vez do meu advogado. A parte final do seu discurso assentou na liberdade de cada indivíduo, enfatizou o facto de ninguém ser obrigado a ler, realçou o carácter pedagógico que o meu livro tem para o mundo e para todos os pais. Naquele momento, eu percebi que tínhamos vencido e ele não precisava de fazer mais nada. Mas fez. Quando se pensava que ele estaria a terminar, a sua voz voou mais alto e com ela o seu corpo. Provocando um grande estrondo, arrastou a cadeira para meio do tribunal e subiu para cima dela, sem nunca parar o discurso. "Que mensagem queremos passar aos nossos filhos?", dizia ele. Tirou o casaco e atirou-o para o chão, para depois começar a desapertar a gravata. "Como ousamos censurar a verdade? Que direito temos nós?", gritou, atirando a gravata para longe, começando a desabotoar a camisa. "Eu quero viver num mundo onde as palavras sejam como o vento que só nos entra em casa porque decidimos abrir a janela". Atirou a camisa para a outra ponta do tribunal e revelando uma t-shirt com a cara do Mel Gibson gritou: "FREEEEEDOM!"

"Doutor Olavo Bedelho Julinho, vou pedir que se acalme", gritou o juiz, batendo com o martelo na mesa. Mas de nada adiantou. Ele ainda não tinha terminado o discurso. "LIBERDADE! LIBERDADE! LIBERDADE!", e sem parar de gritar "liberdade", tirou a t-shirt, mostrando ao tribunal que vestia um soutien vermelho escarlate. Os presentes estavam em estado de choque com o que viam e ouviam. A testemunha do Tourette começou com convulsões e gritava "puta que pariu, foda-se para esta merda, caralho, fodei-vos todos!" "Ordem no tribunal", gritava o juiz, enquanto martelava, "ordem no tribunal". As várias testemunhas de acusação começaram aos gritos e insultos. "Precisas é de uma pescada nas trombas", gritou um elemento da brigada dos pescadores de Aljustrel; "Era quem te enfiasse uma vassoura e não te pagasse", gritavam os Piadas estratégicas para vassouras; "O que gritas é abstracto", gritava uma velhota dos Defensores dos portões abstractos. Os quatro elementos dos Unidos à pipa velha eram os únicos calados e sentados, a um canto, dando grandes tragos de um garrafão de vinho que ninguém sabe como ali veio parar. Era tanto e variado o barulho, que parecia uma orquestra, mas daquelas cujo maestro é totalmente ignorado. "Não calemos as bocas dos nossos criativos filhos", dizia o doutor Bedelho aos gritos, "LIBERDADE! LIBERDADE! LIBERDADE!" e a Tourette respondia com: "caralhos grandes, conas de sabão, pilas de urso, foda-se, fodei-vos todos".

— Doutor Olavo Bedelho Julinho, cale-se imediatamente ou mando prendê-lo — gritou o juiz.

Ele gritou "liberdade" só mais dez vezes e depois ajoelhou-se em cima da cadeira, ficando em silêncio, com a mão direita no coração e um olhar no horizonte. O tribunal ficou em silêncio. Eu estava em pânico. O meu livro arderia. O juiz ordenou ao advogado que se vestisse e depois encerrou a sessão. A sentença seria lida 20 dias depois. Apesar daquele circo final, saímos do tribunal confiantes no resultado, afinal de contas aquelas acusações não tinham fundamento algum. Já ouvi muitos casos chocantes acerca dos tribunais do nosso país, mas eu sempre acreditei na justiça. Nos 20 dias que se seguiram, o meu pai andava mais nervoso do que eu. Eu e o doutor Bedelho acreditávamos que tudo ia correr bem, mas ele estava sob uma pressão extrema. Chegou ao ponto de falar com "um amigo de um amigo" que lhe garantiu que eu seria bem tratado na prisão. Expliquei-lhe que a prisão nem sequer estava em causa, mas ele respondeu-me com um "nestas coisas nunca se sabe, meu filho. Eu conheci uma mulher que apanhou 10 anos de prisão por ter insultado um limão do chefe das finanças. De nada adiantou as dezenas de testemunhas dizerem que a coitada era muda". Ao contrário de mim, o meu pai era muito céptico em relação à justiça portuguesa.

Como se veio a confirmar, as acusações não tinham fundamento e todas caíram por terra. O meu pai ficou a dever um favor a um presidiário, mas a liberdade ganhou. Hoje em dia, o juiz e o meu pai são grandes amigos. Jantam juntos, vão ao cinema juntos, e até cuecas partilham.

Naquele dia, quando saímos do edifício do tribunal, estava um vendedor ambulante à porta. No chão, junto aos seus pés, estava um cesto de maçãs e cervejas frescas. Eu estava com fome e até me agradava a ideia de beber uma cerveja para festejar a vitória. Já tinha tirado um pacote de açúcar amarelo do bolso para juntar à cerveja, mas mal nos aproximámos o vendedor agarrou no cesto e fugiu o mais rápido que podia.

— O que aconteceu? Parece que viu um demónio!

— Não foi um demónio — respondeu o meu pai. — Foi um anão.

— Eu acho bem que aquele ladrão de maçãs fuja de mim. Eu posso ser anão, mas perante ladrões sem carácter, que estragam a felicidade das crianças, eu viro um Hulk.

— O Hulk dos castores — disse eu, sem pensar...

Ele olhou para mim, muito sério. Eu pensei que o tinha magoado com a piada, talvez de mau gosto, mas revelando um sentido de humor que foi novo para nós, gritou:

— Pilatessss Inssensssatosss.

O meu avô paterno

O meu avô morava relativamente longe da nossa casa. Vivia sozinho numa aldeia e odiava viajar. Tudo o que precisava era-lhe entregue em casa (açúcar amarelo incluído) e só saía quando tinha mesmo de ser. Carinhosamente, ele chamava-me de "Gersus", pois dizia que eu fui um anjo que apareceu na vida dele. "Tu és o meu Gersus", dizia. E não adiantava repetir-lhe que Jesus não se diz assim, pois ele voltaria a explicar que só tinha a terceira classe, que fez de noite e à custa de muito suor. Mesmo sem o corrigir, ele falaria nisso, uma vez que não se cansava de repetir a história. "Já sei, avô, muito suor porque a escola onde estudaste ficava no subterrâneo da maior fornalha da aldeia. "E não esqueças que nessa mesma rua tinha cinco churrasqueiras" — repetiria ele.

De tempos a tempos, quando eu era adolescente, os meus pais deixavam-me passar o fim de semana com ele. A altura em que eu mais fiquei lá em casa coincidiu com a fase da minha mãe com bigode. Eu gostava muito dele. E do meu avô também. Era um avô muito divertido, sempre a rir, gostávamos dos mesmos filmes, jogávamos às cartas e conversávamos muito. Eu odiava o cheiro do bagaço que ele tanto bebia, mas partilhávamos os dois o gosto pelo açúcar amarelo. Uma dessas conversas ajudou-me a entender melhor o meu pai.

— Eu sempre soube que o meu filho era especial... — disse ele, procurando uma nova posição no cadeirão em que estava sentado.

— Como assim, avô?

— Eram muitos os sinais, Gersus. Sabes, ele quando fez 18 anos, eu quis dar-lhe a carta de condução e ele recusou. Implorou-me para que investisse o dinheiro da carta numa casa de bonecas.

— Era assim tão cara a casa de bonecas, avô?

— Era mais cara do que a carta. Era a melhor casa do mercado e vinha com muitas bonecas, algumas famosas, e muitos extras. — E deu mais um gole de bagaço.

— Ah, já sei, ainda hoje ele tem essa casa. Mas avô, o meu pai conduz…

— Sim, mas ele tirou a carta muitos anos mais tarde. E só a tirou porque tinha um amigo que era instrutor de condução e lá o convenceu…

— Não sabia disso, avô. Quem é esse amigo?

— Não me lembro do nome dele… era um tipo de bigode farfalhudo e que tocava muito bem flauta. — E voltou a trocar de posição no cadeirão.

Naquela altura, eu estava longe de imaginar que haveria de conhecer esse flautista anos mais tarde, no dia dos Bee Gees anais.

Volto a dizer que o meu avô era muito divertido, mas também é verdade que tinha um lado mais negro — ele fazia questão de recordar a vida difícil que teve quando era criança.

— Sabes o que é estar a aprender a tabuada com a bota do professor no pescoço, Gersus? Tu não sabes o que é sofrer e espero que nunca saibas!

— Porque punha ele o pé no teu pescoço, avô?

— Quem falou de pé? Ele punha a bota! Descalçava e punha a bota no nosso pescoço.

— Mas porquê, avô!?

— Para nos proteger das moscas que eram atraídas pelo calor das fornalhas e das churrasqueiras.

— Mas uma bota, avô? Não seria melhor irem para a escola de camisolas de gola alta?

— Camisolas de gola alta? E dinheiro para isso? Gersus, camisolas de gola alta era para os ricos! Eu ia para a escola de chinelos e partilhava os calções com o meu melhor amigo. Quando ficavam muito sujos, ficávamos em casa.

— E no inverno, avô?

— No inverno usávamos três pares de meias e depois uma luva das grandes em cada pé.

— Mas as moscas eram assim tão más, avô?

— Eram terríveis, meu neto! Uma vez, um colega de turma reclamou que não queria bota no pescoço, e sabes o que lhe aconteceu? Um enxame de moscas-pardo plantou-lhe ovos no pescoço.

— Moscas-pardo?

— Sim, Gersus. São as piores!

— E o que lhe aconteceu?

— Comichão! Muita comichão! E depois, ele nunca mais conseguiu dizer fricassé e às terças-feiras só falava em francês. Nunca mais foi o mesmo.

— Podia ser pior, avô, eu nunca digo fricassé. Eu digo guisado.

— É bem observado, Gersus meu, mas para ele foi muito grave porque ele também não podia dizer guisado.

— Porque não?!

— Porque a doença provocada pelos ovos da mosca-pardo faz com que o doente também não possa usar sinónimos.

— Sinónimos não é quando os homens gostam de outros homens, avô?

— Não, Gersus! Tu andas distraído na escola. Isso é homónimos!

— Ah pois é, confundo sempre. Mas… avô, mesmo ele não podendo dizer fricassé ou guisado, não era assim tão grave…

— No caso dele sim, foi muito grave, porque ele era de uma família que só comia guisados. Até o pão e os gelados eram guisados... se bem que os gelados eram poucos, porque ele também era muito pobre. Os gelados que comíamos era nas férias de inverno da fornalha. Deitávamos salsichas no parapeito da janela e em poucos minutos elas congelavam. Depois era só lamber. Quer dizer, no meu caso era só lamber. Esse meu amigo primeiro guisava, depois lambia.

— Eras mesmo pobre, avô!

— Foram tempos muito difíceis, meu Gersus. O coitado emagreceu muito nos primeiros tempos, pois demorava muito tempo a explicar à mãe o que queria comer. Depois lá começaram a comunicar por cartões escritos, mas só depois de ele aprender a escrever.

— Coitado…

— Foi muito triste... Ainda por cima, ele não era muito bom a Português. No início, dava muitos erros a escrever. Havia dias em que ele ia para a escola com meia torrada no estômago, às vezes nem isso. Lembro-me de um dia em que o almoço dele foi um livro velho que o pai tinha debaixo da cama, daqueles ilustrados que as crianças não podem ver. A coitada da mãe não tinha culpa, ela fazia tudo o que ele queria, ele é que escrevia mal.

— Por isso é que é importante estudar, avô.

— Meu querido netinho, muito bem! — E deu-me um abraço, para depois terminar: — Tu nunca te queiras meter com uma mosca-pardo, Gersus! São as piores!

A quinta do meu avô era gigante: tinha piscina, court de ténis e muitas árvores de fruto. À volta da casa, era comum vermos javalis andarem à solta. Domesticados desde muito novos, pareciam cães de guarda, superprotectores do meu avô. Ai de quem tentasse fazer mal ao meu avô, e bastava uma ordem dele para eles atacarem sem misericórdia, como comprova a alcoólica testemunha de Jeová que insistia em bater à porta, dando como desculpa que vinha espalhar a palavra de Deus, quando todos sabíamos que ela vinha é pedinchar bagaço. Tristemente, foi a partir desse dia que os javalis passaram a usar açaime, coitados. A lei assim o obrigou. O meu avô teve de pagar uma indemnização (para ele eram trocos), mas aquela testemunha nunca mais foi a mesma. Ser um alcoólico de um só braço é fácil — tem o outro braço para levantar o copo —, mas perder a fé em Deus por causa de um javali não é para qualquer um. Foi um golpe muito forte. E a perda da fé também.

O meu avô nem sempre foi podre de rico. Ele cresceu muito pobre, mas ficou multimilionário quando teve a genial ideia de fazer uma bebida especial: ele é o maior produtor de bagaço em todo o mundo. E não é um bagaço qualquer! Como o dele não existe nenhum. Não há tasca que não o queira ter. Eu não posso contar qual é a receita mágica (e também não a sei toda), mas posso adiantar que leva uma mistura de vários frutos guisados. E não são só as tascas que o querem. Aquela bebida milagrosa também serve para afastar moscas-pardo e para desentupir canos. O bagaço "*Arreganha tripa*" é conhecido em todo o mundo, e tenho a certeza que o leitor já ouviu falar. Sim, é do meu avô. Tenho muito orgulho.

Em frente à piscina, havia um pequeno casebre amarelo torrado, construído de propósito para o meu pai que, segundo o meu avô me contou, passava horas lá fechado. Ainda hoje está igual: as quatro paredes têm prateleiras envernizadas em tom rosa e estão tal e qual como o meu pai as deixou: carregadas de pouquíssimos bonecos, três ou quatro carrinhos, mas centenas de bonecas de todas as cores e feitios. As paredes têm também posters de campeões de luta greco-romana — os heróis de infância do meu pai. A vivenda do meu avô tinha dois andares e embora ele quase não usasse o andar de cima, quando eu lá ficava ele fazia o esforço de subir para usufruirmos da sala maior e com a maior televisão. Esta estadia com o meu avô foi a primeira desde que a Hema apareceu na minha vida. O leitor tem de entender que ela não está a toda a hora comigo. Geralmente aparece quando mais preciso, mas também surge quando se lembra e nem sempre nos momentos ideais.

Quando entrámos na sala do andar de cima, reparei que havia um quadro novo na parede. Era uma pintura muito grande de um mamute, que nos parecia olhar a alma. O meu avô sentou-se no seu cadeirão preferido e eu no sofá. Foi precisamente ali que ele me contou a história do meu pai ter recusado a carta de condução. A Hema já tinha dado sinal de presença: mal viu o quadro do mamute ficou eufórica, querendo saber mais, mas eu ignorei-a. O meu avô voltou a procurar nova posição no cadeirão. Eu já tinha percebido, há algum tempo, que ele estava sentado de lado.

— O que tens, avô? Dói-te alguma coisa?

— Gersus, é o raio de uma hemorroida que não me deixa em paz.

Antes que eu pudesse dizer algo, ouvi a Hema:

— Veiana, és tu? Irmã?! — E começou a chorar de alegria.

Voltei a ignorá-la. Eu não podia estar ali a falar com ela, em frente ao meu avô, ele não ia entender. Além disso, eu tinha jurado guardar segredo. Naquele momento tive a infantil esperança que a Veiana também fosse uma amiga especial do meu avô, tal como a Hema é minha. Seria incrível poder partilhar um segredo tão grande com o meu avô. Se fosse o caso, sempre poderíamos jogar os quatro à sueca. Jogar com o meu avô ao "burro em pé" era divertido, mas ao final de alguns dias tornava-se aborrecido.

— Sabes como se cura uma hemorroida? — perguntou-me ele.

— Não faço ideia, avô.

— Com isto. — E apontou para o prato que tinha numa mesinha ao lado e que estava cheio de pequenos pimentos.

— Comes isto inteiro e é certinho — disse ele —, matas a hemorroida.

Ao fundo da sala, em pé e com uma expressão de terror nas veias, estava a Hema. Por detrás dela, à altura da sua cabeça, estava o quadro da parede, fazendo com que as presas do mamute lhe dessem um par de cornos. Eu nada podia fazer…

— Avô, mas isso é muito picante! Não te vai fazer mal?

— Não, Gersus. Eu não vou trincar, eu vou comer inteiro — e dizendo isto, agarrou num pimento e preparava-se para o meter à boca quando aconteceu…

Nunca vi a Hema correr tão rápido. E, não sei vindo de onde, agora havia um capacete militar afundado na cabeça dela. Como ela não tem orelhas, deixei de lhe ver os olhos. Não a pude ignorar mais, tive de intervir. Levantei-me e, correndo atrás dela antes que ela alcançasse o meu avô, gritei:

— NÃO MATES O MEU AVOOOÔ!!!

O meu avô ficou com cara de parvo a olhar para mim, sem nada dizer.

— Sai da frente, Gersúlio — gritava a Hema. — Sai-me da frente que eu tenho de salvar a minha irmã!

— Não, não vais fazer mal ao meu avô, Hema! Eu não te deixo!

Entre os dois, eu evitava que ela levasse a dela avante. Ela tentava fintar-me, mas eu tapava-lhe sempre o caminho. "Sai da frente, Gersúlio, que eu mato-o", dizia-me ela aos gritos. "Não posso deixar-te matar o meu avô, pára!" e interceptava todos os movimentos dela. "Gersus, que se passa contigo? Estou a ficar preocupado!", dizia o meu avô, agora em pé. "Não é nada, avô, não se preocupe". A Hema costuma manter-se escondida, mas desta vez a fúria deixou-a cega e ela parecia não se importar com o facto de se estar a revelar aos outros humanos. Mesmo assim, eu não conseguia entender como é que o meu avô não a via. Quer dizer, eu era rápido a colocar-me à frente para que ela não chegasse ao meu avô, mas magrinho como eu era e sendo ela alta, não consigo entender como não foi vista. Naquele momento, julguei ser apenas sorte... Com a vida do meu avô em risco, fui obrigado a roubar-lhe o pimento da mão e juntamente com o prato dos outros pimentos atirei tudo pela janela. Até o prato foi, que infelizmente acertou num dos javalis que o meu avô deixava à solta, e que passou o resto da semana a olhar-me de lado. A Hema continuava furiosa, com as veias inchadas e a latejar como se fosse ter uma trombose.

— Calma, Hema, já não há perigo! A tua irmã já não está em perigo! Acalma-te, que ainda te rebenta uma veia.

— Gersus, os meus pimentos! — gritou o meu avô. — O que foste tu fazer? O que se passa contigo, rapaz? E com quem estás tu a falar?

— Está tudo bem, avô, não se preocupe. Deixe-me resolver as coisas com a Hema e quando voltar explico-lhe tudo. — E em fila indiana, com a Hema de rabo virado para mim e costas arqueadas para que o meu avô não a visse, saí e fechei a porta.

— Minha querida amiga Hema, senta-te aqui nos degraus e tira esse capacete que eu quero olhar-te nos olhos.

Ela assim o fez. Respirava rápido como nunca a tinha visto. Já a tinha visto com respiração acelerada quando víamos juntos os desenhos animados e aparecia um rabo qualquer, mas nada como isto.

— Tens a certeza que é a tua irmã?

— Sim, tenho. É a Veiana, tenho a certeza. Não a vejo há mais de 500 anos.

— Mas... porque não falou contigo?

— Quem disse que não falou? Ela estava aos gritos a pedir ajuda.

— Não ouvi nada.

— Claro que não, tu não és uma hemorroida, tu não entendes hemorroidês.

— Entendo-te a ti, Hema!

— Entendes porque eu aprendi a falar a tua língua.

Eu nunca tinha pensado naquilo. Até àquele momento eu nunca tinha parado para pensar que uma hemorroida poderia ser poliglota.

— Mas tu falas hemorroidês?

— Claro, sou uma hemorroida, não sou?

— Pois, pergunta parva… Podes falar um pouco de hemorroidês, por favor? Estou curioso para ouvir essa nova língua.

— Sim, posso. — E ficou calada.

— Okay, podes começar.

Continuou calada.

— Então, Hema? Fala hemorroidês, diz qualquer coisa! Como se diz boa noite em hemorroidês?

Nada. Ela mexia os lábios, mas eu nada ouvia.

— Estás a gozar comigo?

— Não, Gersúlio, eu estou a falar. Como te tentei explicar, só uma hemorroida percebe hemorroidês.

— Okay, mas estás mais calma? Foi uma sorte o meu avô não te ver.

— Sorte nada, Gersúlio. Ele não me viu, porque eu não quis.

Foi naquele dia que ela me revelou um superpoder. Ela tinha a capacidade de estar visível para mim e invisível para os outros, mesmo que esses outros estivessem na mesma sala. Depois contou-me que a irmã tinha uma voz diferente desde a última vez que a tinha visto. Era uma voz de bagaço, e sugeriu que talvez fosse devido ao consumo abusivo de açúcar amarelo por parte do meu avô.

— Não será também do bagaço que ele bebe?

— Não, Gersúlio, o bagaço não faz isso, é do açúcar amarelo.

— Okay… Agora ouve-me com atenção, Hema. Tu sabes que eu gosto muito de ti, não sabes? Tu sabes bem o quão importante és na minha vida.

Ela olhou-me, naquele olhar meigo de quando comemos muitas verduras e fibra.

— Tu és uma hemorroida especial, mas… a tua irmã… tu tens de compreender que o meu avô tem dores… ele precisa de engolir os pimentos.

Mal eu acabei de falar, ela ficou tresloucada. Levantou-se das escadas, pôs-se em bicos de veias e começou a insultar-me com tudo o que se lembrava. Chamou-me coisas que eu nem sabia o que eram, algumas na língua dela (palavras sem som, mas com lábios de ódio). "Tu és um assassino" foi a frase mais leve que usou; "neto de um atrasado de cu estragado" foi talvez a que mais me magoou. Não a consegui acalmar. Voltou a colocar o capacete e correu disparada em direcção à sala do meu avô, fazendo-me temer o pior. Mas não, ela não lhe foi fazer mal. Em vez disso, parou em frente ao quadro do mamute, benzeu-se três vezes e atirou-se da janela. Voei para tentar agarrá-la, mas não fui a tempo. Espreitei lá para baixo, mas não havia sinal dela. Nem dela nem do javali. "Será que uma hemorroida sobrevive a uma queda destas?", foi o que me perguntei. "Talvez ela tivesse mais do que um superpoder". Sentado e sem nada entender, o meu avô mostrava um ar de extrema preocupação. Arrastei uma cadeira e sentei-me em frente a ele.

— Avô, tenho uma coisa para te contar.

— O que se passa, meu Gersus? Não me vais dizer que és homónimo, pois não?

— Não, avô, nada disso. É sobre o que viste aqui. Primeiro, quero pedir-te desculpa pelos pimentos… e por te ter assustado.

— Pimentos são como os chapéus, meu neto: há muitos e o mais certo é arderem. O que me preocupa és tu.

— Não te preocupes comigo, avô. Eu vou explicar, mas quero que oiças com atenção e confies em mim, tá bem?

— Eu confio em ti, meu Gersus.

— Pronto, avô, vou contar-te um segredo e vou confiar em ti para que não o contes a ninguém.

— Sim, podes confiar no teu avô, já sabes. O que se passa?

— Avô, isto vai soar-te estranho, mas… existem hemorroidas especiais.

— Sim, Gersus, eu que o diga. E esta que aqui tenho dá-me uma especial dor.

— Não, avô, não é isso… eu falo de hemorroidas diferentes… hemorroidas que podem viajar, que se podem projectar à nossa frente; hemorroidas que falam várias línguas, hemorroidas sábias, milenares e com superpoderes.

Ele não falou. Nem se mexeu. Olhou-me muito sério enquanto pouco a pouco franzia as sobrancelhas. A sua boca abria lentamente.

— Estás bem, avô?

— E tu, meu querido netinho, amor da minha vida, tu estás bem?

— Estou, avô! Estou muito bem, mais feliz do que nunca por partilhar contigo tão grande segredo.

Ele voltou a calar-se. Esticou o braço, agarrou no copo de bagaço e num só gole o esvaziou.

— Avô, oh… não acreditas em mim!

— Acredito sim, Gersus… acredito.

— Ainda bem, avô. A minha melhor amiga é uma hemorroida que se chama Hema. Ela lutou nas grandes guerras, foi um general. Agora é mais caseira, e fica por casa a ver televisão comigo e ajuda-me a atravessar os momentos mais difíceis. Ela é como tu, avô.

— Estás a dizer que eu sou igual a uma hemorroida, Gersus?

— Não é isso, avô! Ela é como tu, porque tu também me dás muitos e bons conselhos. Eu aprendo muito convosco.

Ele fez um novo silêncio. Depois agarrou na garrafa e voltou a encher o copo.

— Posso conhecer a tua amiga Hema? — perguntou-me, depois de novo trago de bagaço.

— Pois… eu gostava, avô…, mas não pode ser, porque ela está chateada comigo e desapareceu. Talvez amanhã… está bem, avô?

— Sim… sim, meu querido netinho. Vamos mas é dormir, que já é tarde. Amanhã quero que me contes mais sobre a Hema, está bem?

— Está bem, avô! Eu conto-te tudo o que quiseres saber! Adoro-te, avô! — E abracei-o com força, antes de ir para o quarto.

Eu deveria estar a dormir há pouco tempo, quando fui acordado por um barulho de gente a falar junto à porta do quarto. Dois enfermeiros entraram e rapidamente me meteram num colete de forças.

— Avô, o que se passa? O que é isto? Para onde me levam?

— Calma, Gersus, vai ficar tudo bem. — O meu avô falava por meio de lágrimas, junto à porta. — Tu andas a ver coisas que não existem, tu precisas de ajuda.

— Avô, isto foi por causa do que te contei da Hema? Pensei que podia confiar em ti, avô! — Enquanto eu discutia com ele, os enfermeiros levavam-me em braços pelas escadas abaixo.

— Gersus, eu tive de pedir ajuda — dizia ele, em lágrimas. — Calma, tu vais ficar bem.

— Avô, estes casacos são para os malucos! Eu não estou maluco!

Uma enfermeira e o motorista esperavam junto da porta traseira da ambulância. Naquele momento eu senti que vivia dentro da televisão. Eu já tinha visto uma cena destas onde levavam à força as pessoas malucas. A ambulância era igual e os enfermeiros pareciam todos o mesmo. A única diferença era aquela mulher. Nem era por ser anã, apesar de nem em filmes alguma vez ter visto uma enfermeira anã, mas sim pelo bigode farfalhudo e as apertadas calças de licra preta. Sempre que penso nisto, pergunto-me se foi uma alucinação. Talvez eu naquela altura estivesse mesmo maluco. Uma outra memória me ficou daquele dia: naquele momento em que me levavam para a ambulância, uns trolhas trabalhavam num prédio ao lado. O meu avô já me tinha dito que eles tinham regressado recentemente de França e que eram da família do colega dele de escola (o que foi vítima das moscas-pardo). Também comentou que eles começavam a trabalhar muito cedo, às vezes ainda de noite. Eles pararam as obras para ver toda aquela cena e estavam calados, até que um deles gritou para a anã: *"Ó boooooa, viens cá cime conhecê mon fricassé"*. Como ninguém sabia francês, ninguém respondeu. O meu avô só lhes gritou "agora não, depois dou moeda". Entretanto, eu tentava fugir a todo o custo. Sentia muito ódio — o meu avô tinha traído a minha confiança.

— "EU NÃO ESTOU MALUCO! ANDA, HEMA! APARECE, HEMA! REVELA-TE, MINHA QUERIDA HEMORROIDA, PARA ELES VEREM QUE EU NÃO ESTOU MALUCO!

Mas a Hema não apareceu.

— AVÔ, NÃO OS DEIXES LEVAR-ME! DIZ-LHES QUE AS HEMORROIDAS EXISTEM! DIZ-LHES QUE TENS UMA HEMORROIDA NO CU!"

Mas ele continuou calado. Deitaram-me à força na maca e quando me punham na ambulância eu pude ver lá ao fundo, na esquina da casa, o javali a rir-se de mim.

Fui internado num hospital psiquiátrico — foi a minha primeira vez. Desde o primeiro dia tentei-lhes provar que estavam errados, que a Hema existia mesmo, mas nunca consegui, e mantinham-me medicado. A Hema deveria estar muito zangada comigo, pois nunca apareceu para me ajudar. Mais zangado fiquei eu — fiquei-lhe com tanta raiva que passei a andar armado: caso a visse novamente, sacaria do pimento do bolso. Eu teria sido poupado àquele sítio horrível, bastaria ela ter-se revelado, mas não, o seu rancor fez com que eu ficasse ali três semanas. Duas semanas, vá, que a semana extra não foi culpa dela. Todos aqueles medicamentos provocaram-me diarreias e a consequência de andar dias seguidos a esguichar à exorcista foi que desenvolvi hemorroidas.

Mal os médicos se aperceberam que eu tentava falar com elas, obrigaram-me a ficar mais uma semana internado. Eu sabia lá que nem todas as hemorroidas falavam... Quer dizer, eu sabia que a Hema era poliglota, mas como estas viviam no meu cu, eu pensei que poderiam falar a minha língua. Eu sei lá... eu não tenho um mestrado anal! Elas não eram faladoras, mas doíam tanto que cheguei a perguntar aos médicos se seria possível fazerem-me um transplante anal. Supliquei-lhes por um transplante num dia em que saía da casa de banho, depois de mais uma crise. Eu já tinha vergonha de olhar para o empregado de limpeza. Não deveria ser nada fácil limpar aquelas paredes. É que as dores obrigavam-me a sair da sanita antes de acabar… Antes de eu entrar naquele hospital psiquiátrico, as paredes eram brancas; agora, nem paredes pareciam. Depois lá me deram uma casa de banho só para mim. Mesmo assim, era sempre o mesmo que limpava.

— Ó doutor, as paredes assim novamente? Faça lá o favor ao rapaz e dê-lhe outro rabo! — dizia o senhor da limpeza.

— Ó Viledas, mas vocês pensam que os rabos andam aí aos pontapés?

— Tenho uma prima que vende… — disse o Viledas, para logo a seguir desfazer-se da ideia —, mas esqueça, doutor. O dela não dá, que ela gosta de o vender várias vezes, e o rapaz precisa de um fixo, daqueles que só dançam se ele quiser.

Um dos médicos, um sujeito mal-encarado e com cara de lontra com cirrose, afirmava que eu já não via a Hema porque estava medicado, e que isso deveria servir para eu entender que ela não existe, que era só produto da minha doença mental. Nas primeiras vezes, gritei pela Hema com os pulmões que tinha e os que não tinha, mas como aquilo acabava sempre com uma agulha no meu braço, acabei por desistir. Claro que ela existia, eu não sou maluco, quem me ajudou tantas vezes? Quem tantas vezes me fez os trabalhos de casa? Quem, senão ela, me ensinou a secreta história dos mamutes e cavalos brancos? Não valia a pena, eles nunca acreditariam em mim, e a estúpida Hema insistia em não aparecer para me salvar. Teimosa de um raio! Nunca vi uma hemorroida tão rancorosa. Fui obrigado a entrar no jogo dos médicos, aceitando que estava doente, isto se queria sair daquele lugar. A última semana foi tranquila: nada de esguichos anais, nada de conversas agressivas com os médicos, e as minhas hemorroidas tinham voltado à base. A medicação também foi reduzida a um mínimo, até que nos últimos dois ou três dias já só me davam vitaminas para o cabelo. A minha última noite naquele lugar acabou por ser marcante. Eu estava a preparar-me para ir dormir e fui à minha casa de banho. Estava quase a entrar, quando ouvi um "Psst! Psst!".

Olhei em volta, mas nada vi. "Psst! Psst!", novamente. Foi quando vi uma figura ao fundo do escuro corredor.

— Não acendas a luz — pediu o vulto. — Não quero que te assustes comigo, deixa-me primeiro vestir a bata.

— O que me queres? — perguntei sem acender a luz.

— Olha…

— Não adianta olhar, está escuro, não vejo nada.

— É uma forma de falar!

— Okay, diz lá o que queres, que estas cólicas precisam de ir à casa de banho.

— Olha… eu sei que tens saudade da Hema — disse ele —, e eu vou ajudar-te a encontrá-la.

Emílio Narciso Brúlio

"É um indivíduo de classe, confiante, basta olhar para ele para se perceber que tem estudos. O vento esvoaça-lhe o cabelo para revelar um par de suíças imaculadamente aparadas. O seu penteado só poderia ser de um poderoso guerreiro, daqueles que aniquila civilizações inteiras só com o abanar da cabeça. A bata assenta-lhe como a neve numa montanha gelada, mas a sua perspicácia é quente como a de um vulcão que aguarda o seu consentimento para entrar em erupção. Que ser com tanta pinta, meu deus! Talvez seja um nómada, vindo de um campo de não concentração, onde só os gafanhotos requintados partilham as verduras e fazem juras de amor; é provável que seja um solitário, perdido num mundo que tanto lhe espezinhou o coração, mas que nunca o deitou por terra. Ei-lo em todo o seu esplendor, perante vós, criaturas comuns! Abram alas para o majestoso detective que a tudo e a todos sobrevive! Que poder, que presença, que roupa tão bem passada a ferro, meu deus! Até o seu nome é divinal: Brúlio. Emílio Narciso Brúlio."

— Quem está a falar? — perguntei. — De quem é esta voz?

"... sozinho, desvendou crimes, solucio..." — A voz foi interrompida por um clique.

— É Brúlio, Emílio Narciso Brúlio — respondeu o vulto.

— Quem é esse?

— Eu!

— Eu?!

— Não — respondeu o vulto. — Eu!

— Eu quem?

— O melhor detective que este e outros mundos alguma vez ouviram falar. Não há ninguém como ele!

— Ele quem?

— O Emílio!

— O Emílio Narciso Brúlio?

— Sim, estavas atento! Brúlio, esse prodígio da natureza, essa dádiva dos deuses, esse festim que nem aos olhos dos cegos escapa, esse aniquilador de segredos, crimes e pedras filosofais.

— Onde está ele?

— Aqui.

— Aqui onde? — perguntei.

— Sou eu!

— Então porque é que não dizes "eu"?

— Ouve, porque não és tu e sim eu.

— Mas quando eu te encontrei no corredor não falavas assim.

— Isso foi porque Emílio fala mal no escuro.

— Como estás a falar se a tua boca não se mexe? És ventríloquo?

— Emílio não é ventríloquo nem tampouco uma pessoa. E também não estava a falar. Era a sua voz que ouvias, mas era uma gravação — e tirou um pequeno gravador do bolso, revelando um panda de chapéu à cowboy tatuado no pulso. — Emílio usa este gravador para se apresentar às pessoas.

— Porquê?

— Porque Emílio é grande demais para não ser anunciado por um outro alguém.

— Mas és tu na mesma a falar!

— Sim, mas não é a mesma coisa.

— És uma pessoa muito estranha..., mas diz-me: afinal como me podes ajudar a encontrar a Hema?

— Emílio já te informou que não é uma pessoa. Quanto à Hema, não há nada ou ninguém que Emílio Narciso Brúlio não descubra, pois ele é, sem margem para dúvida, o maior detective do mundo.

— Se não és uma pessoa, és o quê?

— Consegues guardar um segredo?

— Depende...

— Depende do quê?

— Que dia é hoje?

— Terça-feira.

— Então, sim — respondi. — Aos domingos é que não consigo. Uma vez, um amigo contou-me um segredo na missa e quando estávamos a sair da igreja eu gritei para ele "anda embora, apreciador de colhões de cão". Era só para ele, mas toda a gente ouviu.

— E Emílio é que é uma pessoa estranha?

— Afinal sempre és uma pessoa.

— Não foi isso que Emílio quis dizer.

— Então?

— Ouve, vais conhecer um segredo. Anda, segue Emílio Brúlio.

Segui-o para a casa de banho e ele fechou a porta atrás de nós. O conselho da minha mãe era que não falasse com estranhos. Não sei se ela também se referia a estranhos em hospitais, mas acho que não, muito menos quando se trata de um enfermeiro. Mesmo ele aparecendo no escuro, numa esquina e meio despido, acho que não conta, e até me podia trancar com ele numa casa de banho.

— Emílio vai agora contar-te o segr…

— Espera — interrompi —, antes de dizeres alguma coisa, por favor vira-te para a porta.

Apesar de confuso, ele assim o fez, e no segundo a seguir baixei as calças para numa só investida libertar com vigor a cólica que me afligia.

— Já está? — perguntou ele, com os dedos a tapar o nariz.

— Sim. — Mas afinal não estava. Senti como que se uma criatura viajasse dentro de mim, e após um roncar que me lembrou o rei da selva, um jacto mergulhou olimpicamente na sanita para uma segunda demão da pintura.

— Tu estás morto por dentro — disse o Emílio. Ignorei-o. Soubesse ele o que os medicamentos com sumo de laranja nos fazem, estaria calado.

— Estou pronto — disse-lhe enquanto lavava as mãos. — Que segredo é esse?

— Emílio não é enfermeiro…

Naquele momento senti medo. Ali estava eu, fechado numa casa de banho com um estranho que apertava o nariz e falava na terceira pessoa.

— O que queres de mim? — perguntei. — Não tenho moedas.

— Calma, não tens de ter medo de Emílio Narciso Brúlio. Primeiro, Emílio quer que puxes o autoclismo novamente. Segundo, terás ajuda para encontrar a Hema, mas antes precisas saber quem é Emílio. — E sacou novamente do gravador, clicando no play.

"…nou enigmas que ninguém ousou sequer ten…"

— Outra vez isso?

— Ah pois, Emílio já fez esta parte — disse ele, parando o gravador. — A memória é mais fraca às terças-feiras. Pronto, sem mais demoras… não te assustes com o que vais ver, está bem?

— Sim… está bem… — Eu estava apreensivo. Não era medo, acho que se ele me quisesse fazer mal já o teria feito, mas… a verdade é que aquela mesma frase já tinha sido dita pelo meu pai ao falecido senhor do talho e… bem… ele morreu.

Para minha surpresa ele começou a girar à minha frente, primeiro para um lado, depois para o outro. Vinda não sei de onde, uma melodia horrível ecoava na casa de banho. Nunca ouvi semelhante chiar. Era como se um gato com pedra nos rins cantasse ópera para um grupo de costureiros, enquanto deslizava num parque aquático. Não era o Emílio que a cantava, pois novamente a boca dele não mexia; e o gravador estava em cima do lavatório, desligado. Após várias voltas, parou à minha frente de pernas abertas e mãos na cintura. Parecia um jogador de futebol ou um dos homens seminus dos posters da parede do quarto do meu pai. Levantou levemente o queixo e fixou os seus olhos nos meus, mantendo aquela pose triunfal. Sem nada dizer, começou a desabotoar a bata, sem nunca desviar o olhar. Voltei a sentir medo. E nem a lembrança dos saborosos rissóis que a minha mãe trazia do tal talho me sossegavam a mente. Após o último botão desabotoado voltou a girar, lembrando-me algumas das princesas que o meu pai tinha em casa. Aqui não havia saias nem pilas ao dependuro, mas a graciosidade era a mesma. Por fim parou e num só movimento despiu a bata e atirou-a para longe. Ficou a olhar para mim, com aquela pose de quem demonstrava algo excepcional.

— Então? — perguntei.

— Espera, às vezes isto demora. — E continuou ali, de pernas e braços abertos. E eu sem nada entender.

— É este o teu segredo? És uma bailarina?

Não chegou a responder. Ouviu-se um "puf!" e a casa de banho foi invadida por uma espessa nuvem de fumo branco. Eu nada via. "Estás aí, Emílio?", mas não obtive resposta. "Emílio Narciso Brúlio, estás aí?" O gato cantava cada vez mais baixo, e o fumo começava a dissipar-se revelando aos poucos uma silhueta. Ele estava no mesmo sítio, na mesma pose de princesa vitoriosa, mas… já não era ele. Fiquei sem palavras. Não acreditava no que via. Era um gafanhoto. Bem maior do que o enfermeiro. Era um gafanhoto gigante e preto! Da sua cabeça, pendiam três longos fios de cabelo que lhe tocavam o queixo. Trajava uma armadura prateada, mas reluzente como o ouro. Das suas seis patas, duas pareciam braços — mais longos, mais fortes e com algo metálico acoplado. Naquele momento não percebi se eram armas ou se era algo que fazia parte do corpo dele.

— Quem és tu, guerreiro? O que fizeste com o meu novo amigo?

— Emílio Narciso Brúlio — respondeu o gafanhoto.

— Sim, é esse o nome do meu novo amigo. O que lhe fizeste?

— Sou eu, Gersúlio!

— Não me mintas! Eu sei a diferença entre um enfermeiro e um gafanhoto. Onde está o cartão com o nome? Tu és um gafanhoto!

— Sim, mas Emílio é um gafanhoto. Este era o segredo que Emílio tinha para te revelar. Repara como somos a mesma pessoa. — E apontou para o braço, mostrando a tatuagem do panda cowboy.

Rendi-me às evidências, era mesmo ele. A forma de falar era igual e as suíças também.

— Mas… como!? Como fizeste esse truque?

— Não é truque, Gersúlio, era só um disfarce.

— Mas por que motivo um enfermeiro se quer disfarçar de gafanhoto?

— Percebeste mal, Gersúlio. É ao contrário. Emílio é um gafanhoto que hoje se disfarçou de enfermeiro para passar despercebido entre os demais.

— E quando queres voltar a ser gafanhoto tens de fazer toda aquela dança?

— Ah, não, isso não… basta tirar a bata para regressar ao estado gafanhoto, mas Emílio gosta muito de dançar…

— Mas… és um guerreiro? Pensei que eras um detective.

— Emílio Narciso Brúlio é detective sim, mas o melhor detective do mundo é também um guerreiro, pois a arte da procura, a arte de desvendar segredos e resolver enigmas, anda de braço dado com a arte da guerra. Pérfidos são aqueles que se negam a ver num detective um guerreiro. Consagrados são aqueles que têm a honra de conhecer o gafanhoto prateado, portador da chama da solução, um Deus que à terra desceu para auxiliar os perdidos mortais! Milhões de tempestades se abaterão sobre este e outros planetas até que alguém se digne a chegar aos calcanhares do guerreiro Emílio Narciso Brúlio, que em toda a sua glória atravessou continentes à chuva e ao frio, nunca hesitante e sempre triunfante! Quantos não teriam dado a vida para conhe…

Deixei-o continuar a falar. A sua poesia demorou alguns minutos, mas eu já não escutava. Eu tentava racionalizar o que estava a viver. Um gafanhoto detective, mais alto do que o meu pai, que se disfarçava de enfermeiro e que falava como um poeta antigo? Sim, era bizarro, mas não mais bizarro do que uma hemorroida militar com superpoderes. Se a Hema era real, se existiam hemorroidas poliglotas e cavalos e mamutes psiquiatras, por que raios não poderiam existir gafanhotos detectives? A minha mente não se fechava às vastas possibilidades e os meus olhos não me mentiam. Naquele momento, eu senti saudades da Hema. Estava pronto para a perdoar e tinha esperança que o maior detective do mundo me pudesse ajudar.

— Falas hemorroidês? — perguntei.

— Hã? Não!

— Então?

— Então o quê?

— Falas gafanhotês?

— Porquê? Entendes gafanhotês?

— Acho que não...

— Emílio está a falar na tua língua, Gersúlio — disse-me, enquanto soprava o cabelo da frente dos olhos.

— Também és poliglota?

— Não, Emílio só gosta de mulheres. E muito.

— Hã?

— Diz?

Anos mais tarde, quando eu ouvia o meu amigo e editor Sandro Barroso ou o seu irmão juiz, eu lembrava-me do Emílio Narciso Brúlio especialmente porque os três tinham em comum a mesma farta cabeleira. Ocorreu-me que fossem três irmãos, mas ele sempre o negou. E eu também nunca poderia perguntar ao juiz ou ao editor, pois prometi-lhe que guardaria segredo tal como guardei o segredo da Hema. Ambos são reais, ambos são especiais, ambos são seres incompreendidos neste mundo tão material e quadrado. Tal como a Hema, ele passou a ser alguém muito importante na minha vida. O tempo revelou que aquele gafanhoto mulherengo, que falava como um Prince poeta, era dono de um grande coração. Tirando a cebola picada, qualquer coisa o fazia chorar. Recordo com especial carinho o dia do casamento da minha prima, em que ele apareceu de surpresa para a boda. Escondido no meio dos arbustos mais altos, assobiou-me para que me aproximasse e deu-me um bonito ramo de flores com gafanhotos, para eu entregar à noiva. Ele chorava como um gafanhoto bebé, fazendo um discurso sobre o quão importante é o amor na vida de todas as criaturas, e relembrando as 7000 mulheres que teve. Quando retirei os gafanhotos, para o ramo de flores ficar mais apresentável, ele chorou ainda mais. Não foi fácil fazê-lo entender que gafanhotos num ramo de flores não funciona com os humanos. Pode ser uma prática comum no reino dos gafanhotos líricos de dois metros, mas as pessoas não os veem com bons olhos. Com uma lágrima a descer no canto do olho lá acabou por aceitar. Mais tarde, dei-lhe uma bata que roubei na cozinha e ele passou o resto do serão perto da noiva, mas sempre a chorar. Foi assim que soube que a minha prima estava grávida. O Emílio explicou-me que é afectado pelas hormonas das outras criaturas grávidas. Nas palavras dele: "sejam elas gafanhotos, mulheres, hipopótamas, leoas ou moscas-pardo, se estiverem com alterações hormonais, Emílio chora sem parar." Foi também nesse dia que percebi que ele, tal como a Hema, era muito sábio: explicou-me que alterações hormonais não significa necessariamente gravidez.

— Então, como sabes que a minha prima está grávida?

— Porque aquela barriga não é de cerveja.

Ele tinha razão, e eu nem tinha notado.

O detective Brúlio saiu-se com uma dedução que muito me agradou. Eu contei-lhe a minha história com a Hema, e ele concordou que ela deveria estar zangada comigo, mas deduziu que tendo ela um grande coração, certamente estaria por perto do seu amigo mesmo que não se revelasse. Eu quis muito acreditar naquelas palavras e fiquei excitado com a possibilidade da Hema estar ali no hospital. Fiquei tão excitado que o Emílio pediu que eu fosse vestir umas calças. Sim, talvez eu tenha esquecido de referir este pormenor, mas eu estava praticamente nu naquele momento. Eu tinha umas calças de pijama, mas tinham um rasgo tão grande que quando eu me sentava na sanita eu não precisava de as baixar. Era como se fosse o meu pai, só que eu não tinha fio dental para empurrar para o lado. Nos corredores, eu fui várias vezes repreendido por médicos e enfermeiros que olhavam em terror para a minha pila a baloiçar de um lado para o outro quando eu corria para pintar as paredes da casa de banho. Ficaram muito preocupados mesmo depois de eu explicar que só tinha rasgado as calças porque nem sempre tinha tempo de as baixar. Não aceitaram a minha justificação e foi a partir desse dia que eu passei a ter um psiquiatra. Para além de não gostar dele, vi aquela decisão como um castigo e naquela idade eu achava que a vingança seria o melhor caminho: mesmo quando já não andava de diarreia eu borrava as paredes de propósito, esfregando o sujo papel higiénico nas paredes. Não é coisa que me orgulhe, mas eu era apenas uma criança incompreendida. Como o leitor sabe, ainda hoje tenho psiquiatra, mas não é o mesmo que descrevi aqui. Eu já tive quatro psiquiatras. Os dois primeiros fugiram mal conheceram o meu pai; o terceiro, segundo ouvi dizer, enforcou-se com os bigodes de um camarão que atou a um candeeiro de rua, daqueles que piscam por tudo e por nada. Apesar de trágico, confesso que não me deixou pena. Deixou um bilhete de suicídio: "tropecei". Não suporto mentiras, se não me queria ajudar, bastava ter dito. O meu psiquiatra actual é cego e talvez por isso esteja comigo há tantos anos. Gosto muito dele. À frente do gabinete dele existe um candeeiro de rua. Nunca pisca!

Baseado na esperança do meu novo amigo estar certo, elaborei um plano para aquela noite. A Hema era, sem dúvida, uma hemorroida sofisticada (nem sei se já contei ao leitor que ela fala japonês), mas eu sabia que também havia nela um lado primitivo: ela contou-me que quando precisa de se isolar para pensar na vida, procura um cu anónimo e lá fica sossegada a meditar. Quando a maior parte dos pacientes estivessem a dormir, eu iria entrar nos seus quartos e procurá-la. Eu tinha também esperança que ela estivesse a dormir, pois o ressonar dela é inconfundível. O Sherlock veio comigo. No primeiro quarto em que entrámos, havia quatro camas onde quatro pacientes dormiam profundamente, provavelmente drogados. Mal me aproximei da primeira cama, ouvi um barulho que fez a adrenalina invadir o meu corpo, mas… foi falso alarme. Não era um ressonar, mas sim um peido do velhote barrigudo que dormia como um bebé. E depois outro. E depois mais outro — mais longo, mais demorado, mais malcheiroso. No outro extremo do quarto, estava o gafanhoto a inspecionar outra cama. "Veste a bata", sussurrei-lhe, "se eles acordam, sempre pensam que és um enfermeiro". "Não te preocupes", disse-me ele, "eles não conseguem ver Emílio". Foi quando percebi que, tal como a Hema, o Emílio tem o superpoder de se mostrar apenas a quem quer. Imediatamente jurei para mim próprio que nunca falaria dele a ninguém, não fosse ele trair-me como a Hema me traiu. Eu era muito novo, mas começava a aprender com a vida a não repetir os erros. Levantei gentilmente os lençóis, ciente do perigo em que me estava a meter caso fosse apanhado. Não me poderiam internar novamente, internado já eu estava, mas poderiam obrigar-me a ficar lá mais tempo. O velhote dormia de lado e isso facilitou a minha inspecção. Sem respirar, empurrei-lhe as cuecas para o lado e sussurrei, "Hema! Hema! Estás aí?" A resposta foi um novo peido, igual ou talvez pior do que o anterior, que só não me entrou pela boca adentro porque eu fui veloz a desviar-me. Mesmo assim, senti a minha orelha esquerda a abanar. Eu estava bem ciente das consequências de misturar medicação com sumo de laranja. Voltei a cobrir aquele senhor podre e, em bicos de pé, dirigi-me à próxima cama. Este foi mais fácil, pois dormia de lado e destapado. Apesar de muito mais gordo, era um homem mais novo do que o meu pai, mas também gostava de vestir fio dental, o que facilitaria a investigação. Ele era mesmo gordo, tão gordo que eu estava capaz de jurar que ali morava mais do que um rabo. Eu não sei que medicamentos ele andava a tomar, mas claramente fazia-o sentir muito calor: para além de dormir destapado, ele suava abundantemente de todos os rabos. Senti nojo, como daquela vez que me meteram açúcar branco no caldo verde, mas eu tinha uma missão a cumprir. Agarrei na caneta que estava em cima da mesa de cabeceira e gentilmente desviei-lhe o fio dental para cima das outras nádegas. Não vi hemorroidas, mas isso não queria dizer que a Hema não estivesse ali, pois ela é interna. "Hema! Hema! Estás aí?" Nada. Nem uma palavra, nem um ressonar. Preparava-me para inspeccionar o terceiro paciente, quando o Emílio gritou, "Encontrei!" Excitado com a possibilidade de voltar a ver a minha querida amiga, voei de um rabo para o outro.

— Oh, essa não é a Hema! — disse eu, desiludido. — Não vês que não tem capacete?

— Ouve, ela usa capacete? — perguntou o detective.

— Nem sempre, mas ela só muda de visual à minha frente. Da última vez que a vi, ela tinha capacete, por isso estou certo que da próxima vez que a vir ela estará igual.

— Pronto, vamos então para a última cama.

Não chegámos a sair do mesmo lugar, porque uma voz de bagaço fez-se ouvir:

— Gersúlio?! Sou eu, a Veiana!

— Veiana, a irmã da Hema?! És tu!?

— Sim, meu querido, sou eu.

— Mas, como podes ser tu? — perguntei, sem entender. — O que fazes aqui e nesse cu?! E como estás a falar comigo?!

— Eu consigo teleportar-me, Gersúlio. Eu fugi do teu avô, pois seria uma morte certa, só que tive azar no corpo que escolhi. Nunca imaginei que ele acabasse num hospital psiquiátrico. Parecia-me uma pessoa sã. Como poderia eu saber que ele iria correr todo nu em frente a uma esquadra de polícia enquanto gritava que lhes queria comer as mães e casar com os filhos deles? Podemos escolher o barco, mas raramente acertamos no mar.

Pelo canto do olho, eu pude ver o Emílio a sorrir. A Veiana tinha veias poéticas e aquele frágil coração de gafanhoto disparou. Não o censuro: a Veiana era bonita, elegante como um cisne negro e com menos rugas do que a irmã. Nem a sua voz de bagaço lhe diminuía o charme.

— Então e o teu teletransporte? Podias sair deste sítio horrível, não podias?

— Não, Gersúlio, o meu poder é limitado. Agora tenho de esperar 21 dias para o poder usar novamente. Ou isso ou uma visita especial. Se este homem for visitado por um cavalo, eu posso sair daqui.

— Acho que sei o porquê. É porque eles são os vossos psiquiatras, não é?

— Não, não é esse o motivo. Com um cavalo, eu posso sair daqui a galope.

— Mas e a fala, como consegues falar a minha língua? Antes não conseguias.

— Foi a minha mana que me ensinou.

— A tua mana?! A Hema?! Ela está aqui? Tu sabes onde ela está? — O meu coração disparou.

— Não, ela não está aqui, mas eu sei onde ela está.

— Boa! Podes dizer-me? Tenho tantas saudades dela!

— Posso, mas antes tenho de te dizer uma coisa. Tal como o teletransporte, o meu poder de fala é limitado. Depois de me calar, só volto a falar daqui a 21 dias. E de cada vez que falo só tenho um minuto e 12 segundos.

— Tão pouco tempo?! Rápido, diz-me: onde está a Hema?

— Digo, sim. A Hema está n… — E calou-se.

— Veiana, Veiana! Fala comigo, Veiana!

— Calma, ela já se foi — dizia o Emílio com os seus seis braços no meu ombro. — Não te preocupes, nós vamos encontrá-la.

— Veiana, fala comigo! Veiana! — Bati naquele cu vezes sem parar, mas por mais que eu batesse não havia resposta.

— Não vale a pena bateres mais — disse o Emílio. — Neste momento, és uma testemunha de Jeová: por mais que batas à porta ninguém te irá atender. Tem calma, nós vamos encontrá-la.

— Tens razão, amigo poeta. E eu nem sei como não acordei este homem.

— Ele nunca acordaria — disse a Veiana —, pois os medicamentos que tomou são dose de cavalo.

— Veiana, voltaste! — sussurrei de alegria, com os lábios quase encostados àquele cu.

— Eu ainda tinha um crédito antigo, mas só deu mesmo para dizer isto. Até daqui a 21 dias, se ainda cá estiv… — E voltou a calar-se.

A última cama também se revelou uma desilusão. Para além de nunca ter visto cuecas tão apertadas, bastou-me levantar os lençóis para saber que a Hema nunca estaria ali. Ela não suportava roupa interior amarela.

Dizia que lhe ofuscava as vistas e que não queria ficar cega como o tetravô, que viveu tempo demais no cu de uma cobra pitão albina.

— Ouve, ainda temos mais 85 quartos para visitar, não percas a esperança.

— Como sabes que este hospital tem 86 quartos, Emílio? É um superpoder teu?

— Emílio viu na Internet — respondeu-me. — Tem 87 quartos, mas no teu só há a tua cama. Se bem que... já pensaste que a Hema pode estar no teu rabo? Queres que Emílio espreite?

Senti medo. "Não, deixa estar, tenho a certeza que não está".

Naquela noite, visitámos o máximo de quartos que pudemos e, sem pudor algum, posso afirmar que foi como se tivesse tirado um mestrado em cus. Vi-os de todas as formas e feitios: duplos, triplos, peludos, carrancudos; alguns não muito limpos, outros nada limpos; quadrados, redondos, em forma de ovo podre, em forma de lata de atum fora de prazo; resmungões, sardentos, brancos, pretos, amarelos, rasgados; e um deles, para além de imitar de forma perfeita o Charlot, ainda fazia malabarismo. Sei-o, porque mal deixei cair as duas canetas que usava para lhe desapertar a fralda, elas começaram a girar no ar, numa sincronia que nos dava vontade de aplaudir. Já seria arriscar demais o barulho, senão teria mandado para lá mais uma ou duas canetas. Acredito que o Charlot as conseguiria malabarar a todas. Em nenhum encontrei a Hema. Não faltaram hemorroidas, alguns cus asilavam famílias inteiras que até parque de estacionamento tinham, mas nada da minha hemorroida especial. Seria impossível visitar todos os quartos na mesma noite, a tarefa teria de ficar para o outro dia. Mal sabia eu que aquela seria a minha última noite no hospital psiquiátrico...

De manhã, muito cedo, fui acordado por uma enfermeira que me vinha aplicar o diário supositório. Em pose de combatente de luta greco-romana, mal ela o enfiou, eu gritei: "Meta também um pimento! Dos verdes! Meta!" Foi um escândalo. A enfermeira ficou horrorizada e correu a chamar o médico, que chegou com o psiquiatra. Conversavam entre eles enquanto a enfermeira me media a temperatura:

— Será síndrome de Tourette? — perguntou o psiquiatra.

— Não existem registos de Tourette despoletada por toque rectal — respondeu o médico. Temos de fazer mais exames.

O diagnóstico chegou poucas horas depois. Não era grave, eram apenas efeitos secundários da medicação e que com o tempo desapareceriam. Extremamente raros, mas nada de preocupante. Já tinham decidido dar-me alta naquele mesmo dia, e aqueles sintomas nada mudaram. Pensei fingir uma crise, para que pudesse ficar lá mais tempo e continuar a procurar a Hema, mas as palavras sábias do Emílio detiveram-me: "se realmente ela estiver perto do amigo, então perto do amigo estará". Dei-lhe razão. Se me quisesse voltar a ver, ela certamente apareceria em minha casa. Eu estava tão ansioso por voltar a casa!

Devido aos raríssimos sintomas de que eu padecia, a vida da minha mãe foi complicada nas semanas que se seguiram. Não existe termo técnico, mas a minha mãe chamava-lhe de "Berlefismo". Sempre que me lembro daquele tempo, dou por mim a rir. De facto, eu estava igual ao meu pai. O leitor poderá achar estranho, mas a verdade é que nos dias que se seguiram eu adorava estar no sofá, a ver televisão, com a pila de fora; eu ouvia várias vezes seguidas os álbuns dos Bee Gees; eu preferia sentar-me em cima de legos; eu tinha longas conversas com o carteiro Zevelim; eu brincava com as bonecas e a colecção de bigodes; e até o meu sorriso para o trolha Crezílio estava diferente. Eu já disse à minha mãe: "se aquelas semanas não te mandaram para um hospital psiquiátrico, tu jamais irás lá parar". A minha mãe é muito forte, mas ninguém merece ter dois Berlefes em casa.

Não encontrei a Hema. Passaram-se seis meses sem sinal dela. Nos dias que se seguiram ainda fui com a nova ideia do Emílio, de procurar noutros rabos que não fossem só humanos. Sugeriu o cavalo da vizinha e o burro do farmacêutico. Foi péssima ideia: eu poderia ter morrido com aquele coice. Foi justo que ele tenha acertado no Emílio. Injusto foi as patas do cavalo o atravessarem, como se ele não ali estivesse, como se fosse um fantasma. Nunca vi detective com tanto superpoder. Quanto ao burro do farmacêutico nem foi preciso tentar. Mal entrámos na farmácia ele estava de costas, abaixado a mexer numas caixas, e eu pude ver que o homem usava cuecas amarelas. A Hema nunca estaria naquele rabo. Desesperado, estava disposto a tentar qualquer ideia:

— Vamos procurar no rabo do meu gato, Emílio?

— Mas o teu gato não morreu?

— Sim, e o que tem isso? Os mortos não têm hemorroidas?

— Talvez tenham, mas se está morto não temos acesso ao rabo dele, não é?

— Pois, mas… será que o meu pai guardou o rabo do gato?

— Porque haveria ele de fazer isso, Gersúlio?!

— Sei lá, ele guardou os bigodes do gato!

Foi uma ideia parva, a minha. Não havia rabo de gato em casa, nem mesmo o meu pai se lembraria disso. Com o passar do tempo, a minha saudade pela Hema foi aos poucos diminuindo. Muito me ajudou ter o Emílio ao meu lado, sempre pronto para me apoiar no meu crescimento. E ele tinha tanto para ensinar! Entre muita cultura, fiquei a saber que ele não é o único gafanhoto daquele género, embora seja o único que é detective. Aquele metal acoplado nos braços afinal sempre fazia parte dele. Não eram peças, mas sim uma extensão do seu corpo. Lembrava-me uns desenhos animados que a minha avó me falava: Sport Billy — um menino que tinha uma maleta de onde tirava as ferramentas que queria. Aquelas extensões, de aparência metálica, eram a maleta do Emílio. Ele poderia usá-las como armas (contou-me que lutou na guerra mundial — na primeira, pois na segunda, estava de férias) ou podia, por exemplo, usar como guitarra, coisa que eu só o deixava usar, caso ele não cantasse... Avisou-me para estar preparado, pois agora que eram amigos seria previsível que eu encontrasse muitos gafanhotos "normais". Explicou-me que existe uma força cósmica que faz com que depois de Emílio Narciso Brúlio criar laços com um humano, as formas mais pequenas dos gafanhotos (os "normais") se sintam incentivadas a estarem próximas do escolhido pelo grande detective. Naquela altura achei que era poesia dele, mas a verdade é que ainda hoje vejo gafanhotos por todo o lado. Tiveram uma grande influência no meu gosto por todo o tipo de insectos e bicharada.

O meu aniversário chegou e a surpresa que tive foi completamente inesperada: o Emílio tinha uma prenda para mim. Os meus pais já dormiam quando ele apareceu no meu quarto:

— Emílio tem algo para ti.

— A sério? O que é?

— É uma surpresa. Fecha os olhos e abre só quando Emílio te disser.

Eu assim o fiz, estava mesmo curioso. Eu tinha esperança de que fosse o palhaço que o meu pai nunca me deu ou mais um livro sobre insectos.

— Já podes abrir os olhos, Gersúlio. Olha quem poderia estar no ânus, mas veio para os teus anos.

Quando abri os olhos, lágrimas desceram pela minha cara. Era a Hema! A Hema estava de volta! Corri para ela e abraçámo-nos como dois lutadores de luta greco-romana.

— Tira esse capacete da cabeça, deixa-me olhar bem para ti — disse-lhe eu, emocionado.

— Parabéns — disse ela, também chorosa.

Pediu-me desculpa e explicou-me a tão longa ausência. Tal como eu desconfiava, isolou-se para pensar na vida, mas por azar o dono do cu que escolheu foi seis meses para as Caraíbas. Foi tudo repentino e muito sortudo: o homem jogou numas rifas que davam um bacalhau, mas a máquina teve uma avaria e deu-lhe uma estadia de seis meses nas Caraíbas. Pediu-me também desculpa por não ter trazido prenda, veio directa do aeroporto e não teve tempo. Foi neste dia que percebi que ela também se pode teleportar, mas só quando está no mesmo país. O mesmo acontece com a capacidade de se projectar, por isso nunca me visitou. A excepção é nos meses de junho e julho: nessa altura ela pode tudo.

— Não faz mal, querida Hema, tu és a melhor prenda que eu poderia ter. O que importa é que estás aqui. E vens mais moreninha! — Ela riu. E fizemos juramentos um ao outro.

— Eu juro que nunca mais falarei de ti a ninguém, general Hema.

— E eu, meu querido Gersúlio, juro que jamais tentarei matar avôs.

Um natal especial

O natal de 1900 e coiso foi um natal especial. O meu pai estava radiante pela minha vitória em tribunal e decidiu fazer um natal fora do normal, com uma lista de convidados que muito fugiu ao típico ambiente natalício. Foi o ano em que a casa dos meus pais esteve mais cheia, com a família reunida e alguns amigos: eu e a Teresa; a minha avó materna; o meu avô paterno, que trouxe o seu javali preferido para preencher o presépio; o meu tio Micael Juvílio que, para além de acompanhado pela esposa, veio acompanhado por rissóis franceses que venciam qualquer bacalhau com grelos; o simpático trolha Crezílio António e o seu marido; o doutor Olavo Bedelho Julinho que veio mascarado de Branca de neve; o padre Lúcifer, sempre pronto a entregar um sorriso ao próximo; a virtuosa baterista Trevas; os irmãos Sandro e Carcela; e o meu primo Júlio Embrulhado, cujos pais o despacharam pois não lhes faltava quem falasse pelos cotovelos. Infelizmente, o meu mano Juzenildo não pôde estar presente. Ele vive no Tibete e à última hora ficou impossibilitado de viajar: algo a ver com silêncio imposto, cusquices faladas e 20 vergastadas nas costas.

A azáfama característica do dia 24 começou bem cedo. Na véspera, eu e a Teresa fomos buscar os meus tios ao aeroporto e dormimos todos na casa dos meus pais. Não eram nem oito da manhã e o meu pai já fazia barulho na cozinha. Ele adora o natal, mas neste estava ainda mais excitado: sentia-se responsável pelos convidados que chegariam de tarde e queria que tudo corresse "às mil maravilhas". Fez uns doces de natal, tirados de uma revista da especialidade e da qual eu nunca tinha ouvido falar. Eram todos deliciosos, apesar do seu formato invulgar e fálico. As rabanadas estavam de chupar e chorar por mais, mas foi a aletria que mais demonstrou a sua mestria e dedicação. Tal como uma chávena cujo café é pintado pelo habilidoso atrás do balcão, a aletria tinha pinturas rupestres: grutas e rochas mostravam homens primitivos nas suas celebrações natalícias. Uma pila aqui, outra acolá, mas nada que nos tenha distraído do sabor divinal que aquele doce apresentou. Habituada a fazer tudo sozinha e para menos gente, a minha mãe ficou feliz por ter ajuda na cozinha. Claro que eu também levei algo já feito, tal como o meu avô. Ele levou uma tarte de açúcar amarelo; eu levei cerveja e açúcar amarelo.

À hora do almoço tocaram à campainha. O meu avô tinha ficado de almoçar connosco. Fui eu quem abriu a porta.

— Olá, meu netinho Gersus.

— Já não sou uma criança, avô — disse-lhe eu entre sorrisos.

— Para mim serás sempre o meu pequeno Gersus. — E perguntou: — Hemorroidas?

— Às vezes, avô, mas eu ponho pomada e passa num instante.

— Não é isso, Gersus. Ainda vês a Rema?

— Outra vez essa conversa, avô? Isso foi há muitos anos. Já lhe disse que isso é coisa do passado, já sei que era fruto da minha imaginação. E não era Rema, era Hema. — E sem ele notar, pisquei o olho à Hema que, refastelada no sofá enquanto o Emílio lhe massajava os pés, ainda ria das rabanadas.

Pouco depois do almoço foram chegando o resto dos convidados e a meio da tarde a casa estava composta. Tenho boas memórias de muitos natais, mas este, mesmo eu já não sendo criança, foi mesmo especial. É difícil imaginar uma noite natalícia mais pitoresca, com tantas pessoas diferentes e nada banais. Imagino que se possa assemelhar ao natal de uma equipa de circo, mas dificilmente eles teriam músicos como os nossos e muito menor seria a chance de terem os rabos a serem constantemente cheirados por um javali com ar de psicopata, mas que o meu avô dizia ser mansinho. A ideia do meu pai resultou na perfeição: nem toda a gente se conhecia, mas depois de muita conversa e gargalhadas, parecíamos uma grande e feliz família. Antes do jantar começar já estava quase toda a gente bêbeda. O meu primo Júlio Embrulhado não bebia, mas quem o visse diria que estava bêbedo: rebolava pelo chão da sala, em círculos, enquanto o javali lhe perseguia o rabo parecendo empurrá-lo com o nariz. Estava feliz e isso era tudo o que importava. E o Júlio também parecia muito feliz. Eu achei aquilo querido, mas o javali, apesar do seu porte pequeno, preocupava-me…

— Ó avô, de certeza que ele é mansinho?

— Duvidas do teu avô? — perguntou-me. E tirou a carteira do bolso para me mostrar um documento de identidade. Tinha a foto do javali e dizia "Mansinho Fernando".

— Isso é o nome do javali, avô?!

— Sim, é. Isto é o bilhete de identidade dele passado pelo veterinário. Já acreditas?

— Ó avô, por isso é que passaste a tarde a dizer que ele é mansinho? Sinceramente, avô... pensávamos que estavas a dizer que ele é inofensivo, não o nome dele! De certeza que não há perigo para o Júlio Embrulhado?

— Não, Gersus, não te preocupes. Mansinho é o nome dele sim, mas ele também é mansinho. Deixa o Mansinho embrulhar o teu primo à vontade.

— Que raio de nome lhe foste pôr, avô.

— Não gostas? É homenagem ao teu trisavô Fernando.

— Vá, todos para a mesa — interrompeu a minha mãe. — Tu também, Júlio Embrulhado. — E lá veio ele a rebolar até a perna da cadeira lhe parar a cabeça, mas sem sequer um "*ai*" libertar. O javali sentou-se ao lado dele, numa pose de respeito e protecção, não sem antes lhe cheirar o rabo mais uma vez. Fiquei muito contente que o javali gostasse do meu primo. Ele já me tinha dito que adora o javali porque lhe lembra o Dartacão, e claramente o amor era recíproco. Não tenho como saber o que pensava aquele javali, mas se pudesse adivinhar diria que ele vê o meu primo como o filho reboliço que nunca teve.

Jantámos o típico bacalhau de natal. Era quase igual ao que certamente naquela noite se comia nas outras casas. A diferença estava no formato das batatas. Antes de as cozer, o meu criativo pai cortou-as de forma a parecerem — dizia ele — narizes. "São os narizes do boneco de neve que não fizemos". Todos os anos ele falava em fazer um boneco de neve no quintal e todos os anos eu lhe lembrava que naquela terra não neva. A comida foi servida.

— Belos narizes — comentou o Crezílio, ao servir-se da travessa de batatas.

— Isso foi o que ele disse — reagiu o marido, para gargalhada de todos menos eu e o meu primo. Eu não percebi. A minha mãe explicou-me que era a clássica piada "*that's what she said*", mas eu sou tão mau a francês que quando finalmente percebi, a piada já se tinha ido. Algumas batatas fálicas mais tarde, o meu primo soltou uma gargalhada. Olhámo-lo, surpreendidos.

— "Chetwatshisaid" - disse ele.

— O quê, Júlio? — perguntei.

— "Chetwatshisaid" — E soltou nova gargalhada.

— Não te entendo, primo.

— "That's what she said?" — perguntou-lhe a minha inteligente mãe.

— Xim — respondeu ele. — E a mesa desfez-se em gargalhadas.

— Família, vamos fazer um brinde — anunciou o meu pai, enquanto erguia o copo. — Que estejamos cá por muitos e bons anos; que nunca falte comida e bebida nas nossas mesas; e que haja sempre calças para vestir, com ou sem buracos, pois já dizia o Herodes: "tu vestes o que queres e podes".

Foi o brinde mais estranho que eu já ouvi, e eu andei na universidade, mas todos brindámos com muita alegria, doutor Bedelho incluído que, depois de puxado pelos folhos do vestido, conseguiu chocar o seu copo com os demais. Acabou por meter um joelho nos grelos, mas a culpa foi do bruto do meu tio Juvílio, que o puxou com força a mais. Ninguém se chateou e o meu tio ainda fez todos rir quando perguntou "doutor, quer alho no grelo?"

— Este bacalhau está uma delícia — disse a minha avó.

— Berlefes, meu amigo — disse o Crezílio —, eu nunca tinha comido uma refeição feita por ti, mas eu via-te na varanda e já dizia para os meus colegas: "aposto que ele é um excelente cozinheiro".

Notei que o marido do Crezílio o olhou de lado, sem nada dizer...

— Mas Crezílio, eu lembro-me de alguns anos atrás o meu pai ter cozinhado para ti.

— Quando? — perguntou a minha mãe.

— Deixem-se de conversa — cortou o meu pai. — Coma, sogra, coma que há muito mais. — A minha parte preferida são os rabos de bacalhau. Melhor que isto, só punhe...

— Berlefes Silva — interrompeu-o a minha mãe —, tens crianças à mesa!

— Crianças?! — perguntou o meu pai, ao que a minha mãe respondeu com um discreto gesto em direcção ao meu primo de 32 anos. Mas o aviso da minha mãe veio tarde, pois o Júlio Embrulhado parece ter apanhado algo. "*Chetwatshisaid*", disse ele.

Antes da hora de chegar o pai natal, o Júlio Embrulhado fez birra que queria uma prenda, pois viu algumas junto à árvore de natal. O meu pai achou por bem dar-lhe uma e escolheu a que sabia ser um instrumento musical (um órgão), pois tinha planos para o mesmo. Primeiro, deixou-o fazer a música (horrível) que queria e quando ele se fartou passou o órgão para a Trevas e chamou o doutor Bedelho.

— Um passarinho informou-me que o doutor sabe cantar e bem!

— Essse passssarinho lá ssssabe — estando o doutor Bedelho bêbedo, a sua fala carregava ainda mais nos "S" — mas olhe que nem todos os pintasssssilgos são de confiancccccça!

A Trevas é uma artista excepcional e domina vários instrumentos. Aqueceu com um refrão dos Bee Gees e depois tocou a famosa música de natal "Jingle bells". Contou até três e os dois começaram a actuação. Ela, como esperado, não falhou uma nota. O doutor Bedelho… bem, também não falhou a letra, mas parecia uma letra nova. "*Ssssssingle bells, Ssssssingle bells, Ssssssingle allssss Swayssss*", cantava ele de copo de vinho na mão. Desde aquele dia nunca mais consegui ver um vídeo ou uma imagem da Branca de neve sem me lembrar dele. Este não foi o único momento musical da noite — o melhor estaria para vir…

— Desconfio que este vai ser o melhor natal de sempre — dizia-me a Teresa.

— Está bem encaminhado — respondi —, mas já esqueceste o Natal do ano passado?

— Ah! Ah! Ah! Como poderia eu esquecer o natal do ano passado? Lembras-te daquele amigo do teu avô, que a meio das frases usava palavras francesas?

— E que contagiou o meu pai e durante um mês ele falou igual? Ah! Ah! Ah!

— Detesto essas pessoas que fazem de conta que sabem falar francês — disse a minha tia.

— E não se esqueçam do que esse palhaço me fez — resmungou o meu avô.

— Ah, pois foi — relembrou a minha mãe, entre risos — O braço partido… A culpa não foi dele, mas sim de quem acreditou que ele sabia fazer massagens...

— Foi um rico natal, foi — dizia o meu tio Micael, enquanto puxava de um rissol do bolso. Tínhamos rissóis frescos na mesa, mas aquele rissol vinha de França e do bolso dele.

— Ó tio, porque andas sempre com a mesma t-shirt?

— Não é a mesma t-shirt, meu burro. Eu tenho 20 t-shirts do Roberto leal.

— Todas iguais? — perguntou o Sandro.

— Não, tenho uma diferente onde ele está de óculos de sol e com uma t-shirt do Roberto Leal igual às outras 19 que eu tenho.

Durante esta conversa, a Trevas tinha montado uma bateria no meio da sala, bem como um tripé onde colocou um órgão.

— Sempre escreveste a letra? — perguntou-lhe o meu pai.

— Sim, claro, está prontíssima! — respondeu, com os dedos nas teclas do órgão.

Anunciaram que tinham composto uma música de propósito para aquela noite e que seríamos os primeiros a ter a honra de a conhecer. O meu pai piscou o olho à Trevas e retirou-se da sala, deixando um clima de mistério no ar. Quando voltou, vinha vestido de pai natal, mas era um pai natal diferente. Sim, tinha um gorro vermelho; sim, tinha uma farta barba branca; mas não, não tinha umas calças iguais às do pai natal. Eram da mesma cor, mas não estavam inteiras, pois faltava-lhes algum tecido na zona do rabo. Ninguém ficou surpreendido. Toda a gente ali conhecia aquele rabo de cor e salteado. Como eu esperava, o meu pai virou-se de costas pronto para rabear a bateria. Começaram com uma melodia suave: os dedos da Trevas dançavam ao som de órgão de igreja enquanto o meu pai batia de forma suave, mas precisa; a nádega esquerda num dos pratos da bateria. Ao som deste "tsss, tsss, tsss" e dos acordes religiosos, a Trevas começou a cantar num tom quase de fala:

No natal, todo o pecado é perdoado
É a noite fria que aquece o teu Inverno
Se tu veneras o diabo, tu serás abençoado
Mas se Jesus é quem tu adoras, tu irás parar ao inferno

Não fizemos boneco de neve

Isto não é um natal moderno
Contenta-te com a Branca de neve
Ou tu vais PARA O INFERNOOOOOO

Mal ela terminou aquela última frase, que foi gritada muito alto, a magia do meu pai começou. Fez um solo de glúteos como eu nunca tinha visto e entrou num ritmo veloz e agressivo: os seus calcanhares não pareciam humanos tal era a velocidade com que pisavam os pedais; e como sempre, o seu rabo era incrível. Quem naquele momento entrasse na sala de certeza que diria que o pai natal tem seis ou mais nádegas. A trevas gritava com ódio visceral o refrão "TU VAIS PARAR AO INFERNOOOOOO", enquanto todos os rabos a acompanhavam. De repente, só uma nádega. Só um prato de bateria. De novo a melodia de igreja. E a Trevas entrava com os restantes versos:

Esta é a noite da família
Brindaremos ao amor eterno
Se tu preferes filatelia
Tu irás parar ao inferno

Dizem que vejo coisas que não existem
Mas aponto tudo no meu caderno
Tudo o que eu quero é que não me irritem
Que vão todos PARA O INFERNOOOOOO

Volta o ataque anal à bateria e os dedos que se pareciam partir nas teclas. Agora os berros eram ainda mais altos e até o meu pai gritava o refrão. De repente, toda a gente batia palmas e cantava aquele refrão que era tão fácil de ficar no ouvido. O Júlio era o único que não cantava, mas à sua própria maneira também ele celebrava aquela música de natal: ao rolar pelo chão da sala, babava a carpete. O resultado era fantástico: desenhos que facilmente poderiam estar pendurados numa qualquer galeria de arte. Um deles fazia lembrar o boneco de neve que nunca tivemos. O Júlio Embrulhado parecia um caracol — um caracol de natal, daqueles muito fofinhos. O javali fugiu para debaixo da mesa e ali ficou até a música terminar. "Ele é dos antigos", dizia o meu avô, "ele é mais fados". Quem também entrou em êxtase com aquela obra prima foi o meu editor Sandro que, relembrando os seus tempos de juventude, abanava furiosamente a cabeça enquanto repetia o refrão. Pouco demorou para que a ele se juntassem os restantes num mosh à volta da mesa que até cadeiras virou. A minha avó tem 72 anos. Achei incrível como ela adorou aquela música, mas o que mais me surpreendeu foi saber que uma senhora daquela idade se veste como o meu pai. É que naquela correria a saia dela levantou-se revelando umas cuecas de fio dental. E vermelhas, tal como as do meu pai! Quando a música terminou, todos aplaudiram de pé e pediram muito que voltassem a repetir. E assim foi — tocaram-na pelo menos mais três vezes. Agora que todos sabiam a letra de cor, o barulho era cada vez mais infernal, mesmo nos versos. Quando chegávamos ao refrão a casa quase ia abaixo. O leitor repare que o refrão não era só um "*TU VAIS PARAR AO INFERNOOOOOO*". Era muito mais rico do que isso e era cantado a meias com o meu pai:

TU VAIS PARAR AO INFERNOOOOOO
galinhas pretas, patos bravos, são tantas encruzilhadas
TU VAIS PARAR AO INFERNOOOOOO
crucifixos, copos sujos e ameijoa agasalhada
TU VAIS PARAR AO INFERNOOOOOO

Até eu me juntei àquela roda viva à volta da mesa. Corríamos e parávamos para gritar "TU VAIS PARAR AO INFERNOOOOOO"; a Trevas cantava "galinhas pretas, patos bravos, são tantas encruzilhadas" enquanto voltávamos a correr à volta da mesa. Depois parávamos novamente para gritar com o meu pai: "TU VAIS PARAR AO INFERNOOOOOO", e ela cantava "crucifixos, copos sujos e ameijoa agasalhada" e assim sucessivamente. Da última vez devemos ter cantado o refrão umas 20 vezes. Já me doía a garganta de tanto gritar e por duas ou três vezes atropelei a Branca de neve, que ainda mais bêbeda que todos nós, não acompanhava a velocidade das outras pernas. Lembro-me do meu avô dizer, a suar como um javali, "qual Amália Rodrigues qual quê, isto é que me enche as medidas". Com toda aquela agitação ainda bem que ninguém notou que, a certa altura, eu estava num canto agarrado à barriga de tanto me rir. Mesmo que tivessem notado não haveria mal algum, pois eles nunca desconfiariam do que eu me ria. O motivo só eu sabia, pois só eu via: girando em sentido contrário à roda do mosh, o Emílio Brúlio corria agarrando a Hema de cabeça para baixo. Eu quase que morria de tanto rir quando vi a hemorroida a bater no nariz do gafanhoto ao som daquela música natalícia. Aquele foi o momento alto da noite.

Seguiu-se outro dos momentos mais aguardados: a distribuição das prendas. O meu pai passou o resto da noite com aquela roupa e nem as nádegas transpiradas o fizeram trocar de calças. Como seria esperado, foi ele o pai natal de serviço. Bastou-lhe ir buscar um saco, meter lá as prendas e pronto: tínhamos pai natal. A única diferença foi que teve de alterar o seu tom de voz, para não se saber que por detrás daquela barba estava ele. Por mim e pela maioria não havia necessidade, mas teve de ser porque dois de nós ainda acreditam no pai natal: o meu primo Embrulhado e o doutor Bedelho. Não podíamos destruir-lhes tão fortes convicções, não seria correcto da nossa parte, não tínhamos esse direito. O Júlio Embrulhado acredita no pai natal e em guardanapos que voam para sul; já o doutor Bedelho acredita no pai natal e na Branca de neve. Correu às mil maravilhas. Naquele tom de voz de habitante de país frio que coabita com renas, ele lá apareceu "de repente" com um "oh oh oh" para entregar um saco com prendas. Como manda a praxe, só ali esteve alguns segundos, mas foi o suficiente para que o rápido Mansinho se tivesse apoiado em duas patas e lhe desse três ou quatro lambidelas no rabo. Com um novo e fresco "oh oh oh" deixou os presenteados para trás e alguns de nós podíamos ver ao longe as suas nádegas musculadas e lambidas desaparecerem no escuro corredor. Não sei se o leitor sabe disto, mas a saliva de um javali é especial, diferente dos demais animais. Quando aplicada num rabo bem definido, a magia acontece. Aquelas nádegas brilhavam no escuro, em todo o seu esplendor, trazendo glamour àquela visita do pai natal. Podíamos não ter renas nem calças inteiras, podíamos não ter sete anões nem rabanadas e batatas como as das outras famílias, mas aquele minuto que pareceu demorar uma eternidade, foi a nossa magia de natal. O doutor Bedelho também viu e juro que vi uma lágrima esforçar-se para não lhe abandonar o olho. O meu pai é um fantástico actor, Hollywood não sabe o que perde.

Sem surpresa, o álcool e a correria deixou toda a gente estafada. Já muito tarde, só um pequeno grupo de resistentes ficou na conversa enquanto alguns foram embora e outros se retiraram para os quartos da casa, conforme combinado. O Júlio Embrulhado foi para o quarto dormir, mas o javali decidiu não o acompanhar. Também não foi dormir com o meu avô. Em vez disso, optou por dormir no sofá da sala. Ele é educado e limpou as patas no tapete antes de entrar em casa, por isso não havia problemas de ele ir para cima do sofá. Também não o sujaria, pois ele dorme de barriga para cima. Perto dele estava o doutor Bedelho, que tinha bebido como um gigante e tinha apagado completamente. De todas as vezes que o acordámos dizendo-lhe que poderia dormir melhor na cama, ele resmungou que não estava nada a dormir, que só estava a descansar os olhos. Por isso, desistimos de o tentar convencer. Desistimos também de impedir a triste figura que fazia: sentado no sofá, o sono empurrava-o lentamente para o lado e ele acabava sempre com a cara nos tomates do javali, que nunca pareceu incomodado. Afinal, o Mansinho sempre era mansinho. Sentados à volta da mesa e sempre de copo cheio, ficámos eu, o meu pai, a Trevas, o juiz Carcela, o Sandro Barroso e o padre Lúcifer. Os meus tios de França foram os últimos a abandonar-nos.

Antes de ir dormir, a minha tia queria saber se de manhã sempre se iria comer a "roupa velha" ou, como dizem os meus tios do Porto, "farrapo velho": os tais restos do jantar de natal. Eu tinha muita dificuldade em entendê-la. Com um sorriso maior que o usual, devido ao champanhe com vitamina C que não parou de beber toda a noite, ela disse-me:

— En France, nous façon roupa velhá et nous putons en baguete. Muy bueno!

Fiquei aliviado por saber que não tínhamos baguetes, mas mesmo assim ela fez-me prometer-lhe que eu experimentaria com o nosso pão. A ideia dava-me vómitos, mas com certeza ela esqueceria a minha promessa... e ela e o meu tio lá foram dormir. Neste momento, eu estava longe de imaginar o que a noite anda me tinha reservado. Eu tinha o plano de confrontar o meu pai e a Trevas com aquela estranha conversa incluída na gravação dos "Bee Gees anais", mas as surpresas viriam a ser bem maiores...

— Lúcifer, trouxeste o teu evangelho? — perguntou o meu pai ao padre.

— Não, não... — Ele pareceu incomodado com aquela conversa.

— Que evangelho?

— Não é nada, Carcela...

— Oh, tu estás na minha casa! Na casa do Berlefes Silva não há vergonhas! Anda lá, lê aí um capítulo do evangelho que andas a escrever.

— Estás a escrever um evangelho? — perguntou-lhe o Sandro.

— Não é evangelho... O Berlefes está na brincadeira, é apenas um livro que ando a escrever e...

— Tu esqueces que eu sou editor? Já me deverias ter falado nesse livro. Está pronto?

— Não, Sandro, nem pensar, eu não quero editar o livro. Eu seria expulso da igreja.

— Ah, pois serias — comentou o meu pai, entre risos.

— Estamos todos curiosos — disse eu. — Afinal que livro estás a escrever?

— Bem, é como se fosse um evangelho, mas é em forma de piadas... é uma forma de eu aliviar o stress do dia-a-dia.

— Fazes tu muito bem! — disse o Carcela. — Se Deus houver, estou certo que ele também gosta de rir. Lê-nos lá um bocado do teu livro.

— Isso, anda lá, Lúcifer, estás entre amigos — disse o meu pai.

Após muita insistência, ele concordou. Escolheu ler-nos uma rábula sobre alguns apóstolos onde, segundo nos explicou, Jesus Cristo já tinha bebido vinho a mais. Foi difícil não o interromper com gargalhadas. Nem queríamos acreditar que o padre tinha tal sentido de humor. A história rezava mais ou menos assim:

— Confio em vós para levar a cabo uma das invenções do meu pai. — Piscou o olho e acrescentou: "até os coelhos gostam".

Jesus já tinha bebido vários copos de vinho e não se deteve, continuando a espalhar a palavra:

— ... Por falar nisso, uma vez tive uma tartaruga... carapaça dura, grande porte e um olhar que me derret...

— Pronto, pronto, Jesus — interrompeu Judas, enquanto lhe tentava tirar o copo da mão —, é melhor não beberes mais...

— Tira a mão, caralho! — gritou Jesus. — Deixa-me contar esta história! Ou estás com medo que eu conte a todos que foi contigo que a tartaruga me traiu?

Os presentes exclamaram em coro "ooooh!"

— Ah, pois é! É para vocês verem o amigo que ele é — disse Jesus, com o tinto a pingar pelas barbas abaixo.

— Mas era uma tartaruga ou um cagado? — perguntou Pedro.

— Cagado com o novo acordo ortográfico — disse Jesus —, tartaruga antes do Judas me encornar.

— Ó Jesus, o acordo não mudou assim tanto — disse Lucas.

— Pronto, mais um evangelho segundo São Lucas — disse Jesus podre de bêbedo. — Estás a dizer que não tenho o dom da palavra, caralho?!

Jesus estava tão furioso que com um olhar rápido e um indicador torto transformou Lucas numa jarra, encheu-a de vinho, esvaziou-a de golada e anunciou:

— Este é o meu sangue.

E todos responderam em coro:

— Ámen!

Quando terminou de ler, estávamos todos em lágrimas de tanto rir. Demos-lhe os parabéns pela criatividade e coragem, mas concordámos com ele: se aquele livro chegasse a público, ele deixaria de ser padre. E agora, o leitor poderá estar a pensar que eu sou estúpido por ter publicado esta história. Não, caro leitor, eu não sou estúpido. Só às vezes e esta não é uma dessas vezes. Lúcifer não é o verdadeiro nome do padre. Tive de usar um nome falso desde o início, porque sabia que haveria de chegar a este capítulo.

— Vamos jogar um jogo.

— Berlefes, tenho muito medo dos teus jogos — comentou a Trevas. — Pode não haver sumo de ananás, mas ninguém sabe que jogos esconde essa tua cabeça...

— Ela tem razão — constatou o juiz Carcela —, eu nem consigo imaginar que tipo de jogos jogavas tu quando eras criança.

— Acho que jogávamos os mesmos. Por exemplo, não jogavas à cabra-cega?

— Sim, Berlefes, jogava, mas aposto que nesse jogo tu eras a cabra. Ah! Ah! Ah!

Todos rimos. Estávamos entre amigos e como eu já expliquei várias vezes neste livro, todos eles aceitam o meu pai tal como ele é.

Não sejam medrosos — disse o meu pai. — Este jogo é sobre verdades. Chama-se "verdade ou consequência". Vou explicar as regras: é um jogo de perguntas e respostas. Vocês podem optar por não responder, mas se não o fizerem, terão de enfrentar as consequências.

— Humm... quais são as consequências? — perguntou o Sandro.

— Quando não quiserem responder, terão de beber um shot deste bagaço do meu pai.

— Só isso? — perguntou o Carcela.

— Não — respondeu o meu pai. — Bebem o shot e depois, até calhar novamente a mesma pessoa, eu posso ficar com a mão no vosso rabo.

Nova gargalhada geral.

— Eu vi logo que tinha de haver mais alguma coisa — disse o Sandro —, mas por que raios é que só tu metes a mão no rabo?

— Porque fui eu que inventei o jogo!

— O bagaço "Arreganha tripa" não é nada mau — disse a Trevas —, mas ao que bebemos, acho que este jogo vai acabar em vómitos.

— Acho que vou passar... — disse o Carcela, podre de bêbedo. — Não consigo beber nem mais um copo.

— Ó Carcela, nem parece teu — disse o meu pai. — Onde está aquele gajo que em Espanha bebia mais do que nós todos juntos? Anda lá, não te cortes! Além disso, só bebes se não responderes! E mais: não te esqueças que eu nem costumo beber álcool. Se até eu bebo, tu não te podes cortar.

— Vá lá, jogue connosco — disse eu. — O jogo tem mais piada com seis pessoas, porque são seis números no dado.

— Vocês só me lixam, mas está bem, vamos lá jogar. Não quero ser desmancha-prazeres.

— Pronto, vamos começar o jogo — e dizendo isto, o meu pai colocou um dado em cima da mesa e depois encheu de bagaço os seis cálices. — Somos seis pessoas. Eu sou o 1, tu Lúcifer, que estás à minha esquerda, és o 2, e assim sucessivamente. O número que sair ditará quem primeiro irá responder. Depois faço rolar novamente o dado para sabermos quem vai fazer a pergunta. Este jogo é como um ciclone que invade a casa na noite de natal: tantos presentes e nenhum se safa.

Sou mesmo filho do meu pai no que diz respeito a metáforas... O leitor terá de levar em conta que estávamos todos bêbedos. Uns mais do que os outros, mas todos tortos. A ordem da mesa, do 1 para o 6, estava assim: o meu pai (1), padre Lúcifer (2), eu (3), Sandro (4), juiz Carcela (5) e Trevas (6). Girou o dado duas vezes e vimos sair o 6 e o 1. Portanto, seria a Trevas a receber a pergunta do meu pai.

— Querida amiga, quando perdeste a virgindade?

Sem perder um segundo, ela agarrou no copo e bebeu de golada.

— Então, Trevas? Comecei com uma pergunta simples, qual o problema de responder a isto?

— Nenhum! Mas primeiro, não me lembro; e segundo, estava com sede.

O meu pai preparava-se para rolar novamente o dado, quando a Trevas o interrompeu:

— Espera, e a mão no rabo?

— Ah sim, tens razão, mas desta vez passa...

Os números seguintes foram o 3 e o 2. Ou seja, eu a receber uma pergunta do padre Lúcifer.

— Gersúlio, já viste fotos minhas sozinho, no computador do teu pai?

Digo-vos uma coisa: aquele bagaço arreganha-a-tripa é do melhor!

— Vais meter a mão no rabo do teu filho, Berlefes? — perguntou o padre Lúcifer.

— Deixa lá isso, já há pouco não usámos essa regra. — E rodou novamente o dado.

Por incrível que pareça, os números a seguir saíram repetidos e a Trevas teria de responder a uma nova pergunta do meu pai. Nem chegou a falar. A Trevas bebeu o copo de golada e pôs-se em pé, virando o rabo para o meu pai.

— Não, Trevas! Esqueci-me de uma regra: quando há repetição, passamos à frente.

— Ó Berlefes, vais inventar regras a meio do jogo? Outra vez?

— Como assim "outra vez"? Foi a única vez!

— Hoje foi, mas não esqueci aquele jogo que fizemos na aula de pilates. Disseste que era uma bola para cada um e quando se foi a ver tinhas mais do que uma nas mãos…

Fez rolar o dado pela mesa, que foi bater no garrafão de bagaço para nos mostrar o 2. Um novo arremesso mostrou o 1.

— O que me queres perguntar, Berlefes?

— Deixa-me pensar, Lúcifer… já sei, diz-me: quantos anos tens?

Naquele momento, o padre Lúcifer lembrou-me a Trevas. Não o digo pelo bigode parecido, mas sim pela reacção rápida que teve à pergunta aparentemente fácil: veloz como o diabo a fugir da cruz, emborcou o bagaço tão sofregamente que quase engolia o copo. Depois inclinou ligeiramente a anca e, quase de imediato, o meu pai deu-lhe uma chapada no rabo. E a mão lá ficou.

Toda a gente riu. Eu não percebi porque não quis ele responder, mas não quis fazer perguntas.

— Regras são regras — dizia o meu pai.

— Eu não percebo que regras são essas — resmungou a Trevas.

Dado girado. Cinco. Quatro. O juiz Carcela teria de ouvir a pergunta do irmão Sandro. Antes de qualquer pergunta já nos estávamos a rir, porque o juiz estava claramente alcoolizado e suspirou fundo quando viu sair o seu número.

— Meu querido irmão, há muito tempo que te quero fazer esta pergunta. Qual o significado da tatuagem que tens no rabo "Escondi o corpo. Benidorm, finalistas 82"? Afinal o que aconteceu nessa viagem de finalistas?

O juiz ficou muito sério, sem nada dizer. E eu fiquei surpreendido por descobrir que ele e o padre Lúcifer tinham a mesma tatuagem.

— Bebe lá o shot — disse o padre Lúcifer.

— Bebe porquê? — perguntei eu. — É assim um segredo tão grande que ele não pode contar?

— Eu não consigo beber mais… Por favor, não me façam isto…

— Também podes mentir — disse o Lúcifer.

— Mau, um padre a dizer isso? — comentou o meu pai. — Estamos entre amigos, não há mentiras aqui! E este jogo é como o primeiro soutien de uma colecção: sagrado! Mentiras não, Carcela! Ou bebes ou contas a verdade!

O que aconteceu a seguir foi inesperado. O juiz começou a chorar e entre soluços dizia:

— Não foi culpa minha, foi sem querer… eu não queria. — E chorava como um bebé.

O álcool ajudava, mas claramente estávamos perante algo muito grave.

— Está calado, Carcela — disse o padre Lúcifer. — Aperta o nariz e bebe essa merda de golada.

— Está calado tu — respondeu-lhe aos gritos. — Estou farto de guardar este segredo durante tantos anos. É hoje, Lúcifer, é hoje! Preciso de desabafar.

O ambiente ficou pesado, já não era festa. De repente, todos parecíamos sóbrios. O padre parecia também resignar-se à iminente confissão. Mostrava-se conformado, talvez até aliviado.

— Em 1982 fomos a Benidorm numa viagem de finalistas que demorou uma semana — começou ele, limpando os olhos à manga do casaco. — Tudo corria às mil maravilhas, até que uma desgraça aconteceu na última noite… Eu sou uma merda…

— Calma, Carcela — disse o padre Lúcifer. — Não foi culpa tua.

— Deixa-o falar — disse o Sandro.

— Naquele dia, as coisas aconteciam como todos os anteriores dias desde que lá chegámos — continuou o juiz. — O nosso grupo gigante andava de bar em bar, a cantar e a vomitar. Naquela noite, porém, eu e o Lúcifer perdemo-nos do grupo e ficámos os dois sozinhos. Demos por nós a beber com vários estranhos, incluindo um grupo de outros estrangeiros divertidos que incluía islandeses com chapéus de coco. Até aqui tudo bem, mas… depois fomos para um parque que ali havia… — Ficou cabisbaixo, em silêncio. Sem que a isso fosse obrigado, levantou o copo e bebeu o bagaço num só trago para depois continuar a confissão.

— … Como fiz eu aquilo ao Carlos? — E voltou a chorar convulsivamente. O padre Lúcifer levantou-se e mudou a cadeira para junto do juiz. Pôs-lhe a mão no ombro e deu-lhe força para continuar. “Estamos nisto juntos”, dizia ele.

Atrás do Padre foi o meu pai: pediu ao Sandro para trocar de lugar com ele, pois assim poderia continuar a aplicar o castigo da não-resposta: mão no rabo do perdedor durante uma rodada.

— Força, Carcela — reforçou a Trevas —, ouviremos sem julgar.

— Bêbedos como 2 cachos — continuou ele —, metemos na cabeça que poderíamos dar saltos mortais do muro para areia lá em baixo, no parque.

— A ideia foi minha…

— Lúcifer, a tua ideia era ir lá para baixo e tentar na areia, mas fui eu que insisti no mortal mais arriscado. Eu era novo, gostava de me exibir...

— Vá, o que aconteceu afinal? — perguntou o Sandro. — Estão a matar-nos de curiosidade.

— O que aconteceu foi uma desgraça... e, meus amigos, antes de vos contar o resto quero que me prometam que esta história não sai daqui.

Todos concordámos. A coisa era, sem dúvida, séria.

— Bem... em cima do muro, e crente nas minhas capacidades atléticas, eu tive a ideia de dar um salto mortal para trás. Ali não havia colchões, mas a aterragem seria suave uma vez que lá em baixo havia areia. Estava escuro, mas dava para perceber que aquilo era como uma praia. Além disso, não era uma altura muito alta. Enquanto o grupo de islandeses batia palmas e gritava algo que deduzi ser um "vamooooos", eu terminei a minha cerveja e projectei o meu corpo para trás.

— Conseguiste? — perguntou o irmão. — Eu lembro-me que tu saltavas com mestria nas aulas de educação física.

— Sim, consegui, mas não foi na areia que aterrei.

— Então, onde caíste?! — perguntou o meu pai.

— Caí... em cima do... Carlos! — Do gaguejar, passou ao choro.

— Calma, calma — dizia Lúcifer.

— Tem calma, isso é passado... — dizia-lhe o meu pai, enquanto se esticava todo para lhe tocar no ombro com a única mão livre que tinha. — Mas o que aconteceu ao Carlos? Partiste-lhe um braço ou assim?

— Não, Berlefes — respondeu o padre. — Infelizmente foi bem pior do que isso. Ele...

— ... Ele morreu — interrompeu o juiz, por entre soluços. — O Carlos morreu. Caí por cima dele com tal violência que o esmaguei. Ele estava irreconhecível, ficou uma poça de sangue.

Ficámos em silêncio. Olhávamos uns para os outros em descrença. Aqueles dois acabavam de confessar um crime, não sabíamos o que dizer. Assim ficámos por uns segundos, enquanto só o choro do juiz se ouvia. Foi a Trevas quem preencheu o vazio:

— Alguém sabe disto?

— Não, vocês são as primeiras pessoas a saber disto.

— Nem os islandeses? — perguntou o Sandro.

— Não — respondeu o padre. — Com aqueles chapéus de coco viam o copo de cerveja à sua frente e pouco mais.

Tentou ser engraçado, mas estávamos todos muito nervosos para rir.

— Disfarçámos muito bem — continuou ele. — O Carcela voltou a subir e só mais tarde lá voltámos para nos livrarmos do corpo e limpar o sangue.

Novo silêncio, novo choque.

— Mano, porque nunca me contaste isto? Não deve ser fácil esconder este segredo durante tantos anos.

— Vocês desculpem-me — interrompi eu —, mas será que só eu acho isto muito grave? Não consigo perceber por que motivo não chamaram a polícia! Foi só um acidente! Como podem matar uma pessoa e continuar a vida como se nada fosse?

— Pessoa, que pessoa?! — perguntou o juiz. — Quem é que matou uma pessoa?

Olhámos para ele, confusos.

— O Carlos não era uma pessoa — explicou o padre.

— O Carlos era um pato que vivia ali no parque — continuou o juiz. — Soubemos que se chamava Carlos, pois a coleira dele tinha nome.

Novo silêncio. Nova troca de olhares entre todos… e depois, uma gargalhada geral.

— Isto não é para rir! — disse o juiz, o que só nos fez rir ainda mais.

— Carcela, eu continuo a dizer-te: eu ainda hoje acho que aquilo era uma lontra e não um pato.

— Ó Lúcifer, tu és parvo ou quê? Uma lontra no parque? Àquela hora?

— Ó mano, de certeza que era um pato, daqueles com bico e asas e que fazem quá-quá?

— Sim, Sandro, era o coitado de um pato. Uma lontra não faz quá-quá quando cais em cima dela!

— Mas um pato com coleira, mano?

— Claro! Vê-se logo que nunca foste a Espanha!

— Pronto, que fosse um pato! Era só um pato, Carcela — disse o meu pai. — Ainda hoje matámos um bacalhau e não te vi chorar, homem!

— E será que um bacalhau não tem sentimentos? — perguntou o juiz Carcela. — Será que não deixámos um bacalhau órfão de pai?

— Oh, agora já estás a desconversar, vou mas é tirar-te um café — disse o meu pai — roda aí o dado, filho.

— Eu sei que não era uma pessoa, mas a verdade é que aquilo mudou as nossas vidas. Foi por causa daquele dia que eu decidi ser padre…

— E eu juiz! Senti que devia justiça ao mundo.

— Mas nem por isso deixaram de comer patos — disse o Sandro.

— Já faltou mais… — respondeu o Carcela. — Hoje em dia, arroz de pato dá-me vómitos.

Rodei o dado. Saíram o 4 e o 1.

— Força, filho, venha a pergunta. — E depois de entregar o café ao juiz, sentou-se voltando a colocar a mão no rabo do padre.

Venho já — disse eu.

Fui ao corredor onde tinha deixado a minha mochila. Junto a ela, estava o Emílio Brúlio entretido a fazer uma rasta dos seus três fartos fios de cabelo. "Emílio só dá bons conselhos", disse-me, com o sorriso de quem teve a melhor ideia do mundo. "Emílio, mais uma vez agradeço-te pela ideia da gravação". Voltei a sentar-me à mesa. Da mochila, tirei o meu telemóvel.

— Então e essa pergunta, filho?

— A minha pergunta é muito simples, papá. O que é isto? — E pus a tocar a gravação dos Bee Gees anais.

— Então, Gersúlio? Isso é a gravação que fizeste no nosso estúdio — respondeu a Trevas.

— Sim, eu sei, mas esperem. — E avancei a gravação até ao final, onde se pôde ouvir a conversa deles:

— E então Trevas, achas que ele acreditou?

— Sim, quero acreditar que sim, Berlefes. Eu meti água quando lhe disse que gostava de vir a ser suficientemente amiga dele para o tratar por Tó, mas acho que ele não percebeu. Podes confiar, ele pensa que foi tudo uma coincidência.

— Esqueces que eu li o teu livro? No prólogo dizias o teu nome e que eras Tó para os amigos.

— Trevas, o que eu escrevi foi "Tó para alguns amigos". E essa nem é a questão. Claramente vocês escondem algo de mim. Quero saber que segredo é esse.

— Ó filho, não é nada de especial… lembras-te que eu não pude estar presente na apresentação do teu livro?

— Sim, papá, tinhas uma aula de Pilates.

— Pila, filho?

— Papá, agora não é altura de brincadeiras. Preciso de saber o que escondem de mim.

— Calma, filho. Sim, eu tinha uma aula e a Trevas, como sabes, também faz pilates comigo. Naquele dia ela não foi porque eu pedi-lhe que fosse ter contigo.

— Afinal não foi coincidência encontrá-la?

— Não…

— Mas qual o motivo de tanto segredo?

O meu pai pareceu incomodado, nunca o tinha visto assim. É coisa que não faz parte da sua forma de ser, seja lá o filme que esteja a viver no momento. Assisti a muitas cenas que envergonhariam qualquer um, mas o meu pai não é "qualquer um". Relembremos o dia da minha comunhão, quando lhe caíram as calças à porta da igreja. É certo que naquele dia ele não usava cinto porque as calças eram extremamente apertadas, mas poderia ter acontecido em qualquer outro dia, uma vez que ele tem a mania parva de não usar cinto em cerimónias religiosas. Qualquer pessoa ficaria com tanta vergonha que nem saberia em que buraco se haveria de meter, mas lá está — o meu pai não é qualquer pessoa. Ainda hoje eu me pergunto se ele não notou que as calças caíram. A verdade é que nem se baixou para as apanhar. Com as calças nos pés e o fio dental vermelho a brilhar para todos espectadores, não só comungou, como ainda proferiu um simpático "o senhor padre tem umas mãos muito suaves. Já pensou ser massagista?" Eu era miúdo, mas lembro-me dos olhares escandalizados do resto da família. Seja como for, o padre não levou a mal e até parece ter gostado de ouvir aquelas palavras. Exactamente, caro leitor. Aquele era o padre Lúcifer. Foi naquele dia que se conheceram e são amigos até hoje.

— Gersúlio, o teu pai só quer o teu bem e ele…

— Espera, Trevas — interrompeu o meu pai —, deixa-me ser eu a contar. Filho, eu queria muito mostrar-te a minha arte, mas não tinha coragem de te convidar. Foi a Trevas que teve aquela boa ideia. Ela achou que se tudo parecesse um acaso, tu não irias estranhar. Sabes, é verdade que eu vou às aulas de pilates, mas nem sempre… Muitas vezes, vou é ensaiar com o resto da banda. É que eu… eu também faço parte da banda.

— É verdade, Gersúlio — disse a Trevas. — Comecei por ser eu a baterista da banda, mas agora é o teu pai e eu sou a vocalista.

— Mas papá, por que motivo precisarias de coragem?

— Ó filho, eu sei lá…

— Papá, desde pequeno que te vejo em casa de rabo de fora, onde estaria a novidade?

— Certo, filho, mas nunca me viste a bater com o rabo em pratos.

— Oh, lembro-me de um prato na cozinha, papá… Eu era muito novo, mas…

— Não, filho, eu falo de bater o rabo nos pratos da bateria, bem como na tarola e nos timbalões.

— É a mesma coisa, papá.

— Talvez tenhas razão, mas… sei lá, achei que pudesses pensar que eu me tinha tornado num incapaz músico de garagem, capaz de dar o rabo por um concerto.

Virei a minha cadeira de forma a ficar sentado em frente a ele. Pus-lhe as mãos nos ombros e olhando-o nos olhos, disse-lhe:

— Papá, nunca tenhas dúvidas do que te vou dizer. Eu adoro-te e aceito-te como tu és, toques bateria, flauta ou ferrinhos.

— Flauta é mais coisa do Jelhufes. E ferrinhos era o Teoládio ferroviário.

— Teoládio?

— Um dia falo-te dele, filho. — E, de lágrimas nos olhos, abraçámo-nos.

— Um brinde! — gritou a Trevas. — Um brinde à família, aos amigos, à aceitação!

Só mais tarde juntei dois mais dois. Aquela frase do meu pai… "Flauta é mais coisa do Jelhufes". Jelhufes é o nome que ele tem tatuado no rabo. Seria Jelhufes o flautista da banda? Aquele que também toca piano e que fez a entrada dos Bee Gees no dia em que vi o meu pai tocar bateria pela primeira vez? Acho que sim… agora faz sentido que aquela entrada tivesse demorado o dobro do tempo. Eu tinha razão naquele dia: o Jelhufes sempre prolongou a entrada da música só para poder apreciar o coração vermelho no rabo do meu pai, com o seu nome em destaque: Jelhufes Maia. Fiquei feliz por saber que o meu pai era membro de uma banda. Que me lembre, ele é o único músico da família. O meu avô falava de um tio afastado, da parte dele e já falecido, que chegou a gravar umas músicas com gaita, mas isso não conta. Uma coisa é gaita, outra coisa é rabo. Agora eu percebia como é que o meu pai era tão bom na bateria: ele praticava há muito tempo. Quando se dedica a alguma coisa ninguém o consegue parar. Foi dele que herdei a obstinação pela qual rejo a minha vida. Nem imagino o mestre que ele deve ser em pilates.

Fizemos o brinde. Era só mais um copo de bagaço, que mal poderia fazer? O Carcela também brindou connosco, mas… era como se ele ali não estivesse.

— Então, Carcela, o que se passa? Anima-te, homem!

O meu pai bem tentava, mas ele estava mergulhado nas memórias espanholas. Sentado e com um olhar distante, não parava de beber "Arreganha tripa".

— Mano, não achas que estás a exagerar?

— Deixa-me estar, Sandro...

— Ó meu amigo, não te quero ver assim triste — disse o meu pai. — Sabes que mais, já sei como te vou animar. Lúcifer, trouxeste o teu estojo?

— Sim, ando sempre com ele, mas porquê?

— Vais fazer-me uma tatuagem no rabo, tenho uma nádega livre.

— Estás maluco, Berlefes?

— Não, não estou nada maluco. Quero uma tatuagem igual à vossa. Dividimos o mal por três rabos, para que a vossa cruz não seja tão pesada.

— Eu faço-te a tatuagem, mas não hoje.

— Fazes sim! Anda cá, Lúcifer, fazemos ali no sofá. — Retirou a mão do rabo do padre e voou para perto do doutor Bedelho. Tirou as calças, baixou as cuecas e subiu para o sofá onde ficou de rabo empinado à espera do padre.

— Berlefes, tu sabes que eu estou bêbedo, não sabes? Isto pode correr mal...

— Anda lá, o rabo é meu. Partido já ele está, que mal pode acontecer?

— Pronto, eu faço-te a tatuagem, mas depois não te queixes.

Tudo isto acontecia ao lado do doutor bedelho que roncava como um gigante, de cara metida no meio das pernas do javali. O javali estava acordado, mas indiferente a toda aquela agitação, continuava naquela pose de barriga para cima e pernas abertas. Seguia-nos com os olhos, mas nem se mexia. Talvez gostasse de receber o sopro do ronco na cintura... não sei. O Mansinho era um animal mesmo inteligente. O Lúcifer começou a tatuar o rabo do meu pai.

— Se estiver a doer muito diz, Berlefes, que paramos um pouco.

— Que dor? Não te preocupes comigo, é uma área onde sou muito resistente.

Aquela ideia maluca já parecia ajudar: o juiz esboçava um sorriso enquanto, a poucos metros de nós, andava à volta da mesa. Dizia que estava mal disposto e que precisava de andar um pouco. Enquanto era tatuado, o meu pai dava chapadas na cara do doutor Bedelho, mas ele continuava sem acordar. Com a mão tremida, o padre Lúcifer fazia os primeiros traços na nádega livre do meu pai.

— Não falta aqui músculo, Berlefes — elogiava ele.

— Obrigado — dizia o meu pai. — É muita prática de bateria.

— Deve ser, deve — comentou o Sandro. Todos soltaram uma gargalhada e eu sou capaz de jurar que até o javali sorriu. Eu não, pois não percebi o motivo de tais gargalhadas. O bagaço tinha batido forte e, talvez por isso, um pensamento ecoou na minha cabeça: "será que sou mais burro do que um javali?"

A tatuagem a ser feita; o meu pai a dar chapadas no Bedelho; o Juiz a circular a mesa enquanto repetia "ó meu deus, não precisava de ter bebido tanto" — tanto barulho e o doutor Bedelho sempre a dormir profundamente. O meu pai lá parou com as chapadas, até porque reparámos que o Mansinho o olhava de lado e parecia rosnar sempre que o meu pai aproximava a mão da cara do seu novo protegido.

— Tive uma ideia — disse o meu pai de rabo ao alto. — Filho, vai buscar uma maçã à cozinha.

"Que raio de altura para comer fruta", pensei, mas lá lhe fiz a vontade. Para nossa surpresa, o meu pai meteu a maçã na boca do doutor Bedelho. "Parece um leitão", dizia ele às gargalhadas.

— Ó Papá, olha que o doutor se engasga!

— Ó filho, não se engasga nada. Isto é anão que já comeu muita fruta!

E realmente não se engasgou. O mais surpreendente é que nem com aquilo acordou.

— Ó Berlefes — disse a Trevas —, a tua sorte é que este anão não é o refilão, mas sim o dorminhoco.

De telemóvel em punho, o Sandro filmava tudo. Fazíamos tal cagaçal que de repente estava a minha mãe na sala:

— Mas que barulh… — nem terminou a frase. Deteve-se perante aquele cenário surreal.

— Ó meu deus… Berlefes Silva, francamente… o que se passa aqui? E que fazes tu de cu ao alto?

— É uma tatuagem, amor. Não te preocupes, ele é padre, mas sabe o que faz.

— Já ouvi frases dessas nas notícias — disse eu. Todos riram. Afinal, eu também sabia fazer piadas inteligentes. Olhei para o javali, como que a exigir um sorriso, mas ele ignorou-me. Não deve ser fácil viver da comédia.

— O rabo é teu e só a ti diz respeito — disse a minha mãe —, mas eu não acho aquilo normal! — E apontou em direcção à janela.

Com toda aquela brincadeira, nós não nos tínhamos apercebido do que tinha acontecido com o Carcela. Ele estava de joelhos debaixo da janela e encostado à parede, enquanto limpava a boca aos cortinados. À sua frente havia uma grande poça de vómito.

— Berlefes Silva, tu sabes quanto me custaram aqueles cortinados? — A minha mãe estava furiosa. A cara dela lembrou-me aquele dia em que o meu pai tinha trocado a televisão por um soutien.

— Donnna... Jordaaana.... — dizia o Carcela —, eu pecccço imeeensssa desssculpa. Eu pago assss cortinaaasss.

— Estás com uma broa que já pareces o Bedelho a falar — disse o meu pai.

— Berlefes Silva, isto não é para rir! — gritou furiosa. — E tirem-me esse animal do sofá!

— Ó amor, deixa lá o doutor Bedelho à vontade, ele ocupa pouco espaço!

— Eu estou a falar do javali — gritou ela. E deu uma sapatada no sofá fazendo com que o javali voasse dali para fora, raspando todo o baixo ventre na maçã da Branca de neve. Mesmo assim, ainda se ouvia o roncar. Eu começava a suspeitar que seria preciso um príncipe para o acordar.

Depois disto a minha mãe pediu-nos para falarmos mais baixo, fechou a porta da sala e voltou para a cama. Antes, fez-nos prometer-lhe que quando acordasse, o chão estaria livre de vomitado. Fui eu quem o fui limpar enquanto o culpado não parava de nos pedir desculpa.

— Estás melhor, Carcela? — perguntei.

— Vou ficar...— Ele estava em pé, de cotovelos apoiados no parapeito como que a olhar o horizonte, mesmo a persiana estando completamente fechada.

Voltámos ao mesmo: tatuagem a avançar; Bedelho a roncar e Sandro a filmar. Aquele padre era mesmo o homem dos mil ofícios. Não só escrevia bem, como também desenhava. Eu nunca esqueci o rabo dele, e a nádega do meu pai estava a ficar igualzinha. Pouco tempo tinha passado quando ouvimos um estrondo perto da janela. Quase ao mesmo tempo, ouvimos um grunhido agudo. E depois, o silêncio. Foi tudo muito rápido. Corremos para ver o que tinha acontecido e foi com um certo horror que demos com aquele cenário. O Carcela tinha desmaiado e caiu por cima do Mansinho. Não foi um fácil despertar. Foi uma sorte não se magoar — a sorte de ter o corpo amparado pelo Mansinho. Levámo-lo em braços até à casa de banho, onde lhe molhámos a cara. Quando vimos que estava melhor, sem perigo de entrar em coma, fomos deitá-lo numa das camas livres. Voltámos para a sala e com tristeza confirmámos o que desconfiávamos: naquele acidente, o Mansinho Fernando morreu.

— O meu irmão jamais poderá saber que matou o Mansinho. Já lhe basta o pato Carlos, isto acabaria com ele. — E acrescentou: — "Logo agora que ele está a ponderar ser vegano..."

Todos concordámos. E os 30 minutos que se seguiram foram

macabros. Transportámos o Mansinho para um quintal próximo e enterrámo-lo, tapando o lugar com vegetação para disfarçar o crime. Improvisámos uma cruz com alguns toros de madeira e uma lata de atum, e o padre Lúcifer leu umas palavras da bíblia para terminar o funeral.

— Esperem, antes de irmos embora — disse eu —, lembrei-me de uma coisa: o meu primo Júlio Embrulhado vai se passar quando acordar e não vir o Mansinho.

— O que queres fazer, filho? O teu avô também não vai gostar, mas o que podemos fazer? Foi um acidente!

— Papá, com o avô falamos mais tarde, mas o Júlio vai ser mais complicado.

— Está bem, mas o que queres que se faça?

— Conheces aquele gato? — perguntei, apontando para o observador gato preto próximo de nós.

— Sim, conheço. É um gato abandonado, mas muito simpático. Se o chamares, ele vem.

— Era isso mesmo que eu queria ouvir, papá. Chama o gato!

— Qual é a tua ideia, filho?

— Levamos o gato para casa. Quando o vir, o Júlio nem notará a diferença.

— Achas que vai resultar?

— Sim, papá, confia em mim. E os outros vão achar que o Mansinho fugiu quando fomos despejar o lixo.

Voltámos para casa. Pouco a pouco, tudo voltava ao normal. A tatuagem ficou perfeita (o Lúcifer mostrou o seu rabo e pudemos verificar que eram obras de arte gémeas); o doutor Bedelho, que já nos criava alguma preocupação, lá acordou do nada, sem chapadas nem maçãs. Contou-nos que sonhou com o tal ladrão de maçãs que lhe manchou a carreira, mas que no seu sonho o ladrão também roubava tomates. Foi uma noite pesada a vários níveis. Os cinco resistentes festejaram com um último shot para fechar a noite de natal. Depois o Sandro, o Lúcifer e o Doutor Bedelho preferiram ir para casa, e eu e o meu pai fomos dormir. Mesmo antes de apagar a luz do candeeiro, o Emílio perguntou-me:

— Os natais dos humanos são sempre assim?

— Os nosso são sempre especiais.

— Emílio nem acredita no bagaço que vocês conseguem beber numa noite. Se fosse com Emílio, no outro dia teriam nascido hemorroidas. — Mal disse isto, arrependeu-se. Girou a cabeça lentamente, nos seus olhos lia-se o desejo "espero que ela não esteja ao meu lado", mas estava. A

Hema estava de braços cruzados e veias salientes, a olhar para ele. Parecia uma hemorroida externa.

— Não te zangues, Hema, ele não o disse por mal. Vou dormir, até amanhã.

No outro dia, o Julinho Embrulhado acordou com a sua habitual energia, correndo pela casa toda ou rolando pelo chão. Fazia festinhas ao gato, dava-lhe beijinhos, e nunca perguntou pelo Mansinho. Mesmo ele não suspeitando de qualquer alteração, reparámos que por vezes ele empinava o rabo, como se quisesse que o gato o cheirasse. "Ele acabará por perder aquele vício", dizia o meu pai, "ou então não". Ao resto da família foi vendida a história da fuga do Mansinho. Foi um alívio ver a reacção do meu avô. Pensei que ele ficaria triste, preocupado, mas limitou-se a dizer "ele quando tiver fome, aparece", para depois se focar na comida que estava prestes a experimentar, depois da minha tia o convencer a ir à padaria buscar baguetes. Ninguém se safou à "Roupa velhá en baguete". Apesar da aparente indiferença do meu avô, eu sentia-me mal por lhe ter mentido. Por isso, naquele mesmo dia contei-lhe a verdade. Ele não só entendeu, como ainda se riu às gargalhadas com a história do Carlos. O meu avô é único. E para vocês entenderem o quão especial ele é, vou terminar esta história de natal com algo que… bem, algo que aconteceu fora do natal. Cerca de um mês mais tarde, combinámos todos almoçar ali. Novamente, fui eu que abri a porta quando o meu avô tocou à campainha. A conversa inicial foi o costume. "Meu Gersus…"; "Como está a Rema?…"; mas algo foi fora do normal:

— Olá a todos. Espero que não se importem, mas trouxe o Mansinho.

— Ó avô, então o Mansinho não morreu?

— Meu querido Gersus, eu tenho 12 javalis. Todos são mansinhos, só alguns Fernandos.

A ex-testemunha de Jeová

O leitor tem em mãos um livro meu. Obrigado. É o meu segundo, mas o primeiro não teve tanto sucesso. Escrevi-o com o mesmo empenho e dedicação, mas o mercado não soube lidar com o fracturante tema que escolhi. Para minha surpresa, escrever sobre esposas de fanáticos por insectos dificilmente se torna um best-seller. Quanto mais não seja, serviu-me de lição: não confiar em editores que dormem com baratas. O meu actual editor, o Sandro Barroso, é um melhor profissional e jamais deixou que os camaleões e grilos que moram nos seus cortinados de casa influenciassem as suas decisões. Ele não coloca os seus desejos à frente do cliente. Este livro foi um estrondoso sucesso (e penso que o facto de ser uma história real também tenha ajudado), mas não pense o leitor que eu vivo da escrita. Talvez um dia, quem sabe…, mas à data em que escrevo isto, eu continuo com a mesma profissão que sempre tive: sou um orgulhoso vendedor de aspiradores.

Vender aspiradores porta-a-porta foi o meu primeiro trabalho a sério e gostei tanto que nunca mais troquei de profissão. Até ali, só tive part-times e em diferentes áreas. Não vou dizer que adorei os três ou quatro que tive, mas houve um que nunca esqueci e do qual até tenho saudades: colector de vómito num parque de diversão. Não era pelo vómito em si nem pelo colorido e gigante balde com rodas (nem pela colher que de tão grande ser, poderia de uma só vez servir caldo verde a uma família inteira), mas sim pelas viagens gratuitas na montanha-russa. Nós, colectores de vómito, tínhamos acesso gratuito a todas as diversões do parque. Claro que na maioria das vezes que eu subia à montanha-russa era para limpar o que os enjoados deixavam, mas era diversão na mesma, eu adorava. Já ali eu colocava a minha inteligência a trabalhar: enquanto a montanha-russa funcionava eu corria por baixo, a empurrar o balde com rodas, tentando acompanhar os vagões. Com o tempo, os enjoados pouco ou nada sujavam, pois a minha perícia permitia apanhar-lhes o vómito antes que chegasse ao chão. Conseguia quase sempre. Diria que nos nove meses em que lá trabalhei, só levei com o vomitado na cabeça umas 20 vezes e depois mais umas 15 vezes, mas já com o capacete que passou a ser obrigatório. Quando passámos a receber à comissão, eu fui o melhor funcionário. Ganhei muito dinheiro e músculos nas pernas. 10 cêntimos por vómito era uma fortuna para um jovem como eu. Eram outros tempos. Num dos meus outros part-times, eu fui modelo. Eu fazia de candeeiro na loja de uma multinacional. Era um trabalho fácil: eu só tinha de ficar em pé junto a uma cama e manter a boca fechada. Quando não havia clientes, eu podia apagar a luz e sentar-me. De resto, nunca piscava. Num outro part-time, só aos sábados, eu fazia de laxante. O termo técnico era "aliviador de tripa". É menos feio do que parece: consistia em fazer sumos para pessoas com prisão de ventre. Tirando o cheiro, era um trabalho como outro qualquer. Os sumos funcionavam tão bem que os clientes ainda iam a meio do copo e já ouvíamos a orquestra. Talvez fosse da fibra que usávamos nos sumos, importada de uma fábrica de pneus. Foram experiências interessantes, mas nada como ser vendedor de aspiradores.

"Senhor Gersúlio, o senhor é claramente um apaixonado pela sua arte" é algo que oiço regularmente. As pessoas notam a minha paixão e tentam perceber de onde vem. Digo-lhes que "é uma profissão como outra qualquer, com ou sem balde, e que só temos de dar o nosso melhor no que nos metemos", mas a verdade é mais forte do que as minhas palavras. Até há relativamente pouco tempo nem eu percebia o que me motivava a viver neste mundo de tubos avançados sem fios nem barulho (como o novíssimo GERSUS 2000 FX — consulte o meu site para mais informações), mas isso mudou quando tive duas sessões de hipnose regressiva com o meu psiquiatra. Aconteceu na mesma semana em que lancei o "Aspiralama", um aspirador para exteriores, ideal para invernos chuvosos, que fez um tremendo sucesso. A primeira sessão de hipnose não correu bem. O plano consistia em regredir até à altura em que eu era criança, mas o psiquiatra distraiu-se com um vídeo recebido no telemóvel (um gato com pedra nos rins, a cantar ópera para costureiros), e quando se apercebeu já era tarde demais. Eu tinha regredido a uma data anterior ao meu nascimento e não era esse o objectivo da sessão. Apesar de negligente, ele foi correcto comigo: não me cobrou a sessão e deu-me mais rebuçados do que o costume. E não foi uma total perda de tempo, pois fiquei a saber que já fui um canguru que comia formigas e trabalhava num circo mundialmente famoso. Não sei o que aconteceria se o vídeo do gato fosse mais extenso... será que eu teria regredido ainda mais?

Quem sabe se noutra vida eu não fui, por exemplo, uma hemorroida? Ocorreu-me comentar esta possibilidade, mas ele ficaria a saber que afinal não esqueci a Hema (mal ele sabe que ainda ontem tomei café com ela). A segunda sessão foi diferente: com o telemóvel em cima de uma mesa distante, sem som, o psiquiatra conduziu-me até aos meus 12 anos de idade. No final de uma sessão de hipnose o normal é que eu de nada me lembre, mas mal o psiquiatra começou a falar, eu tive um flashback. Segundo me explicou, a minha paixão por aspiradores está relacionada com um episódio em que o meu pai chegou a casa com um taco de snooker que a minha mãe veio a descobrir ser uma vassoura. O psiquiatra utilizou outro termo — trauma —, mas eu prefiro dizer paixão. A sessão foi produtiva, eu finalmente percebia o meu fascínio por esta profissão. Não é tanto o adorar aspiradores, é mais o odiar vassouras e querer exterminá-las deste e de qualquer mundo. Quanto mais aspiradores eu vender, menos casas com vassouras haverão. Poderão dizer que sozinho não mudo o mundo, mas acreditem quando vos digo que se falhar não será por falta de esforço. Em pouco tempo eu tinha criado a minha própria empresa cujo nome me inspirei na forma carinhosa como o meu avô me trata e no país onde o meu irmão vive. Sou o orgulhoso dono da "GERSUS LAMA", onde giro duzentas pessoas e três macacos. Não descriminamos. Cauda, rastas, goste ou não de bananas; desde que saiba vender, está contratado. Investimos muito em publicidade e não perdemos oportunidade de promover os nossos produtos. Estamos presentes em todos os continentes e é provável que o leitor tenha um produto nosso em casa (aliás, sugiro-lhe que pouse o livro e vá verificar. O nosso logotipo é um lama de boca aberta, com a língua em forma de tubo de aspirador e o nosso slogan é "Não varra, entube". Aproveito para dizer que já temos canal entube). Com tanta gente a trabalhar para mim, eu não precisava de estar pessoalmente no terreno, mas continuo a bater às portas, pois sinto imenso prazer em matar vassouras. Quando me apercebi de que alguns clientes mantinham as vassouras em casa mesmo depois de adquirirem o meu aspirador, ordenei aos criativos da empresa que desenhassem um novo produto, algo prático para limpezas rápidas e urgentes. Foi assim que nasceu o nosso mais recente produto. O "Limpamaqui" é o nosso aspirador portátil, de pequeno porte, ideal para limpezas rápidas em qualquer superfície e a qualquer altura do dia. Entre os vários adaptadores incluídos destaco aquele que é em forma de boca e que permite ao cliente sugar qualquer canto. "Limpamaqui — hoje não varri".

Como vendedor no terreno, eu tive muitas e variadas experiências que me fizeram crescer não só como profissional, mas também como pessoa. Uma das mais curiosas incluiu um indivíduo cuja casa era uma modesta barraca, com vista para o mar através da única janela que tinha, e que me comprou 30 aspiradores, todos tamanho XL. Não fiz perguntas, mas ele fez questão de justificar a compra dizendo que aspirava ser escritor. Curiosamente, anos mais tarde, viria a encontrá-lo num lançamento literário com o seu livro "Barracas com uma só janela". Gosto de pensar que contribuí para o sucesso dele. É apenas uma das muitas experiências que tive, mas nada se compara com aquela que vivi quando conheci a senhora Satância.

Respirei fundo, como sempre faço antes de uma potencial venda, e toquei à campainha. Quase de imediato ouvi um barulho que eu não soube identificar. Parecia um rosnar, mas não era de cão nem de lobo, muito menos de avestruz por mais transtornada que estivesse, e aproximava-se cada vez mais até que bateu na porta com toda a força e se calou. Ouvi um tilintar de chaves e, com a porta ainda fechada, um arrepio dos maus trouxe-me segundos de horror, onde imaginei um demónio cornudo a sair disparado da casa. A fechadura rodou muitas vezes, tempo suficiente para que eu optasse por outra casa, uma que não ameaçasse guardar a sete chaves uma qualquer besta com incontáveis cabeças. Não tive tempo, pois finalmente a porta abriu. A primeira coisa que vi foram dedos que sem pressa acompanhavam a porta. Nada de caras, só unhas pretas e compridas. Quase de imediato, uma bola de pêlo saiu disparada da casa para colocar as patas em cima de mim e depois me cheirar o rabo sem cerimónia. Não era um demónio cornudo, nem descornudo, mas sim um javali muito bem alimentado. E bonito.

— Não se preocupe, ele não morde, pelo menos não às sextas-feiras.

— Mas hoje é quinta-feira.

— Oops… Bem, em que posso ajudá-lo?

— Tenho algo para si, mas primeiro gostaria de lhe perguntar algo: é batom?

— Não, não uso.

— Eu refiro-me ao javali.

— Sim, é.

— E aquilo é rímel, nos olhos dele?

— Sim.

— É bonito.

— Obrigado.

Ficou um silêncio perturbador. Apesar de já não me cheirar o rabo, o javali ficou sentado a olhar para mim, a fazer o chamado "bico de pato". Não sou de me gabar, mas juro que me piscou o olho pelo menos duas vezes. Inconscientemente, dei por mim a mexer na minha aliança de casado, para só depois quebrar o silêncio:

— Minha senhora, tenho algo que lhe pode mudar a vida.

— É mesmo conversa de vendedor — disse ela, entre risos —, mas entre, por favor.

A casa era como a dona: tinha um ar lunático e podia estar mais limpa. Convidou-me a sentar no longo sofá preto, enquanto me oferecia um chá. Eu prefiro café, mas achei melhor recusar depois de notar que o frasco na mão dela tinha um porco no rótulo. Sempre fui pouco ousado no que diz respeito a marcas novas.

— Aceito um chá, obrigado.

— Trago já o chá, esteja à vontade — disse enquanto com um longo fósforo preto acendia os cornos da gárgula de dois metros que enfeitava o centro da sala. — É só um pouco de incenso para dar ambiente. Gosta do meu queima-incenso?

— É bonito — respondi. — E grande.

Ela demorou alguns minutos a voltar à sala e durante todo esse tempo o javali ficou sentado ao meu lado, em cima do sofá, sem tirar os olhos de mim. Nunca mais me rosnou. Aliás, o seu olhar fixo em mim não mostrava perigo. Era mais... como hei de dizer... ternura! Sim, acho que é a palavra correcta para descrever aquele movimento de lábios pintados de vermelho, levemente mordidos por um dente ou outro. Novamente piscou um olho. A minha mãe teve o mesmo problema: existem cosméticos, nomeadamente rímeis de baixo preço, que podem provocar alergias. Talvez fosse isso, ou então algo lhe irritava o olho. Arrastei-me no sofá para ficar mais próximo do javali. Ele nem se mexeu, continuou a fitar-me. Pus-lhe as mãos na cabeça e observei-o com atenção, preparado para lhe soprar uma possível pestana solta. Ele lambeu os lábios. Aquele vermelho era realmente bonito. Foi nesse preciso momento que a senhora voltou com o chá.

— Estou a ver que a minha bolinha gostou de si.

— É um javali simpático — disse eu. — Já agora, como se chama?

— Satância.

— Satância? Não sei porquê, pensei que fosse macho.

Eu notei que ela estava constrangida enquanto colocava na mesa o tabuleiro com chá e bolachas.

— Eu falei algo errado, minha senhora? Peço desde já desculpa.

— Não, meu jovem, nada disso. A culpa é minha por ter deixado crescer o bigode e os pêlos das orelhas. E sei que estes músculos nos braços também confundem as pessoas, mas quem acha que trouxe aquele pesado gárgula para casa? — Foi quando me apercebi do mal-entendido.

— Dona Satância, entendeu-me mal, eu estava a perguntar pelo nome do javali.

— Ah... o nome dele é Mansinho.

— Ele é mansinho?!

— Sim, não vê que ele é um amor?

— Mas chama-se mesmo Mansinho?

— Sim, é o nome dele! Eu sei que é um nome invulgar, mas ele já tinha esse nome antes de eu o adoptar.

— Se não se importa que pergunte, onde o adoptou?

— É uma longa história, meu jovem, mas conto com todo o prazer.

Escutei-a atentamente enquanto bebíamos o chá vermelho-sangue que ela dizia ser de framboesa. Bem, antes chá de framboesa do que café de porco. E era saboroso.

— Dona Satância, não vai acreditar na coincidência, mas esse velhote dos javalis é o meu avô.

— A sério? Eu por acaso vi algumas semelhanças.

— Agora está só a ser simpática, não acho que eu e o meu avô sejamos parecidos.

— Não é de cara. Eu notei que vocês os dois têm o dom de hipnotizar javalis.

— Eu não hipnotizo javalis, nem qualquer outro animal.

— Tem a certeza? — perguntou ela, com um sorriso bizarro, enquanto me fazia olhar para o javali de lábios meigos, sentado no sofá como se gente fosse.

Um relance foi suficiente para perceber que o Mansinho me continuava a fitar com muita atenção, talvez nunca tenha parado. Até àquele dia, eu não sabia que os javalis podiam sentar-se como gente, quanto mais que eram capazes de pintar e trincar lábios.

A história da dona Satância era fascinante: desde o dia em que foi atacada pelo javali do meu avô a vida dela mudou completamente. Já não era testemunha de Jeová, mas sim testemunha de Satanás. Aquela conversa arrepiou-me, mas ela tranquilizou-me quando me explicou que era adoradora de Satanás, mas das boas.

— Mas deixe-me ver se percebi bem: foi o seu psiquiatra que lhe recomendou um javali para enfrentar os seus medos?

— Sim… e não — respondeu-me. — Só mais tarde percebi que o psiquiatra queria dizer javali com arroz, mas já era tarde, já tinha visitado o seu avô e implorado que me desse um javali. Agora é a minha companhia e gosto muito dele.

— Ele realmente parece muito simpático.

— Sim, é um amor. E já o viu a lamber os próprios lábios?

— Não, ainda não reparei nisso...

— É uma questão de tempo — disse ela, sorrindo. — E agora, se não se importa, vou ter de me ausentar um pouco, este chá de sangue deu-me a volta ao intestino.

— Chá de sangue? — perguntei, em choque.

— Framboesa — respondeu ela rapidamente —, framboesa! Foi só uma forma de falar.

— Já não se fazem psiquiatras como antigamente — troçou a Hema, mal a dona Satância foi aliviar a tripa.

— Achas que foi mau conselho, Hema?

— Sim, terrível. No meu tempo comíamos javali com batata.

O Mansinho olhou para mim, inclinando a cabeça como um cão, por me ver a falar sozinho.

— Hema, bem que te podias mostrar ao Mansinho. Não é que ele vá contar a alguém, não é?

— Não, Gersúlio, prometi há muitos anos nunca mais te meter em confusões e vou manter a promessa. Um general não falha com a sua palavra.

— És capaz de ter razão, minha amiga. — E dei-lhe um beijo na enrugada testa. — Até porque este Mansinho me parece o mais inteligente que conheci. Sei lá se não aprende a falar.

— Tá tudo bem, Mansinho, eu estou bem, não te preocupes. — E fiz-lhe uma festa. A reacção que teve de imediato levou-me, por um momento, a pensar que não tinha gostado.

Desceu do sofá, mas não de forma brusca. Antes pelo contrário: a sua lenta largada do sofá lembrou-me o meu pai de saltos altos no dia em que cozinhou para o Crezílio. Já muita coisa me fez lembrar o meu pai, mas nunca imaginei que haveria de chegar o dia em que um javali pronto para ir para uma noite de copos me lembraria dele. A vida é como o batom: dá muitas voltas e anda de boca em boca. Já no chão, o Mansinho caminhou lentamente para o meio da sala. Voltou-se lentamente para mim e com a sua longa e bonita língua relambeu os lábios, em movimentos circulares e lentos. "Que javali engraçado". Depois, em lentos e ternurentos passos dirigiu-se ao velho gira-discos em cima da mesa. Com a boca, fez cair vários discos ao chão. Depois, espalhou outros tantos. Parecia procurar um disco em particular. Com as patas, pressionou uma capa contra o chão para com a boca retirar o disco e o colocar a tocar. Jamais me teria passado pela cabeça que houvesse um Mansinho a gostar da "*Lady in red*". O *Chris de Burgh* teria ficado orgulhoso. Ele tinha bom gosto. E o Mansinho também. Sempre adorei aquela música e já não a ouvia há muito tempo. Mesmo antes de começar a voz do Chris, o Mansinho saiu da sala, mas por pouco tempo. Quando voltou, trajava um vestido de cetim, cor de Miss Piggy, com listas vermelhas. Aquele javali não parava de me surpreender. Como se não bastasse o seu bom gosto, ainda se mostrava um mestre das entradas em grande estilo: entrou na sala ao mesmo tempo que o Chris cantava "Eu nunca te vi tão lindo como te vi esta noite". Era de tarde, não de noite, mas isso era um pormenor não importante, insuficiente para me fechar a boca. Ele subiu para cima do sofá, primeiro apenas as patas dianteiras para assim ficar por alguns segundos com os olhos postos nos meus, e só depois lançou todo o seu corpo para se encostar a mim. Ficámos ali, só os dois… calados, a olhar um para o outro. Partilhámos um momento único, especial. Talvez fosse imaginação minha, mas eu quase juro que no refrão o Mansinho cantava. Era um refrão alterado — em vez de "*lady in red*" parecia dizer "*I am your lady in red*", mas eu não o poderia censurar: é uma música muito antiga, quem nunca se esqueceu da letra de uma música? Na segunda estrofe, ele tinha as patas dianteiras nos meus ombros e disparava um olhar intenso que me percorria o corpo de cima a baixo. Senti-me violado, mas no bom sentido. Piscou novamente um olho, depois o outro e eu aproximei a minha boca… para lhe soprar o rímel dos olhos. Foi nesse preciso momento que a dona Satância voltou à sala. Nervoso, sem saber explicar muito bem porquê, só me ocorreu perguntar-lhe "Não puxou o autoclismo?" Eu nunca imaginei conhecer um javali apreciador do "lady in red". Eu também gosto muito. Se ela tivesse chegado mais tarde, não sei não… eu não recuso uma boa dança.

— Sim, puxei, a minha sanita é das novas. Mandei instalar um silenciador, que esse menino que tem em braços acordava-me muitas vezes de noite.

— Está a dizer-me que o Mansinho usa a sanita como as pessoas!?

— Sim, mas nem sempre, depende dos desejos dele. Tem dias em que não larga a televisão e vai dormir muito tarde. Fica nesse sofá a abusar do presunto e depois passa a noite a ir à casa de banho.

— Incrível. E nos outros dias?

— Nos outros dias, lê um livrito qualquer.

— Eu acho isso incrível! — E fiz-lhe uma festa no lombo, que o fez arrepiar. — Como é que ele aprendeu?

— Fui eu que lhe ensinei. Ele era pequenito e já lia sozinho "Os três porquinhos".

— Não, eu perguntava sobre a casa de banho, quem o ensinou a usar a sanita?

— Boa pergunta você me faz. Não sei, presumo que tenha sido o seu avô. Eu só sei que na primeira noite dele nesta casa fui dar com ele sentado na sanita, com o jornal nas patas.

— Ah, então já lia!

— Não, não… nessa altura, ele só via os desenhos.

— É realmente um animal especial. Mudando de assunto, eu gostaria de lhe fazer uma pergunta, dona Satância. Segundo percebi, foi a senhora que foi atacada por um javali do meu avô, certo?

— Sim, isso mesmo.

— Mas… há uma coisa que eu não entendo… Eu lembro-me que o meu avô me contou que o ataque foi tão feroz que a senhora ficou sem um braço…

— Sim, é verdade, aquele javali não foi nada meigo comigo.

— Mas… eu vejo que a senhora tem dois braços. Perdoe-me a pergunta, mas é uma prótese?

— Não, nada de próteses, é mesmo o meu braço. Sabe, depois daquele acidente, eu fiquei muito chateada com Deus… deixei de acreditar nele. Afinal de contas, eu fui lá para falar Dele e fui atacada sem misericórdia. Para além de renunciar a Deus, eu meti-me no álcool…

— Lamento imenso, dona Satância…

— Está tudo bem, meu jovem, é passado. Agora sou uma mulher muito feliz — disse-me, com um sorriso, enquanto empurrava o incomodado Mansinho para se sentar ao meu lado. — Pouco tempo depois, decidi recuperar a minha vida. Com a terapia, não só deixei o álcool, como também me deixei dessa coisa de ter só um braço. Temos de ser fortes e pôr as manias de lado.

— Imagino que seja necessária uma grande força de vontade para uma mudança tão forte na nossa vida.

— Sim, sem dúvida. Força de vontade e muito trabalho. Todos os dias eu escrevia no meu diário. — E mostrou-me um pequeno livro preto, abrindo uma página aleatória onde se lia: "Dias sem achar que só tenho um braço: 4".

— Fico contente pela senhora.

— Obrigado. Pode não acreditar, mas agora até malabarismo eu faço.

Levantou-se e arrancou a cruz invertida da parede, abriu um armário e retirou um copo de cristal fino. Depois, juntamente com um disco, começou a girar tudo no ar. As unhas, ao bater no copo, compunham a banda sonora do malabarismo. Nunca tinha visto Beethoven vibrar com uma cruz invertida. Incrível.

— A senhora tem jeito! E o que é essa cruz preta?

— Ah, isto são coisas minhas..., mas se não se importa, vamos falar do que o trouxe aqui, que eu já não tenho muito tempo. Tenho um ritual mágico para fazer.

Eu preparava-me para lhe apresentar o GERSUS 2000 FX (use o código "CastorPontas" para conseguir um bom desconto no meu site), quando ela me interrompeu, apontando para a televisão ligada:

— Olhe que javali tão giro.

— Não é um javali, minha senhora, é um cão.

— De certeza?

— Sim, é um caniche branco.

— É capaz de ter razão, meu jovem. Eu não percebo muito de coisas brancas. Se me perguntar sobre capitais, não falho uma.

Achei aquele comentário curioso.

— Sabe qual é capital da Indonésia? — perguntei, sorrindo.

— Sim, é javali.

— Javali?! Não quer dizer Java?

— Sim, é isso!

— Está errado. A capital da Indonésia é Jacarta.

— O senhor é esperto, lembra-me o meu sobrinho.

— Ai sim? A senhora tem um sobrinho? E como é ele?

— Oh, é um javardo. Meu querido jovem, gosto muito de falar consigo, mas digo-lhe já que não vou ficar com esse monstro.

— Como assim? Pensei que gostava muito do Mansinho!

— Eu estou a falar desse aspirador gigante. Isso até orelhas tem!

— Não são orelhas, são apliques onde pode, por exemplo, colocar incensos enquanto aspira.

— E o que faço ao Zé?

— Zé?!

— Sim, é o nome da gárgula.

Olhei melhor para aquele gárgula gigantesco cujos cornos roçavam o tecto deixando-o ainda mais preto devido ao fumo que libertava. Não ousei criticar. Cada um tem direito à sua religião, com ou sem cornos. Quando eu era miúdo, tinha uma vizinha que pertencia a uma seita que venerava bancos de jardim e estátuas fálicas. Os meus pais deixavam-me brincar lá fora, mas sempre que eu saía de casa faziam questão de me lembrar para brincar sempre em pé e longe da estátua do parque da aldeia — uma torre de mármore, construída em homenagem a um padre recluso. Mesmo o "macaquinho chinês" era um jogo que criava alguma apreensão nos meus pais. Lembro-me de uma vez em que o meu primo Júlio Embrulhado se sentou para descansar do futebol. Não lhe aconteceu nada, mas depois daquilo andou muito tempo a falar latim e a revirar os olhos ao jantar. Revirar os olhos já era coisa normal dele, mas o latim causava indigestão a todos. Foi preciso um exorcismo, feito num banco de mármore em Fátima, para ele voltar ao normal. Eu era muito novo para assistir, mas lembro-me de ouvir o meu pai elogiar os glúteos do exorcista. Às vezes pergunto-me como dei num adulto normal.

Eu não queria desistir de vender o GERSUS 2000 FX. Por isso, tentei ganhar tempo desviando o assunto (já agora, quer a sua casa limpa e cheirosa, com pouco esforço e sem ter de vender um rim? Visite o meu site. Não esqueça o código de promoção "CastorPontas").

— Reparei que a dona Satância tem ali uns discos de música da pesada...

— Sim, gosto muito — respondeu ela. E levantou-se para agarrar num dos discos. — Conhece esta banda?

Nem acreditei no que via, era um álbum dos "Períneos do inferno"!

— Mas isto é a banda do meu pai!

— Do seu pai? Não, meu jovem! Esta banda é uma super banda. Sabia que o baterista desta banda toca com o rabo?

— Sim, sabia! O baterista é o meu pai!

— O senhor é filho do grande Berlefes? Não posso crer!

— Sim, sou! O meu nome é Gersúlio Berlefes Silva, Tó para alguns amigos, "meu burro" para um tio afastado e de mau feitio, e há quem me trate por Viagens Suzélio Antunes.

— Porquê?

— Como assim "porquê"? Não escolhemos os nossos pais. E além disso, tenho muito orgulho no meu pai. Temos de respeitar os diferen...

— Não se enerve, meu jovem! Eu admiro muito o seu pai, percebeu-me mal. Eu perguntava é por que motivo há quem o trate por Viagens Suzélio Antunes.

— Ah!... O meu trisavô era Suzélio.

— E o resto?

— O resto é viagens.

— Entendo, também viajo muito com o meu Mansinho. — E fez-lhe uma festa na cabeça. — Não é, meu amor?

O Mansinho abanou a cauda e voltou a fazer "bico de pato".

— Sabe, tenho uma grande amiga nessa banda — disse ela.

— Não me diga que conhece a Trevas!

— Exactamente, a grande maluca da Trevas! Quando eu só tinha um braço, era ela que me cortava o bife à refeição.

— Ela é boa gente, não me surpreende. Onde se conheceram?

— Já nos conhecemos há muitos anos, mesmo antes da banda existir ou de eu pregar a fé de Jeová... éramos as duas muito novas e tudo aconteceu por um acaso.

— Conte, estou curioso! — Eu queria que ela falasse mais. Um bom vendedor sabe que quanto mais à vontade estiver o cliente, mais chances haverá de se livrar das vassouras da casa.

— Lembro-me que era Verão, pois mesmo não usando cuecas o calor entrava por mim adentro. Eu tinha feito uma longa viagem de comboio para estar presente num congresso do outro lado do país.

— Era um congresso sobre o quê?

— Tinha vários assuntos a ser discutidos, mas havia dois temas principais: "como pregar porta-a-porta" e "a importância de usar cuecas".

— Foi isso que a fez mudar de vida?

— Não, meu jovem, eu continuo sem usar cuecas.

— Não, eu referia-me ao pregar porta-a-porta.

— Sim, sim. Fiquei obcecada com aquilo. No início, eu batia às portas para vender chocolates, mas algumas tabletes mais tarde eu vendia a palavra do senhor. — Mal ela disse "palavra do senhor", o Mansinho rosnou.

— Calma, Mansinho, está tudo bem! — disse ela. E depois foi buscar a cruz invertida para ele se entreter a roê-la.

— Não se preocupe, ele é mansinho. Só não gosta de ouvir "palavra do senhor".

Ele rosnou novamente. Desta vez, ela rezou-lhe algumas palavras que me pareceu latim, enquanto os dois reviravam os olhos. Segundos depois ele acalmava e voltava a pintar a cruz com batom.

— Como sabe, ele é irmão do javali que me atacou quando eu era testemunha de Jeová. Qualquer coisa que lhe lembre Deus, fá-lo rosnar.

Não posso jurar, mas naquele momento pareceu-me que piscaram o olho um ao outro.

— Mas então onde entra a Trevas nessa história?

— Bem, ela também estava no tal congresso.

— Que giro, encontraram logo pontos em comum, foi? Ela também foi testemunha?

— Sim, do acidente de carro do indivíduo que estava lá com ela.

— E de Jeová?

— Não, só do acidente. Mas o que nos aproximou nem foi bem o congresso.

— Então?

— O que nos aproximou foi eu descobrir que ela também não usava cuecas.

— Ah! Ah! Ah! Boa história! — Eu ria, mas era de nervosismo. Eu não precisava de saber que a Trevas não usava cuecas.

— E sabe como descobri?

— Não, não! Conte! — Na verdade, eu não queria saber, mas eu precisava de ganhar tempo enquanto o meu cérebro formulava o resto do script de venda.

— Um dos oradores do congresso, um homem com quatro fios de cabelo que pendiam do centro da cabeça até ao nariz, com bigode até ao peito, uma longa cicatriz na cara e sem dois dentes da frente, portanto um verdadeiro gato, propôs ao público um jogo social. Ele faria perguntas e quando não soubéssemos a resposta teríamos de levantar as pernas o mais alto que pudéssemos.

— Perguntas difíceis, não?

— A primeira foi fácil, nunca mais me esqueci. Era "Quantas capitais tem o Canadá?"

— Uma, claro. E qual foi a segunda pergunta?

— Pois, era fácil. A segunda pergunta foi: "Quantas pessoas moram no Canadá e qual o nome de cada uma delas?"

— Ah, que impostor. E foi aí que a Trevas levantou as pernas e a senhora viu que ela não usava cuecas?

— Não, ela sabia a resposta.

— Ela sabia a resposta!? Como assim "ela sabia a resposta"?!

— Meu jovem, a nossa amiga Trevas sempre foi muito inteligente. Depois do congresso acabar, eu, a Trevas e umas modelos de lingerie que tinham sido capa da playboy, horríveis, muito feias, fomos conviver para o bar daquele hotel com aquele gatão.

Antes de ela dizer mais, senti-me constrangido. Será que aquela bizarra mulher me iria descrever cenas sexuais? Entretanto, o Mansinho já estava com a tenda armada. Um dos seus muitos skills era montar sozinho uma tenda no meio da sala. Até um pequeno "camping gás" ele tinha. Mesmo assim, fiquei de boca aberta quando o vi com o batom e rímel no meio das patas, a retocar a maquilhagem. Nunca imaginei que o conseguisse fazer sozinho.

— Já percebi tudo, dona Satância… E pronto, foi assim que descobriram que as duas não usavam cuecas, não foi? — Eu tentava desesperadamente cortar a conversa que se adivinhava.

— Não, meu jovem, nada disso.

Aquela senhora de garras pretas, de gárgula no meio da sala e Mansinho MacGyver, lembrava-me o meu pai a contar histórias. Uma vez perguntei ao meu pai quem começou a segunda guerra mundial, e até chegar à parte da Alemanha eu já sabia como se vestia cada um dos soldados da Polónia. Curiosamente, segundo ele, alguns também não usavam cuecas.

— Bebemos uns shots de sangue e…

— De sangue?! — interrompi.

— Framboesa! Bebemos shots de framboesa — corrigiu. — E depois fomos até à piscina do hotel.

— Já sei! Foi ao saltar para a piscina que tudo se descobriu, já percebi. — Eu transpirava por todos os poros. Sentia que traía a minha mulher com aquela conversa. O Mansinho provavelmente já tinha ouvido aquela história, mas era óbvio que não se importava de voltar a ouvi-la. Sentado de pernas abertas e encostado ao armário do gira-discos, parecia deliciado enquanto escutava com toda a atenção. Que raio de bicho inteligente e que batom tão bonito.

— Não, meu jovem, nada disso. Estava em manutenção, não a podíamos usar. Fomos é para outro bar, mais pequeno, que havia junto à piscina.

Aquela história não acabava, eu já só pensava nas não-cuecas dos polacos. Já se invadiu países por menos.

— Alguém teve a ideia maluca de pedir sangria, depois daqueles shots todos — continuou a dona Satância. — Éramos jovens inconscientes, sabe... e aquele homem mexia com as minhas hormonas... Ainda hoje estremeço quando o recordo a meter a palhinha nos buracos dos dentes ausentes... a sangria vermelho-sangue que subia contrastava com os bonitos dentes pretos. Ai... até me dá os calores, só de pensar... — E meteu as mãos nos joelhos. Nos dela.

Uma gota de suor desceu da minha testa, passou pelo queixo, escorregou pelo umbigo até ao escroto e instalou-se na gaveta do ânus. Apertei com força as minhas nádegas, aprisionando o meu desconforto para que a minha cara nada revelasse.

— Era sangria de framboesa? — foi a única coisa que me ocorreu dizer.

— Não, era de sangue.

— Sangue!?

— Sim, mas falso. Havia uma festa temática sobre vampiros. Mas, continuando: umas duas horas depois eu já era a melhor amiga do gatão cabeludo. E foi quando ele me convidou para irmos até ao apartamento dele.

Há alguns anos, li numa revista médica sobre um homem que viajava num autocarro na China, quando teve uma vontade urgente de estar próximo de uma sanita. Segundo o artigo científico, o homem aguentou o máximo que pôde enquanto começavam a travessia da ponte mais longa do mundo. Durante os 164 km, o homem comprimiu as nádegas com forças que não sabia ter e o resultado foi uma inversão física. A força foi tanta que nos primeiros 70 km as nádegas trocaram de lugar: a nádega esquerda passou a direita. Nos restantes km a confusão corporal piorou muito e, segundo o artigo, ainda hoje o homem solta gases intestinais pelas orelhas. Naquele momento, eu rezava para que a história da dona Satância não durasse 160 km.

— O apartamento dele era único — continuou ela. — Os sofás eram de cabedal, mas quase não havia cabedal de tão rasgados estarem; as paredes eram decoradas por molduras sem fotos, mas cujo bolor nos transportava para uma galeria de arte; num canto, um balde recolhia um líquido amarelo viscoso que pingava do tecto; e o pegajoso chão era coberto por um conjunto de fios de cor. Eu estava tão bêbeda que demorei a perceber que aquilo era um ex-tapete. Resumindo, aquilo era um apartamento de luxo, fiel ao homem de luxo que lá morava.

— Aposto que lhe serviu champanhe.

— Nada disso, serviu-me muito melhor. Abriu um alçapão de onde tirou um garrafão preto, outrora branco segundo me contou, e serviu-nos um licor de mais de 100 anos.

— Uau, e era bom?

— Era muito bom! E eu nunca tinha bebido licor de baratas.

— Licor de baratas?!

— Não era bem de baratas — disse ela, com uma gargalhada —, mas era um licor chinês, e lá dentro havia uma e só uma barata morta.

— E a dona Satância espreitou para o garrafão?

— Não, não espreitei, eu confiei nele. Afinal de contas, já o conhecia há três horas, eu era nova, mas não era parva.

— E a Trevas foi convosco?

— Não.

Olhei para ela, confuso, mas nada falei. Ouvi um género de clique bem dentro do meu ouvido. Felizmente, saiu sem cheiro.

— O super gato pediu-me para me sentar no sofá, ao lado dele e...

— Oiça, dona Satância, está a ficar tarde e a senhora tem um ritual para fazer e...

— Calma, estou quase a acabar a história — interrompeu-me num tom agressivo. — De repente, ouvimos um grito aterrador vindo do corredor do hotel. Assustados, corremos e abrimos a porta. Lá fora estava uma mulher deitada no chão, sem cuecas, e ao fundo vimos um homem a fugir.

— Era a Trevas?!

— Não, a Trevas é uma mulher. Já era naquela altura.

— Não, eu pergunto se a mulher no chão era a Trevas.

— Não, não era. Uma a uma, as portas dos vários quartos abriam-se e o corredor enchia-se de curiosos para ver o que se passava.

— A senhora estava morta?

— Não, nem ferida. Era só um ladrão. Pelo que percebi, o ladrão de cuecas já era conhecido por atacar naquele hotel. Nunca ouviu falar? O "Ladrão de cuecas" foi muito falado naquela década. Não magoava ninguém, mas era tão rápido a roubar cuecas que às vezes as mulheres só notavam que tinham sido roubadas quando precisavam de coçar o rabo ou de ir à casa de banho. Ficou muito conhecida a história de uma vítima que só deu conta do roubo quando foi experimentar umas calças numa loja de roupa em saldos.

De repente aquela história tinha-se tornado interessante. Nunca tinha ouvido falar de tal ladrão e agora eu estava muito curioso para ouvir o resto. O Mansinho uivou.

— Ele também uiva? — perguntei, surpreendido.

— Só em duas alturas: quando ouve uma boa história ou quando ouve falar em saldos. Ele já está a par desta história, já me ouviu contá-la aos espíritos, mas…

— Aos espíritos? — interrompi.

— É uma forma de falar… Bem, um segurança do hotel foi chamado ao local e conversava com a vítima, enquanto esperávamos que a polícia chegasse. E foi quando aconteceu o inesperado: ouvimos um novo grito. E parecia vir do outro corredor, para o qual corremos todos.

— O ladrão tinha voltado?

— Não, meu jovem! Quando lá chegámos, vimos que era a Trevas. Ela estava tão bêbeda que caiu e ficou ali no chão, de pernas para o ar a rir-se descontroladamente. E foi quando eu vi que ela não tinha cuecas. Quer mais chá de san… framboesa?

— Não quero mais, obrigado. Parece que este chá me deixou meio estranho… pareço bêbedo. Que história tão boa. Foi a partir daí que ficaram amigas?

— É impressão sua, o chá não tem álcool. Isso costuma acontecer a quem não está habituado a beber san… framboesa. Sim, ficámos muito amigas. Ainda hoje nos damos como irmãs. Partilhamos tudo, menos cuecas.

Olhei sério para ela.

— Era uma piada, meu jovem. Relaxe. Ah! Ah! Ah! Venha comigo, quero mostrar-lhe uma coisa.

— Dona Satância, está a ficar tarde…

— Oiça, já sei que me quer vender um aspirador. Fazemos assim: fico-lhe com o aspirador.

— Excelente decisão!

— Calma! Fico, mas com uma condição: eu preciso de uma pessoa para o meu ritual. Se me fizer companhia, eu compro-lhe o aspirador.

Fiquei uns segundos sem saber o que dizer. Eu sei lá que tipo de ritual seria…

— Ritual?…

— Sim, é uma coisa muito simples...

— Okay… — concordei, sem certezas — mas faço-lhe uma contra-proposta. Eu faço o ritual consigo, mas você dá-me todas as vassouras que tem em casa. E eu ainda lhe ofereço o "limpamaqui", o aspirador pequeno que limpa como grande.

— De acordo! Esse *limpamaqui* até me dá jeito. Sabe, o Mansinho suja-me o sofá, quando fica a altas horas da noite a ver televisão.

— Suja como? Com pipocas?

— Antes fosse — respondeu-me, lançando um olhar reprovador ao Mansinho, que fez de conta não perceber. — Ele suja é com os filmes de bolinha vermelha que vê…

Eu não tinha a certeza se entendi bem… arrisquei perguntar.

— Que filmes?… Filmes para adultos?… Terror?…

— Terror é para mim, que tenho de limpar o sofá. Do ponto de vista dele sim, são filmes para adultos, mas já o espreitei e notei que o que mais o excita são as televendas. Quando há uma promoção de panelas, ele quase atinge o nirvana.

Não sei o que era mais estranho naquela história: um javali a excitar-se com panelas ou uma ex-testemunha de Jeová a espreitar de madrugada um javali no sofá…

— Já tive alguns problemas por causa do vício dele — disse a dona Satância. — Agora deixo os cartões de crédito fechados a sete chaves… é que já nem sei onde meter tanta panela.

O Mansinho estava de cabeça virada para o outro lado, sem qualquer interesse naquela história.

— Agora venha comigo, por favor.

Entrámos no quarto dela para pegar em algumas coisas necessárias para realizar o ritual. Na mesa de cabeceira estava a foto de um homem, que me assustou. Tinha um ar medonho, com os olhos raiados de sangue e um nariz comprido. A moldura era de cor azul-bebé, com corações vermelhos.

— Quem é aquele senhor? — ousei perguntar.

— Era o meu avô, já morreu há muitos anos. Cheguei a conhecê-lo, era um amor de pessoa.

— Não me leve a mal, dona Satância, mas não parece nada um amor de pessoa…

— Essa foto não o favorece. Ele foi muito famoso, sabia? Saiu em todos os jornais.

— Ai sim?

— Sim, o nome dele era Jaquim.

— Joaquim?

— Não, Jaquim! E ficou conhecido por "Jaquim, o fura-tripas", um assassino famoso que só matava padeiros em Londres. Eu continuo a dizer que foi pão estragado que ele comeu.

Estremeci ao ouvir aquilo. Um instinto levou-me a olhar para a porta, como se o meu cérebro sentisse perigo e me tentasse mostrar a saída. A porta tinha um segurança: o Mansinho estava sentado, com as orelhas em pé, como se fosse um cão de guarda numa boîte. Eu não tentei sair, mas desconfiei que também não conseguiria. "Calma", disse eu para mim mesmo, "o homem já morreu e tu nem padeiro és".

— Ele gostava muito daquele pão de sementes, sabe? Daquelas que se enfiam nos dentes. Acho que isso o deixava maluco. Tem de concordar que é irritante.

Anuí lentamente com a cabeça.

— Ele contava, em cartas que deixou escritas — continuou ela —, que com o tempo se habituou a palitar os dentes com uma faca. Ele dizia que era mais fácil para arrancar as sementes. Acho que foi aí que ele se apegou às facas. É por isso que eu sempre digo: há que aprender a escolher padarias, tem de ser pão de qualidade. O meu avô teve a vida destruída por um padeiro, coitado. Volto a dizer-lhe que o avô Jaquim era um amor de pessoa. Já diz o ditado "Quem não olha à semente, colhe facas no estômago".

Abriu uma gaveta, de onde retirou uma chave cujo gigantesco tamanho eu jamais tinha visto. Não ousei perguntar que porta do inferno abriria, mas ofereci ajuda para pegar na chave. Ela não aceitou e sozinha carregou-a ao ombro. Pediu-me para trazer a lanterna da gaveta. Saímos do quarto e percorremos o corredor até ao final, onde parámos em frente a uma porta.

— Sabe quem costumava fazer rituais mágicos comigo? — perguntou ela.

— A nossa amiga Trevas. Aliás, foi com ela que aprendi. Nunca mais esqueço que o primeiro ritual que fizemos em conjunto foi com cuecas.

— Ah, sempre usavam?

— Não, não usávamos. As cuecas eram para cozer numa panela.

— Com sal? — Eu estava muito nervoso.

— Não! Era bruxaria negra, não um congresso do Gordon Ramsay.

— Quem?

— É um cozinheiro. Vocês jovens de hoje, pouco conhecem. É só telemóveis e aspiradores.

Tal como a porta da rua, aquela também tinha uma fechadura de cofre de banco. Rodou a chave vezes sem conta e, enquanto o fazia, eu voltava a imaginar o terror do lado de lá: uma cabeça disforme ou um qualquer disforme cabeçudo iria revelar-se. Abriu a porta e perante nós estava uma longa escadaria a pique.

— Vamos fazer o ritual na cave?

— Sim, é onde fica o meu santuário, tem problemas com caves?

— Não… não tenho… — Mas tinha…

Ainda miúdos, eu e o Zé Traveques descemos até à cave de uma casa abandonada que diziam estar assombrada. A minha minha mãe dizia que tal coisa não existe e, por isso, eu forcei-me a descer para tirar fotografias, só para voltar a casa e dizer à minha mãe, "estás a ver, mãe? Estás a ver como as caves existem?" Mas mal descemos as escadas, fomos atacados por um texugo sem-abrigo que nos levou o dinheiro todo que tínhamos nos bolsos. Os nossos pais não acreditaram em nós e acharam que tínhamos gasto os dez cêntimos em rebuçados. Aquele texugo foi o meu primeiro bully. Quando eu ia para a escola, levava sempre comida extra, pois já sabia que o ia apanhar pelo caminho.

— Não tem texugos lá em baixo, pois não?

— Texugos!? Não, não tem, por que motivo pergunta?

— Por nada… diga-me, afinal que ritual vamos fazer? Faz rituais mágicos? — De lanterna em punho, começámos a descer as escadas.

— Sim, mas não faço nada de especial — respondeu ela. — Faço bolos, dos bons, vodka e também consigo ressuscitar os mortos.

— Uau, a sério? Como se faz vodka?

— Estava a brincar consigo, isso é muito difícil, são precisos muitos anos de prática. Nem a Trevas, que consegue abrir portais para outros mundos, consegue fazer vodka. Mas se estiver interessado, posso fazer-lhe aparecer um crepe e um defunto à sua escolha.

— Com creme?

— Baba conta?

— Eu referia-me ao crepe — expliquei.

— Eu também, mas esqueça os bolos. Só por curiosidade, se tivesse que trazer alguém do mundo dos mortos, quem traria?

Aquela pergunta arrepiou-me. Após uma breve indecisão, respondi-lhe "o Carlos, o pato Carlos". E contei-lhe a história toda, que ainda a fez rir.

Enquanto descíamos as escadas, que pareciam nunca mais acabar, o meu estado de aparente embriaguez parecia acentuar-se. Sentia tonturas e começava a ver tudo turvo. Atribuí a minha estranha condição ao nervosismo, associado à "síndrome do texugo", como me explicou o psiquiatra. O que também não ajudava era a minha memória cinematográfica. A cada dez filmes que contêm cenas de caves, oito acabam num banho de sangue, um mostra algemas e chicote e o outro revela um vilão que parece o *Batman.*

— Chegámos. Aqui em baixo, já não precisamos da lanterna.

Segundos antes de ela acender a luz, eu desejei ver o *Batman*, mas o que vi foram panelas, muitas panelas. Panelas nos quatro cantos da cave, panelas empilhadas, panelas debaixo da mesa e até uma panela no centro da mesa pé-de-galo, rodeada por duas velas pretas. Olhei de lado para o Mansinho, que tinha descido connosco e agora estava sentado ao lado da mesa. Desviou o olhar, como que a negar qualquer culpa, deixando claro que não era paneleiro.

— Sente-se nessa cadeira, jovem.

Sentei-me, e enquanto ela preparava a sessão olhei melhor para o lugar onde estava. Era a maior cave que alguma vez eu tinha visto, certamente o dobro do tamanho da cave do texugo. Pelo menos quatro quadros estavam afixados nas paredes. As colunas de panelas pouco deixavam ver, mas o menos escondido revelava a imagem de alguém de capuz, cujo longo cabelo preto tapava os ombros. Num dos cantos, um pequeno altar era decorado por uma gárgula de tamanho médio; um dragão em ferro que segurava uma espada; e uma pequena caveira vermelha suportada por uma lata de atum. No outro canto da cave, numa pequena mesa redonda também pé-de-galo, havia um enorme livro aberto em cima do qual estava uma cruz invertida. Ao seu lado, havia vários frascos de vidro com líquidos de várias cores. A dona Satância acendeu as velas pretas à minha frente e tirou a tampa da panela. Lá dentro, vi o que me pareceram ser cuecas. Depois, apagou a luz e imediatamente a seguir começou a rezar numa língua que não entendi.

— Dona Satância, se calhar deixamos isto para outro dia. Eu nem acredito nestas coisas, mas pensan…

— Chiu! — gritou ela. — Agora já é tarde para desistir.

Fiquei calado, sem reacção, enquanto ela despejava um líquido verde por cima das cuecas da panela, sempre a murmurar um provável latim. Foi nesse momento que o meu amigo apareceu:

— Emílio suspeita que isto não vai acabar bem. Ouve, queres que Emílio resolva? — Os seus braços metálicos apontavam para a dona Satância, prontos a serem usados como armas.

— Não — gritei rapidamente. O meu grito ecoou na cave, mas nem isso a tirou do transe.

— Ele é capaz de ter razão — disse a Hema. — O que estás aqui a fazer, Gersúlio? Isto já vai muito para além do teu trabalho.

— Ouve, Emílio acaba com ela e esconde-a em várias panelas.

— Tenham calma os dois — sussurrei —, ninguém vai fazer mal à senhora. Temos de respeitar a religião de cada um.

— Nunca ninguém vai descobrir — continuou o Emílio —, Emílio coze-a com batatas e javali e dá de comer aos texugos das caves.

— O javali não tem culpa — disse a Hema —, mas se calhar para não haver testemunhas também lhe tiramos a tosse.

— Calem-se! Ninguém vai tirar a tosse a ninguém. — Ainda mais zonzo, devido às cuecas que ardiam num molho desconhecido, acabei por gritar aquelas palavras. Nem assim, a dona Satância parou de rezar.

O Mansinho levantou-se para me rosnar.

— Ouve, queres que Emílio faça carne de javali à alentejana?

— Não, Emílio. Deixa o Mansinho em paz, ele só está a proteger a dona.

— Posso dar-lhe uma crise de hemorroidas? — perguntou a Hema.

— Emílio é rápido, o Mansinho nem vai sentir dor.

— Ninguém rosna ao meu menino — disse a Hema.

— Não seria a primeira vez que Emílio extermina uma bruxa.

— Levanta-te e sobe aquelas escadas, Gersúlio — dizia a Hema. — Corre antes que seja tarde demais.

— Tolos são aqueles que ousam desafiar o maior detective do mundo, Emílio já aniquilou civilizações inteiras…

— Atira-lhe a panela à cabeça, Gersúlio — disse a Hema.

Eram muitas vozes na minha cabeça… era muito fumo no ar… cheirava a algo desconhecido e eu estava… zonzo… muito zonzo… cada vez mais zonzo, até que apaguei por completo.

Não sei por quanto tempo estive desmaiado. Quando acordei, eu já não estava na cave, mas sim na sala e nos braços do Zé gárgula. O Mansinho cheirava-me o rabo, e a dona Satância, com os olhos revirados, cantava num desconhecido dialecto enquanto dançava sobre as cinzas de um gato preto mal morto. À sua frente, no camping gás do Mansinho, uma panela das televendas cozia o que me pareceu ser os meus boxers. Foi quando reparei que estava nu da cintura para baixo. Ainda atordoado, sem conseguir falar, vi-a juntar sal e chá de framboesa, o que provocou chamas mais altas. O Mansinho estava diferente: para além dos olhos vermelhos, agora tinha um par de cornos, uma cauda maior e estava apoiado apenas nas patas de trás. Antes de voltar a desmaiar, ouvi a dona Satância dizer para o Mansinho, "dança comigo, Lúcifer".

Quando despertei, estava sentado no sofá, no mesmo lugar onde bebi o chá de framboesa. E já não estava nu. A dona Satância estava ao meu lado.

— O que aconteceu? — perguntei.

— Você desmaiou e tive de o carregar cá para cima. Parece que o chá de framboesa sempre lhe fez mal. Ou talvez o cheiro das velas.

— Mas… e os meus boxers? — perguntei, confuso.

— Como assim? Devem estar no sítio deles, não?

Olhei para o Mansinho, que estava ao meu lado sentado no sofá. Não tinha cornos nem olhos vermelhos, só aqueles bonitos lábios pintados.

— E aquele seu transe, o que era? — perguntei.

— Transe, que transe? Mal chegámos ao final das escadas, você desmaiou. Se não fosse o Mansinho a aparar a queda, podia ter-se magoado seriamente.

Limitei-me a olhar para ela, ainda atordoado.

— Parece que alguém teve um longo sonho — acrescentou ela.

— Tenho de ir embora. — E levantei-me, confuso.

— Com certeza, meu jovem. Aqui está o dinheiro do aspirador, conforme prometido.

— Não, não, deixe lá isso, eu não posso aceitar. Eu falhei com a minha parte ao não a ajudar no ritual.

— Deixe-se disso, não foi culpa sua. E o aspirador dá-me jeito. Ah, já me esquecia, tome lá as vassouras.

Despedi-me dos dois e enquanto saía daquela casa eu dizia para mim próprio "eu sei o que vi, eu sei que aquilo não foi um sonho, eu tenho a certeza que não foi". Não valia a pena pensar muito no que aconteceu ou deixou de acontecer. Afinal de contas, nada de mau saiu daquele encontro, antes pelo contrário: fiz uma venda e passei a respeitar ainda mais os Mansinhos. Agarrei nas 30 vassouras e pus-me a andar dali para fora. Uma delas trazia um gato preto no cabo vivo. E o gato também estava vivo. Meti tudo na bagageira da carrinha o mais rápido que pude, decidido a nunca mais ali voltar. Mal abri a porta do condutor arrisquei um ataque de coração. Um pato grasnava muito alto para mim. Estava sentado no banco do lado e usava coleira com nome: Carlos. Estremeci. Olhei para a casa da dona Satância, ela espreitava atrás da cortina, com um sorriso que eu não soube interpretar. Ao mesmo tempo, vi uma figura voar afastando-se a grande velocidade da casa. Eu só não juro que era o mansinho, porque eu ainda via mal. Desconfio que sou alérgico a chá de framboesa. Hesitei entre fazer-lhe perguntas ou somente agradecer-lhe. Escolhi a terceira opção: entrar na carrinha e arrancar a toda a velocidade, não sem antes apertar o cinto ao pato, não fosse ele desaparecer novamente. Pelo retrovisor, eu constatava que ela permanecia agarrada à cortina, com aquele inalterável sorriso bizarro. Olhei melhor para o meu companheiro de viagem. Por alguns segundos um pensamento irracional invadiu-me: e se ele me ataca? Não será um pato zombie? Mas depressa voltei à realidade, uma vez que os patos não atacam, zombies ou não. Além disso, ele mostrava-se muito amigável, interagindo com o gato preto que, entretanto, tinha arranjado forma de passar da bagageira para o banco da frente. Durante o resto da viagem, os dois brincaram como eu nunca vi um pato e um gato brincarem. Eu não os podia entender, mas pareceu-me que entre eles tentavam adivinhar a marca dos carros que passavam. Os animais são mesmo inteligentes. Naquele momento, eu dei nome ao gato. "O teu nome vai ser Intox, em homenagem ao gato que eu tinha quando era criança e que morreu intoxicado com batom". O Intox miou-me e eu percebi que ele gostava do nome.

Naquele dia eu cheguei de rastos a casa. Contei tudo à Teresa, que imediatamente se apaixonou pelo Intox, e depois aterrei na cama como se não dormisse há uma semana. Dormir eu dormi, mas o sorriso... o bizarro sorriso da dona Satância… manteve-se na minha mente, infiltrou-se nos meus sonhos… inalterável... atrás daquela cortina.

Juzenildo, o meu irmão

O leitor poderá estranhar a ausência do meu irmão nestas memórias. Eu adoro-o, mas foi ele que pediu para não ser mencionado... Apesar de crescermos na mesma casa, tivemos infâncias diferentes. A minha foi muito feliz: eu ria às gargalhadas da tatuagem do rabo do meu pai ou de vê-lo em saltos altos e com as calças do buraco grande, mas o Juzenildo nem aos vídeos de luta greco-romana achava piada. Eu puxava por ele apontando para o nosso pai no sofá, mas nem um sorriso ele mostrava. Ele raramente ria... Não só não ria, como voava dali para fora para se fechar no quarto. Eu não entendia como é possível não rir ao ver um adulto com a pila de fora.

O meu irmão odiava bonecas e buracos nas calças e tinha medo de bigodes, fossem eles de gato, pessoa ou caixa. Conheceu o primeiro psiquiatra por volta dos quatro anos de idade. Seis sessões depois, ele já conseguia estar perto do pai sem chorar nem gritar até ficar com febre. Desde muito cedo, eu percebi que ele não aceitou o nosso diferente pai como eu aceitei. Ele também detestava que o nosso pai se referisse a ele como "bigodes", como sempre o fez. Como o filho não gostava, ele evitava, mas muitas vezes era mais forte do que ele e lá lhe saía um *bigodes*. Outra coisa que o Juzenildo não suportava era Pilates. Não ria da nossa piada "Pila, papá? Pilates, filho!" e detestava estar presente nas sessões. É que quando ele era pequeno, o nosso pai costumava levá-lo para as habituais aulas de Pilates ao sábado. A Trevas também não ajudou, quando perguntou "então este é que é o famoso *bigodes*?" Não era por mal, *bigodes* era um termo carinhoso, demonstrativo do amor que sentia pelo filho e uma lembrança das suas origens... O Juzenildo era muito novo quando convenceu os nossos pais a enviá-lo para um mosteiro de monges, no Tibete. Alegava vocação, mas eu sei que não era Deus que ele procurava. O que ele queria era distância de PILAtes.

Apesar de muito distante, o meu irmão costuma voltar a Portugal em dezembro para passar o natal connosco. O natal que descrevi num capítulo anterior foi a única excepção. A falta dele foi sentida por todos. Naquela mesma noite, as saudades ditaram que no verão seguinte seríamos nós a visitá-lo. Além disso, o meu pai sempre teve o sonho de brincar com lamas e experimentar comida estranha. O meu avô paterno e a minha avó materna que, entretanto, se passaram a dar muito bem e a partilhar actividades, não foram connosco. Queriam muito ter ido, mas eles, os dois viúvos, tinham a final do "concurso de danças de salão para pares com três mindinhos de pé". Infelizmente, a final calhou em junho, na mesma altura da nossa viagem, e eles não podiam faltar. Nenhum deles tinha três dedos mindinhos num pé, mas como faltava um à minha avó, qualificaram-se. Não só foram aceites, como chegaram à final que infelizmente não venceram por uma unha.

Para o Tibete fui eu, a minha esposa, os meus pais e — convidado de última hora — o advogado Olavo Bedelho Julinho. Para além de, depois do julgamento, ter ficado muito próximo da família, o doutor Bedelho também tinha um fascínio por lamas e, ainda que de forma discreta, fez-se de convidado. Contou-nos que teve um cão muito grande, um caniche, que parecia um lama, e que lhe deixou muitas saudades. Ir ao Tibete seria relembrar esse lama canino que já partiu. Sentimental como é, o meu pai verteu uma lágrima e depois anunciou "está decidido, o doutor vai connosco". O Olavo Bedelho ficou tão feliz com aquele convite que começou a cantar o "Ssssssingle bells" e a dançar a música da Branca de neve. Mais tarde, em família, houve uma conversa que me pareceu sugerir arrependimento do meu pai.

— Filho, achas que o Bedelho levaria a mal se fosse no porão do avião, numa mala das grandes?

— Numa mala, papá!?

— Mas é das grandes, filho!

— Mas porquê?

— Porque eu arranjo uma promoção para quatro pessoas.

— Oh, não sejas forreta, papá.

Os quatros aviões por apanhar mostravam o quão longe estava Tibete. Não é de todo uma viagem fácil, mas eu e a minha mãe queríamos muito ver o meu irmão. O meu pai também queria, mas ele há semanas que não se calava com os lamas. Custava-lhe acreditar que finalmente ia estar perto deles. De repente até coleccionava cromos sobre lamas. E comprou uma t-shirt com um lama desenhado, de bigode, para levar vestida na viagem. Estava disponível uma opção com apenas três aviões, mas quem marcou a viagem não era nenhum Marco Polo. Não foi o meu pai, que ele nada percebe de aviões ou de distância, mas sim um empregado da empresa dele — um velhote simpático e gago, filho de pai gago e mãe gaga, ambos trabalhadores do registo civil, mas que era muito bom com computadores, nos quais jamais repetia sílabas.

— Papá, de certeza que o senhor Mamamanel dá conta do recado?

— Claro, filho, ele já foi muitas vezes ao Algarve!

— Mas foi de carro, não foi?

— Sim, filho, e uma vez de mota, que ele é um maluco dos antigos.

— Oh papá, mas isso não é organizar viagens.

— Não te preocupes, ele também costumava fazer excursões para idosos. O ano passado só casal e meio não regressou, mas chegaram todos lá!

Como eu temia, houve asneira. E já não havia tempo para alterar a viagem. Mesmo assim, ainda consegui dar um lugar digno ao doutor, cujo bilhete nos três aviões lhe designava um lugar no porão, junto aos animais de pequeno porte. A agência de viagens era pouco flexível a mudanças de última hora, por mais pequenas que fossem, mas aceitou a troca: o porquinho-da-índia da Teresa passou para o porão e o doutor Bedelho veio entre nós os dois. Entrámos em três aviões e não quatro, porque não voámos para Lisboa. O juiz Carcela teve a amabilidade de se oferecer para nos levar ao aeroporto na sua carrinha de 12 lugares. Feliz por ajudar, apareceu à nossa porta meia hora antes do combinado, acompanhado pelo pato Carlos vestido com uma t-shirt azul-bebé que dizia "sou muito mais do que arroz" e preso por uma comprida trela. O Carcela dava a máxima liberdade ao seu melhor amigo, ambos apreciadores de flores, mas a trela era necessária para o proteger dos carros na estrada ou dos cavalos que puxam carroça e que sempre implicavam com o pato. Com aquela compridíssima trela, conseguia o melhor dos dois mundos: com um puxão no momento certo poderia salvá-lo dos perigos da rua; no trabalho, deixava o pato Carlos ser feliz no jardim das traseiras do tribunal, onde perseguia transeuntes que estivessem a comer bifanas, de sandálias. O Carlos não, os patos não usam sandálias. A meio de um julgamento, se o juiz Carcela ouvisse gritos vindos do jardim, bastaria sacudir duas ou três vezes a trela para salvar as bifanas. Já aconteceu. Da primeira vez não foi a tempo de salvar uma sandália, mas depressa se viram melhorias. Domar um pato é uma arte que demora o seu tempo.

Porque tem um homem solteiro, sem filhos, uma carrinha tão grande? A resposta vem com o pato Carlos. Se o leitor bem se lembra, a dona Satância ressuscitou o Carlos. Isto é… tudo indica que sim… eu sei lá se isso é possível. A verdade é que o pato estava no meu carro naquele dia do sensual mansinho das panelas e cuecas. É provável que não tenha passado de uma coincidência ou talvez fosse um outro pato com o mesmo nome... já não sei no que acreditar..., mas sei que mal o apresentei ao juiz Carcela, eu tive a certeza de que aquele pato ia ser muito amado. Ele confirmou, em lágrimas, que aquele animal sentado ao volante era o pato Carlos. Depois correu para ele, abriu a porta e, emocionado como nunca o tinha visto, repetiu várias vezes "meu filho", enquanto aquele abraço lhe enchia o peito de penas. Lembro-me de pensar que aquele cenário, por mais feliz que fosse, metia pena. E depois senti pena de mim por me ter ocorrido apenas esta piada. Tão fraca. Três vezes. Pena! Ainda assim, esbocei um sorriso.

Debatemos durante algum tempo o que realmente teria acontecido em Espanha. O padre Lúcifer sugeriu que talvez a bebedeira os tivesse levado a ver um pato despedaçado em vez de uma bifana mal cozida, atirada para o areal por um turista de chapéu de coco. É provável, sim, já que turismo, álcool e coco raramente são ingredientes de uma boa receita. O Sandro voltou a referir a lontra, sugerindo que o padre Lúcifer poderia estar certo. "Podia ser uma lontra imigrada em Espanha, daquelas sem passaporte, que engana os postos fronteiriços com um boné e duas de letra", dizia ele. Foi insultado pelo irmão, que lhe voltou a chamar de parvo e o acusou de não perceber nada de Espanha nem de patos. O mais importante é que o Carcela ficou em êxtase no dia da surpresa. Posso dizer, com extremo orgulho, que naquele momento lhe mudei a vida. Ele já não é aquele juiz solitário, deprimido, carregado de remorsos e com aversão a arroz de pato. Hoje, quando não está no tribunal, ele é o condutor da creche para vários tipos de animais. Na sua carrinha às cores, tem levado em aventuras vários animais, tais como cães, gatos, coisas com asas, póneis, lagartixas, moscas-pardo e porcos-espinhos, mas são os patos que essencialmente ocupam a sua carrinha. Toda a gente na aldeia o adora. Quando as pessoas ouvem aquela buzina (um coro a grasnar, gravado em estúdio por 13 patos e duas cegonhas bem-humoradas), já sabem que vem aí o Carcela Barroso, o juiz que brinda os pequenotes com passeios diários. E nem é obrigatório que tenham patas, pois até o doutor Bedelho já foi visto a usufruir do passeio. Não há animal que não o adore. O meu primo Júlio Embrulhado tem um gato siamês, muito rápido, que mal ouve aquele buzinar passa pela casa de banho e depois salta pela janela da carrinha para, de lábios pintados e uma camisa justa, ser o primeiro a sentar-se na creche ambulante. A vizinha dos meus pais tem um papagaio albino, também de nome, que se esfrega numa escova de cabelo antes de voar para a carrinha. E o Trulídeo Jesus, o dono do café, tem uma centopeia que costuma estar em cima do balcão, daquelas fofinhas que até nome têm, que assim que o Carcela se aproxima ela entra num género de transe. Mal ouve a orquestra aviária, a Mila deita-se de costas e todas aquelas patas ficam espetadas para cima, rijas como cornos. Existem animais muito sensíveis. E limpos. E bonitos.

O primeiro voo (Lisboa-Frankfurt) foi sossegado, sem nada de especial para recordar. Como eram cinco da manhã, estávamos ensonados o suficiente para voltar a adormecer rapidamente. Foi fácil para todos menos para mim, uma vez que eu estava nervoso por estrear um avião, daqueles grandes, com asas. Invejei o meu pai, que durante as quatro horas de viagem dormiu como um bebé de bigode, de fones nos ouvidos e abraçado à pantera. Seja em casa, no avião, em cima de uma árvore ou debaixo de algo ou de alguém, o meu pai precisa apenas de três coisas para dormir: a música da Cinderela nos ouvidos, a pantera cor de rosa nos braços e algum sono. Eu fiz a viagem toda a devorar o livro que a Teresa me tinha oferecido: “Seduzido por gafanhotos, quem nunca!”

Chegados à Alemanha, teríamos de esperar seis horas pelo próximo avião que nos levaria a Pequim. Havia tempo suficiente para sair do aeroporto e ir até ao centro da cidade. Pensámos em ir de comboio, mas a minha mãe achou má ideia. O meu pai não se dá bem com comboios. Discute furiosamente com eles e nunca algum psiquiatra o conseguiu explicar. Surgiram teorias que sugerem um trauma de infância, originado numa viagem de comboio que correu menos bem ou na ingestão de uma água em pó, mal misturada e não necessariamente num comboio; mas nunca passaram de teorias. O meu pai não se lembra de viagens estranhas ou de águas passadas. Foram muitas as tentativas de cura. Desde viagens de comboio amordaçado, passando por ele amordaçado num comboio não amordaçado, até pai-nossos cantados por um cego mal vestido, mas com vontade de ajudar, tudo se tentou, mas tudo foi em vão. A última vez que andou de comboio foi quando fomos à feira do bigode artesanal, um evento bienal que se realiza na cidade mais próxima da nossa aldeia. Correu pior do que esperávamos. Sentado no chão, virado para a porta do WC, insultou o comboio toda a viagem com ofensas capazes de fazer corar até os transportes mais dignos. No regresso, adicionámos-lhe um sonífero à bebida, para que fizesse a viagem a dormir e não assustasse os passageiros. Mesmo assim, fartou-se de repetir palavrões durante o sono. Alguns passageiros riam, outros — principalmente os que levavam crianças — queriam atirá-lo do comboio em andamento. A partir desse dia acabaram-se as viagens em carris. E mesmo em trenós, só vigiado. Apesar daquele passado, ele queria tentar o comboio alemão. Alegava que por ser alemão o comboio não o iria entender, o que evitaria uma discussão acesa. "Eu lido bem com monólogos", dizia ele, "ou então vou todo o caminho a cantar". A minha mãe não foi em ensaios nem em cantigas e chamou um táxi. Surgiu um problema: o táxi só permitia transportar quatro passageiros. De nada adiantou o meu pai tentar demonstrar que um anão cabe no bolso do casaco. Doeu-me muito, mas o doutor Bedelho teve de viajar na bagageira. Não levou a mal e explicou que até gostava, tanto que por vezes ia de táxi para o tribunal e, mesmo sozinho, optava pela bagageira. Lembra-lhe o berço feito à mão pela sua querida mãe que já partiu. A história só fez sentido quando ele explicou que a mãe era mecânica. De triciclos e andarilhos, mas mecânica. E das boas, segundo ele. Eu não comentei, mas dei-lhe um sentido abraço antes de o pegar ao colo e o atirar para a bagageira. Naquele momento, eu percebi não só porque tinha ele um triciclo em casa, como o porquê de às vezes nos receber de andarilho. Saudades da mãe, pobre homem. Se eu soubesse, a minha prenda de natal para ele teria sido um triciclo. Ou um andarilho. Ou talvez os dois, mas de cores diferentes. Teria sido mais interessante do que a escova de dentes eléctrica que lhe ofereci. No próximo natal já sei.

Gostei muito da cidade de Frankfurt. Tínhamos pouco tempo, mas deu para apreciar a igreja, os famosos cafés e as lojas de tudo e de mais alguma coisa. Demos por nós sentados numa esplanada de um café famoso, cujo nome não irei dizer aqui, porque não me pagaram pela publicidade e também porque não sei escrevê-lo. Energético como sempre, o meu pai não aguentou muito tempo sentado e sugeriu que fôssemos "dar uma volta". A Teresa e a minha mãe preferiram ficar ali sentadas a chupar mais um gelado.

— Toma conta do teu pai — pediu a minha mãe. — Não podemos perder o avião nem o teu pai.

Eu e o doutor Bedelho seguimos o meu pai, que parecia um guia turístico apontando para tudo, descrevendo o que via como se conhecedor fosse e dizendo "olá" a toda a gente que passava.

Passeávamos há uns cinco minutos, quando aconteceu... Numa esquina onde tinha uma florista que vendia chinelos simpáticos e rosas, estava um vendedor ambulante de cartola na cabeça e cuja empresa sobre rodas me lembrava aqueles vendedores de castanhas na minha aldeia.

Contudo, a única semelhança eram as rodas. O resto era tudo feio. Nunca tinha visto cachorros-quentes de cor acastanhada a fugir para o verde-podre.

— Já se comia qualquer coisa, não? — sugeriu o meu pai, enquanto esfregava a mão na barriga.

— Ó Berlefes, não estás a pensar no que estou a pensar, pois não? — perguntou o doutor Bedelho.

— Talvez não, não ligo muito a chinelos nem a flores.

— Não é isso, Berlefes. Não estás a pensar comer aquilo, pois não?

— Porque não?

— Ó papá, o doutor tem razão. Temos tantos sítios para comer, porque é que queres comer aquele pão molhado com molho verde?

— Oiçam, temos de respeitar as iguarias locais.

— Mas Berlefes… o vendedor é chinês e nós estamos na Alemanha — meteu o Bedelho.

— O quê?! Ainda não chegámos?!

— Não, Berlefes, isto ainda é Alemanha. — E consolou-o, colocando-lhe a mão na canela, visto não lhe chegar ao ombro.

Argumentámos o melhor que pudemos que ele não deveria comer aquela comida de aspecto duvidoso, mas nem o mau cheiro o demoveu. Ele alegava "iguarias locais" e mencionava queijos que também cheiram mal, mas eu desconfio que a atracção era o vendedor e não a comida. Parecia um Salvador Dali chinês, com aquele bigode encaracolado que lembrava as escadarias dos filmes sem final feliz. Enquanto o meu pai se aproximava do vendedor, nós os dois ficámos afastados e eu filmava a compra, pois o meu pai queria uma recordação das iguarias locais. Ouvimos o chinês falar muito, entre sorrisos, mas claro que nenhum de nós percebeu aquelas palavras. O meu pai apontou para o que queria, mas também não era difícil já que a única coisa que havia à venda era aquele pão pastoso com uma provável salsicha sabe-se lá do quê ou de quem, polvilhado de molho verde aguado. Pagou e já vinha a caminho a trincar o cachorro, quando decidiu voltar atrás. Pensei que iria reclamar com o vendedor, mas o que vimos foi o meu pai a gesticular, claramente a pedir-lhe algo. O Dali chinês deu-lhe um imundo cartão onde se via um número de telefone e um cachorro, trocaram sorrisos, e viemos embora. Depois entraria em contacto para lhe pedir a receita daquela coisa tão saborosa. Pelo menos foi esta a explicação do meu pai que, apesar dos nossos quase vómitos, insistia para que provássemos. Claro que não provámos e enquanto ele não acabou de comer eu não destapei o nariz. Continuei a gravar todo o caminho de regresso e, enquanto nos afastávamos, reparei que o chinês e a florista se riam às gargalhadas.

Quando chegámos à esplanada, a minha mãe e a Teresa estavam em pânico. Distraímo-nos com as horas e arriscávamos perder o voo. Estávamos tão em cima da hora que tivemos de correr para a praça de táxis. Como o doutor Bedelho nos estava a atrasar, o meu pai pô-lo às cavalitas. Ele adorou, nunca o vi tão feliz. Durante aquela pequena corrida, agarrado às missangas do bigode do meu pai, ele parecia cavalgar um unicórnio dos modernos — sem nenhum corno, mas com muitos pêlos —, rumo ao confortável berço no final do arco-íris. Contagiados pela alegria dele, eu e a Teresa decidimos fazer o mesmo e, sem demoras, saltei para as costas dela. A meio trocámos: a Teresa foi sozinha e eu às costas da minha mãe. As outras pessoas sorriam perante tão feliz família. Até o taxista foi contagiado e tivemos de lhe dizer que tínhamos pressa, com a ajuda do tradutor do telemóvel, para que ele saísse de cima do meu pai.

Estávamos prestes a entrar no avião que nos levaria a Pequim, quando ouvi o meu pai dizer à minha mãe:

— Se calhar deveria ter ido cagar.

— Ó Berlefes, baixo! — ralhou a minha mãe, envergonhada com as pessoas à volta.

— Como assim, Jordana? Não costumo fazer barulho na sanita, sabes bem como sou delicado com as minhas partes íntimas. Até os meus traques fazem lembrar borboletas.

— Não é nada disso, Berlefes Silva. Estou a dizer para falares baixo, que não estamos aqui sozinhos. Ninguém precisa de saber o que se passa nos teus intestinos ou na tua cabeça.

— Mas qual é o problema? As outras pessoas não cagam?

— Não é cagar, é defecar — corrigiu ela.

— Mas como é de ficar, se o que tenho é para sair?

A minha mãe olhou séria para ele, tentando perceber se era ignorância ou apenas uma piada. O meu culto pai soltou uma gargalhada e depois beijaram-se. Afinal era só uma piada. Os meus pais amam-se muito, mesmo nas conversas de merda.

Mal entrámos no avião, o meu pai correu corredor afora. Desconfiei que ele tivesse bebido sumo de ananás, mas logo percebi que aquela pressa toda era o desespero para chegar à casa de banho. A hospedeira correu atrás dele, mas acabou por perceber a urgência e deixou-o ir. Enquanto ele não se sentasse no seu lugar, com o cinto posto, o avião não poderia descolar. Durante 25 minutos toda a gente reclamou do atraso, mas a natureza é mais forte do que qualquer multidão em fúria. Voltou branco e sentou-se no lugar dele, ao meu lado. Parecia mais magro.

— Estás bem, papá? Estás de diarreia?

— Não, filho, estou de caganeira.

— Ó papá, é diarreia!

— Não sou médico, filho, mas pela cor acho que era caganeira. Seja como for, não te preocupes, já estou melhor.

— Mas pelo menos podias-te ter lavado…

— E lavei, filho. Não se nota nada.

— Papá, tu estás de saia. E também se nota pelo rasto que deixaste no corredor.

— Ao menos não cheira mal, filho.

— Precisas de uma operação.

— Operação?! Como aquela que o teu amigo fez?

— Que amigo?

— Aquele que quis mudar de sexo.

— Não, não é esse tipo de operação. Tu precisas é de uma operação ao nariz, papá. Claro que cheira! E não é bem nem pouco, eu nem sei se isto não dará multa. — E voltei a percorrer com o olhar aquele rasto maléfico que atravessava o corredor até à casa de banho.

Iniciámos a viagem que duraria 11 horas, viagem essa não fácil para o meu pai. Nem um minuto ficava sentado pois saía a correr para a casa de banho. Aquele ritual repetiu-se durante as primeiras três horas de viagem. E de cada vez que voltava era clara a sua perda de peso. Até as missangas já lhe saltavam do peito. Ele insistia que o cachorro que comeu na Alemanha não podia ser o culpado, até que lhe falei da minha descoberta. Mostrei-lhe o vídeo que fiz quando ele negociava com o Salvador chinês. E quando o chinês disse para a florista "Mā de, wǒ dū bù zhīdào tā shì zěnme chī zhèxiē dōngxī de! Ó! Ó! Ó!", o meu pai comentou que gostaria de perceber o que os fez rir tanto.

— Aposto que adoraram o meu bigode.

— Não, papá, nada disso. É isso mesmo que te quero mostrar, eu consegui traduzir. Ouve o que ele diz.

Activei as legendas e rebobinei o vídeo. O vendedor chinês dizia à florista: "foda-se, nem sei como é que ele comeu aquela merda! Ah! Ah! Ah!"

— Como foi ele capaz?! É bem verdade que quem vê bigodes não vê corações.

— Espera papá, não é tudo. — E mostrei-lhe a segunda frase, que traduzida era: "E se ele fizer a receita que lhe vou dar, vai borrar-se durante uma semana! Ah! Ah! Ah!"

Durante aquela longa viagem, houve tempo para dois filmes. Todos vimos a parte um e a parte dois do "Lama-Fu" — os famosos filmes indianos sobre um lama que tem o sonho de se tornar um mestre de luta greco-romana. Todos menos o meu pai, que continuava nos seus sprints de merda e que só chegou a tempo de ver o "Lama-Fu 2". Sem surpresas, adorou o filme.

— Estás a ver, papá? Existe mais cinema para além dos teus filmes de cowboys. Aliás, eu nem percebo como nunca tinhas visto este filme, logo tu que adoras luta greco-romana.

— Tens razão, filho, mas eu da índia é mais caril.

— Foi pena não teres visto o primeiro filme — lamentou o Bedelho. — Até anões teve.

— Já tenho anões que cheguem na minha vida — disse carinhosamente o meu pai, enquanto o punha no colo e lhe fazia cócegas.

Depois de aterrar em Pequim, tínhamos 24 horas até ao próximo voo. Ficámos num hotel, reservado pela mesma pessoa que nos marcou a viagem e nos garantiu ser o melhor sítio para passar o dia. Até jornais em Português aquele hotel tem", informou-nos o senhor Mamamanel. Tinham também um funcionário que falava português e uma feira de artesanato que vendia desde muralhas da China em miniatura até relógios para perdidos no tempo, feitos à mão por uma associação de doentes de alzheimer com bigode. Acabei por comprar uma muralha da China. O meu pai saiu de lá com três relógios no pulso e um café marcado para depois do almoço.

Chegámos ao aeroporto de Pequim às 8:30 da manhã e pouco depois estávamos nos nossos respectivos quartos. Eu e a Teresa aterrámos na cama, que só deixámos por volta do meio dia. A minha mãe e o Bedelho também foram descansar, mas o meu pai não — ele andou à solta no hotel. Não sei o que andou a fazer sozinho, mas quando nos voltámos a cruzar ele trazia laca no cabelo e uma saia nova. Achei estranho, pois o preto não era bem a cor dele, mas não fiz perguntas. Estando de férias, eu queria paz e sossego, não o risco de obter respostas que me levassem de volta à minha infância. Os "porquês" pertencem ao passado, tal como os debates sobre vestuário ou o litro de laca na cabeça do trolha Crezílio.

Eu e a Teresa estávamos no restaurante, a tomar um pequeno-almoço reforçado e tardio, quando o meu pai apareceu de repente.

— Filho, já viste isto? — E abriu o jornal entre mim e a minha torrada com açúcar amarelo.

— Papá, estou a comer, agora não me apetece ver anúncios de chinelos — respondi eu, ao olhar para o chinelo da foto do jornal.

— Não é a foto, Gersúlio. Lê o que está aqui.

No topo da página lia-se "Psicopata mindinho volta a atacar". A notícia falava de um psicopata que nos últimos meses atacava na Alemanha e a quem se referiam como mindinho. Segundo o jornal, quatro pessoas reportaram no mesmo dia terem acordado com menos um dedo do pé. E era sempre o mindinho. Era só um, mas em muitos pés.

— Como será que eles saem da cama?

— Papá, acho que não é isso o importante desta notícia.

— Falas de barriga cheia, meu filho. Coloca-te no lugar dessas pessoas. Imagina teres de entrar em casa em bicos de pés e não poderes.

— Porque haveria eu de entrar em casa em bicos de pés?

— Filho, acho que não é isso o importante desta notícia.

Ao nosso lado, o Bedelho, exímio apreciador de lamas e sarcasmo, soltou uma gigante gargalhada. Apesar de na maioria das vezes não compreender o que via e ouvia, ele era muito fã da nossa relação pai-filho.

Estes crimes, que decorriam há cerca de um ano, começaram por fazer uma vítima por mês. Depois dois pés semanais, às vezes três (principalmente quando as vítimas eram solteiras), até que naquela semana os alemães tomaram conhecimento de um novo recorde. Oito dedos na mesma noite eram dedos a mais. A polícia não tinha mãos a medir. O jornal tinha duas páginas dedicadas a este assunto, que tanto tinha de horripilante como de fascinante. Talvez ainda mais estranho fosse o facto de o criminoso deixar uma prenda a todas as suas vítimas: um par de chinelos com uma rosa por cima. O medo era tanto que já havia alemães a dormir de botas de cano alto. O artigo referia um criador de cães cujos pastores alemães dormiam de meias grossas e uma touca amarela na cabeça. As meias foram ideia do homem, mas a touca foi escolha da matilha. Porquê? O jornal não dizia, mas todos sabemos o quão inteligentes os animais podem ser, principalmente aquela raça especialista em cores e vestuário.

— Ouve, Emílio sabe quem anda a arrancar dedos.

— Sabes?!

— Porque pareces tão surpreendido? Sabes bem que Emílio Narciso Brúlio é o maior detective do mundo e a sua perspicácia é quente como a de um vulcão que…

— Quem é? — interrompi.

— Outra vez essa conversa? É Emílio!

— Não é isso, Emílio. Quem é o mindinho?

— Tu também sabes quem ele é.

— Hã? Não, claro que não sei. Se soubesse, avisaria a polícia.

— Emílio vai dar-te pistas.

— Pistas? Pistas de carros? Não é o meu aniversário, Emílio. — Ele andava tão estranho que até mudava de assunto a meio de uma conversa.

— Não, Gersúlio, nada disso. O maior detective do mundo vai ajudar-te a resolver este mistério. Pensa com Emílio: onde viste chinelos?

— No meu quarto, a Teresa tem uns.

— E mais onde?

— No quarto da minha mãe, quando lhe fui ler o Pilóquio.

— Ela lê?

— Sim, andou na escola.

— Não é isso! Ela costuma ler o Pilóquio?

— Não, sou eu que lhe leio.

— Mas porquê?

— Porque ela prefere ouvir em vez de ler.

— Ouve, Gersúlio Berlefes Silva… o que Emílio pergunta é porquê o Pilóquio…

— Ah, já percebi. Tinha de ser, porque não trouxe "O bigodinho feio".

Por um breve momento, aquele gafanhoto ficou a olhar para mim, de copo na mão, sem nada dizer. Depois suspirou fundo…

— E mais onde? Onde viste chinelos?

— O meu pai também tinha uns, da cor da pantera cor de rosa.

— E mais onde?

— Quando chegámos, vi que vendiam na feira de artesanato.

— E mais onde?

— Aqui. — E apontei para o jornal.

— Isto assim não vai resultar. — O Emílio mostrava-se impaciente. — Emílio vai dar-te mais pistas. Onde viste chinelos e rosas juntos?

— No filme "O nome da rosa".

— Esse filme tinha chinelos?

— Rosas sim, chinelos não me lembro, mas eu tinha uns calçados quando vi esse filme.

— Não, Gersúlio… pensa! Tu consegues…

— Seria outro filme do Sean Connery?

— Não, não tem actores.

— Era uma actriz?

— Gersúlio, esquece o cinema. — Ele parecia zangado por eu estar a ganhar no jogo das pistas. — Emílio dá mais duas pistas: cachorro, Alemanha.

Mal juntei as palavras "cachorro" e "Alemanha", cheguei lá.

— Pastor alemão? — perguntei confiante.

— Não, Gersúlio! Ouve, Emílio está a falar de ti, ontem, com o teu pai e o anão.

— Eu já te disse para não dizeres "anão", que ele tem nome.

— Não é por mal, mas Emílio esquece sempre o nome dele.

— O nome dele é Olavo Bedelho Julinho, gafanhoto. E não estou a perceber estas perguntas. O que aconteceu ontem na Alemanha? — De repente, fez-se luz. — Estás a falar de quando o meu pai foi comer aquela porcaria?

— Isso, Gersúlio, isso! Finalmente!!!

Ele não precisou de dizer mais. Fui invadido pela imagem daquela florista a vender chinelos e rosas junto ao Dali chinês.

— Mas Emílio… achas mesmo que o psicopata é a florista? Chinelos há muitos!

— Já tinhas visto uma florista a vender chinelos, Gersúlio? E depois, porque vendia ela apenas rosas?

— Se calhar tinha as outras flores guardadas… — Nem eu acreditava no que acabara de dizer. E será que o vendedor estaria também envolvido?

O que o Emílio sugeria fazia muito sentido. Seria aquela estranha florista a pessoa responsável por aqueles crimes? Voltei a correr o vídeo que fiz e sim, os chinelos que a florista vendia eram iguais aos que vinham no jornal. Parecia-me uma coincidência grande demais, eu teria de fazer algo. Primeiro de tudo, reuni com os restantes para lhes dar conhecimento da descoberta. A reacção do meu pai surpreendeu-me:

— Ah! Por isso o bigode falso!

— O vendedor tinha um bigode falso?

— Sim, filho, claro! Não há bigode que engane o teu pai.

— Mas então… porque pediste o contacto ao vendedor?

— Porque pedi?! Para lhe pedir a receita, claro. Para o que haveria de ser?

Eu e o Bedelho olhamos um para o outro, sem uma palavra dizer.

A conselho do meu pai, telefonei ao juiz Carcela Barroso. Ele não era polícia, mas certamente saberia o que fazer. E foi uma decisão acertada, pois a sorte ditou que ele tinha um amigo que ocupava um alto cargo da polícia alemã. Descrevi o local onde vimos a florista e enviei o vídeo para que ele o reenviasse para a polícia alemã.

— Ó filho, falar com o Carcela deu-me saudades do nosso país.

— Papá, nem dois dias se passaram...

— Sim, mas parece que o tempo passou mais rápido. Talvez seja do fuso horário.

— Entendo, mas o queres fazer?

— E se usássemos o teu computador para fazer uma chamada de vídeo ao Lúcifer?

Fiz-lhe a vontade. O padre Lúcifer estava acompanhado pelo Sandro e os dois estavam vestidos de tanga tigrada, igual à do Tarzan, só que a deles estava virada para trás.

— Não sabia que também vinhas à festa, Gersúlio — disse o Lúcifer.

— Que festa? — perguntei, confuso.

— É a festa da tanga invertida — respondeu o Sandro. — Foi inventada pelo teu pai.

Naquele momento percebi que as saudades de Portugal eram afinal tanga. Quando olhei para o lado, ele tinha desaparecido.

— Papá?

— Estou aqui, filho — gritou-me de longe, enquanto remexia no guarda-fato. — Diz-lhes que vou já.

Não demorou a regressar, pronto para a festa. Não era tigrada, mas era uma tanga amarela fluorescente e sim, também estava invertida. Tão invertida que quando ele se aproximou do computador fui obrigado a ver-lhe os colhões pousados na merda da mesa. Peço desculpa pelo palavrão, mas acho que nos dias que correm até na televisão se diz merda. Aquele tipo de festas já não me surpreendia, cresci a tomar conhecimento delas, mas o que eu não esperava era ver a Trevas.

— Trevas?!

— Olá, meu querido Gersúlio.

— Também estás na festa da tanga invertida?

— Sim, meu querido. Já sabes que eu sou fã das ideias do teu pai.

— E a tanga?

— Oh, não gosto de tangas… — E mudou de assunto. Acho que sei porquê, eu bem sei que ela não usa cuecas…

Estivemos ali uma hora em conversa e risos, até que já no final a Trevas me quis fazer uma pergunta.

— Gersúlio, diz-me uma coisa, nessa história que contaste da casa da Satância, viste alguma vez um par de cornos?

— Sim, vi… porquê? — Eu não faço ideia como ela poderia saber daquilo.

— Por nada, Gersúlio… por nada. Agora tenho de ir, depois falamos. — E desligou.

Entrámos no último avião, felizes e ansiosos por saber que estávamos a cerca de quatro horas e meia do destino final. Eu não acreditava em coincidências, até me encontrar naquela atribulada viagem. Quais seriam as probabilidades de passarem os filmes Lama-fu nos dois aviões? O leitor certamente conhece estas obras de arte indianas, mas pelo sim, pelo não, deixo um pequeno resumo: é a história de um Lama que trabalha num circo com anões. Um dia, deixa cair o terceiro anão do trapézio sem rede e após uma curta depressão decide que vai ser um mestre de luta greco-romana. Como mestre, ele poderá apanhar todos os anões do mundo. Volto a questionar: quais são as chances de passarem aquele filme quando um dos passageiros é anão e o outro é fanático por luta greco-romana? O mundo é mesmo um lugar bizarro. No outro avião, o meu pai só viu o *Lama-fu 2*. Aqui, sem problemas intestinais, pôde ver o primeiro. A ordem dos filmes foi muito confusa para ele, que demorou a aceitar que a história não era sobre um mestre de judo que passou a ser um lama de circo, mas sim ao contrário, mas isso não o impediu de obcecar com o herói lama. Quando voltámos das mini férias, toda a gente o tratava por Lama. Não era só a família, mas também todos os estranhos, uma vez que ele se apresentava como Lama. A excepção era na empresa dele. Também é verdade que ele quase não punha lá os pés, mas quando lá aparecia toda a gente o tratava por senhor Lama Berlefes.

A nossa estadia no Tibete foi anormal, mas… primeiro, terei de encerrar o capítulo do mindinho. Durante aquela semana no Tibete, não tivemos qualquer informação do Carcela. O meu pai tentou ligar para o número de telefone que vinha no cartão do chinês, mas atendiam de uma lavandaria. Quando soubemos que os crimes tinham sido solucionados, já estávamos em Portugal. Soubemos primeiro do que os jornais, através de uma visita a casa de um preocupado Carcela que, após sentar a família à mesa, iniciou a conversa com uma frase assustadora.

— Berlefes, tens de fazer análises o mais rapidamente possível.

— Amigo Carcela — respondeu o meu pai —, tu conheces-me bem. Tu sabes que eu vivo o dia-a-dia e não sou homem para andar a criticar os outros. Se achas bem que esse teu pato regressado do mundo dos mortos use um relógio de ouro, quem sou eu para criticar? Não tenho de analisar nada, é preciso é saúde.

O pato Carlos, sentado educadamente na cadeira, olhou para baixo e grasnou um "quá-quá-quá" como que a dizer "são três da tarde".

— Não é nada disso, Berlefes. Tens de fazer análises clínicas. E é urgente. — As suas palavras deixaram-nos muito preocupados. Depois, esclareceu-nos com toda a história do mindinho, que afinal era mais complexa do que eu e o Emílio imaginávamos, não sem antes nos informar que o pato agora não era "Carlos", mas sim "Dom Carlos II".

Ficámos a saber que o mindinho não trabalhava sozinho. Todos os crimes foram levados a cabo com a ajuda da sua irmã, a florista das rosas. Um orgulhoso gafanhoto encostado ao frigorífico piscou-me o olho. Incrível, ele é mesmo o melhor detective do mundo. O resto que ouvimos foi progressivamente assustador. O Carcela explicou-nos como se processavam os crimes. As pessoas eram drogadas e adormeciam profundamente na cama. Depois, na calada da noite, os irmãos entravam no quarto munidos de pantufas e tesoura de poda. Junto de cada vítima, deixavam um par de chinelos e uma rosa. Um mistério ficaria por resolver: segundo a polícia, havia uma terceira pessoa envolvida, que era quem drogava as vítimas. No entanto, os irmãos recusaram-se a denunciar o provável chefe.

— E o que faziam aos dedos? — perguntou a minha mãe.

— Essa é a parte que me preocupa muito… — respondeu o Carcela. — A polícia descobriu que eles usavam os dedos para substituir as salsichas nos cachorros-quentes que vendiam ao público.

Ao ouvir aquilo, eu e a minha mãe ficámos em estado de choque, boquiabertos. O meu pai não. Soltou uma gargalhada e comentou: "já comi muita coisa estranha na vida, mas dedos é coisa que nunca experimentaria. Ah! Ah! Ah!"

— Papá, não estás a perceber. O que tu comeste na Alemanha foram dedos, papá!

— Não, que parvoíce, aquilo era uma iguaria local. Tens de ser mais mente aberta, filho.

— Berlefes, infelizmente o teu filho tem razão.

— Não pode ser, Carcela — insistiu o meu pai. — Onde já se viu dedos humanos com aquela cor?

— Papá, o molho foi acrescentado depois.

Os seus olhos mostravam finalmente a compreensão da situação.

— Vocês estão a tentar-me dizer que aquilo não era alho, mas sim unhas? — disse num tom de profunda preocupação. — Eu sou alérgico a unhas! Por isso a diarreia dos infernos!

Vestiu o casaco, calçou os seus sapatos da sorte — uns amarelos esverdeados, de salto alto, que ganhou num sorteio da feira artesanal do bigode — e pela primeira vez em muito tempo, saiu de casa sem as missangas do peito. A urgência ditava que corresse para a clínica mais próxima, não havia tempo para a ostentação de peito à macho.

De facto, a sua alergia a unhas era real. Quando era mais novo, sempre que roía unhas o resultado era uma grande discussão com o pai. O meu pai acreditava ser uma maldição. Depois da acesa discussão, havia diarreia de meia noite e, segundo o meu avô, era contagioso. Chegou a acontecer estar um na sanita e o outro na banheira, a perderem quilos, mas sempre a discutirem. Felizmente, hoje o meu avô é um homem muito rico e casas de banho não faltam na casa dele. O meu pai não sabe disto, mas certa vez, quando eu era miúdo, eu estava escondido no guarda-fatos e vi a minha mãe falar-lhe num tom fofinho e a meter-lhe o dedo na boca. Mal lhe tocou nos lábios, o meu pai borrou-se todo. Era um cheiro que não se podia, tanto que ainda hoje não sei como me mantive ali, escondido até o chão estar limpo e o quarto vazio. Lembro-me, no entanto, de ter andado com dores no nariz durante uma semana, de tanto o apertar. E aquela carpete nunca mais foi a mesma.

— Carcela, achas que pode ser grave? — perguntou a minha mãe, num tom de preocupação.

— Não há de ser nada, dona Jordana, mas mais vale prevenir. Existem relatos de vítimas que só acusaram sintomas um mês mais tarde.

— Quais foram os sintomas? — perguntei. — E tem cura?

— Pelo que se sabe, é apenas uma doença temporária. Quanto aos sintomas, uma senhora começou a cuspir impressões digitais; e temos também o caso de um albino que desenvolveu uma paixão avassaladora por qualquer dedo de conversa. Muito triste para a família. Ele nunca se cala, até de madrugada inicia conversas sobre tudo e mais alguma coisa.

— Será que é por ser albino? Estará relacionado?

— Não, Gersúlio, o meu amigo polícia contou-me que também aconteceu com Fernandos e Antónios.

— Que raio de psicopatas doentes — comentou a minha mãe. — E já agora, porque deixavam eles uma rosa no lugar dos dedos?

— Pensa-se que era apenas uma forma orgulhosa de deixar a sua marca. Um dos nomes dela é Rosa.

— E porquê os chinelos? Existe alguma relação com estes atrozes crimes? E seriam iguais aos que ela vendia na Alemanha?

— Sim, Gersúlio… os chinelos eram especiais. É calçado específico para pés com falta de dedos, um negócio em ascensão em todo o mundo.

— Ah, sempre dinheiro… sempre dinheiro… triste mundo este em que vivemos.

— É verdade, Gersúlio, é muito triste. Bem, tenho de ir embora que o Dom Carlos II tem aula de natação e depois esgrima. Desculpem ter-vos trazido tão má notícia. Vai correr tudo bem com o Berlefes, ele é forte.

— Obrigado, amigo, eu quero acreditar que o pior já passou e que ficou tudo naquela sanita e corredor do avião.

— Obrigado — agradeci, enquanto me despedia dele. — E parabéns, o pato está lindo e vê-se que tem uma boa vida.

— Tem sim, ele antes era só patas e vinho verde, mas agora é um verdadeiro rei. Dom Carlos II, diz adeus à senhora e ao filho — ordenou carinhosamente ao seu pato.

— Quá! — E saltou para a cabeça do Carcela, pronto e a horas das próximas aulas.

As análises clínicas demonstraram que o meu pai estava livre de qualquer doença. Todas as consequências daquele cachorro rafeiro ficaram no avião. A maior parte das vítimas não teve tanta sorte. As semanas que se seguiram foram um banquete para os jornais. Uma sondagem, feita porta a porta, mostrava como aqueles bárbaros deixaram sequelas traumáticas no povo alemão. À questão "qual é o seu maior medo?", 98% dos inquiridos responderam "acordar sem os mindinhos dos pés". Dos outros 2% dos inquiridos, 1% respondeu "pastores alemães de touca amarela" e os outros 1% não estavam em casa. Como talvez o leitor se lembre, todos os dias saíam notícias e reportagens sobre o duo psicopata, mas foi na revista "manicure e podologia" onde li a história mais completa dos manos.

Quando era pequeno, o mindinho queria ser um pónei. Rapaz novo, mas já com barba, aos nove anos juntou-se aos escoteiros não locais. Não é que os locais estivessem ocupados, mas o mindinho sempre gostou de fazer longas distâncias a pé com os cabelos ao vento e os da cabeça tapados por uma cartola. Como em tantos outros aspectos, assemelhava-se aos unicórnios que venerava. Como se sabe, existem unicórnios que não se depilam nem quando vão ter com a unicórnia. Os seus pais eram hippies modernos, que queriam o melhor para os seus filhos. E o melhor será sempre a liberdade. Ele era livre de escolher a sua própria vida. Aceitariam tudo menos floristas na família, pois as regras familiares proibiam a escravidão vegetal. A mãe mostrava-se intransigente neste preceito. O pai era mais tolerante, só não gostava de brócolos, mas apoiava incondicionalmente a sua mulher na educação dos filhos. Os irmãos compreendiam e aceitavam esta única regra dos pais, já que o bisavô materno foi um nenúfar abusado por sapos gordos. Se quisesse, ele podia viver como um príncipe, com coroa e tudo, visto ser filho dos reis de uma ilha a sul do pacífico; mas se ele preferisse ser um pónei, eles jamais colocariam obstáculos. Não seria a primeira vez que davam liberdade total a um filho. Já o haviam demonstrado com a irmã do mindinho, conhecida carinhosamente na vizinhança por "a rameira". "Sê feliz, minha filha. Tens 16 anos, só tu sabes o que queres" — foi com estas palavras que lhe abriram a porta para a deixar partir em direcção aos seus sonhos. Na mochila levava um par de chinelos, três batatas das grandes, uma rosa escondida e um casaquinho feito pela mãe de algodão.

— Não, não me enganei na vírgula. Cala-te por favor, Emílio, que eu estou a tentar escrever!

— Emílio só tentava ajudar. O casaquinho é que é de algodão.

— Agradeço-te, mas não foi engano. Eu quis dizer que a mãe deles é fofinha como o algodão.

— E o casaco?

— O casaco não quis dizer nada, eles não falam.

— Não é isso que Emílio Brúlio pergunta. Emílio quer saber o material do casaco. Também era feito de algodão?

— Talvez.

— E se fosse de algodão tal como a mãe deles? Quantas vírgulas punhas?

— Emílio, a mãe deles não é de algodão.

Nos últimos tempos, o Emílio estava irreconhecível. E chato. Por motivos que me escapavam, agora metia-se no álcool. Desde o dia que soube que eu ia ao Tibete, ele andava sempre com os copos. Dizia que estava tudo bem, que só andava a gozar a vida, mas eu sei que era algo mais do que isso. Ele parecia nervoso, ausente e claramente bêbedo. Eu questionava-me se estaria relacionado com o Tibete ou se o facto de eu estar a terminar o livro o afectava de alguma forma.

— Emílio não interrompe mais. Emílio vai comprar tabaco e já volta.

— Mas Emílio… tu não fumas!

— Ah, pois não… Emílio tem andado com falhas de memória. — Mesmo assim, saiu de casa. — Emílio vai beber um suminho e já volta.

Agora até me mentia. Sumo ou não, sem ele eu podia escrever em paz.

Na realidade, Bonnie Rosa nunca foi prostituta. O sonho dela era ser florista, coisa que jamais poderia contar aos pais. Durante anos manteve o segredo, suportando a mentira com ocasionais visitas a casa, onde se apresentava com rímel extra, muito extra, e uns lábios carnudos devido às centenas de camadas de batom. Vestia um cinto largo e no bolso levava várias notas de 20 euros, colocadas estrategicamente de forma a demonstrar o sucesso alcançado na Europa. Por vezes, levava um olho negro, que justificava com um acidente caseiro a cortar pepino aos cubos. Noutras vezes, tinha caído de costas. Ela era boa actriz, mas o seu conhecimento sobre o mundo da prostituição era muito ténue, não tendo outra opção senão inspirar-se numa prima biscateira e num amigo cozinheiro especializado em pepinos. Já o seu irmão, o Xindedo — verdadeiro nome do futuro psicopata mindinho —, inscreveu-se num curso profissional para aspirantes a pónei, daqueles com direito a estágio profissional e reconhecimento hipista. O curso era tão completo que incluía uma disciplina sobre unicórnios, os antepassados dos póneis. Sentir-se bem consigo próprio era o mais importante, mas aquela dedicação também abriria muitas portas profissionais. Uma delas era a possibilidade de posar nu em infantários, para que as crianças pudessem desenhar póneis e unicórnios tal como vieram ao mundo. Outra alternativa seria jorrar purpurinas em festas de bosque, tais como raves ou reuniões satânicas, mas das boas. Já incluído no pacto do bilhete, as pessoas poderiam votar no orifício que lançaria as purpurinas. Aquele curso era como a vida no planeta terra: muito abrangente. Tal como a irmã, também teve nota 20, e um ano depois estagiava no respeitável Centro de Géneros Assim Assim (CGAA), de onde saiu ao final de 11 meses com um orgulhoso diploma e a capacidade de peidar arco-íris.

O longo artigo terminava ainda com uma breve transcrição do primeiro interrogatório a que os criminosos foram sujeitos.

— Qual é o seu nome? — perguntou o inspector da polícia.
— Rosa. Bonnie Rosa.
— Bonnie? Não me diga que você é *Clyde* — disse o polícia para o irmão dela.
— Não, senhor agente, eu sou chinês.

Parei de escrever quando ouvi um estrondo atrás de mim. Alguém tinha caído. Olhei para trás e vi o Emílio esticado no chão. Os seus três fios de cabelo tapavam-lhe a cara. Ao seu lado, uma garrafa vazia. "Emílio", gritei preocupado. Corri para o ajudar, mas antes de lá chegar ele deu um salto até ao tecto e caiu de pé.
— Emílio está bem, Gersúlio — disse ele, todo babado. — Não te preocupes.
— Emílio, tu não podes estar bem, o que se passa contigo? Tu nunca te interessaste por álcool nem por saltos até ao tecto! Diz-me o que se passa.
— Emílio é um gafanhoto! — gritou-me ele, pela primeira vez desde sempre. — Emílio não precisa de ser um grilo para saltar! Os gafanhotos também saltam! Ou preferes um grilo?
— Calma, Emílio, não foi isso que eu quis dizer. — Tentei reconfortá-lo, mas ele balbuciava palavras alternadas com prolongados arrotos. Não desejo a ninguém o cheiro de arroto vindo de 2 metros de gafanhoto bêbedo.
— Emílio bem viu como no outro dia olhaste para o grilo da loja dos animais…
— É disso que se trata? Estás com ciúmes de um grilo sem-abrigo?
Ele olhou para mim e, inesperadamente, parecia estar prestes a chorar.
— Não, Gersúlio… não… — disse, mais calmo. — Emílio tem de te contar uma coisa.
— Está bem, vais contar-me tudo, mas primeiro vais beber um grande e forte café.
Quando lhe passei o café para as mãos, ele falava, mas não era comigo. Ele olhava para a cadeira ao lado como se alguém lá estivesse sentado. Ouvi algo sobre lamas.
— Com quem falavas?
— Emílio tem algo importante para te contar — respondeu, ignorando a minha pergunta. — Emílio teve uma premonição.
— Premonição?
— Sim — confirmou ele. — Sombria.

— Premonição sombria?
— Sim.
— Está bem, Emílio... o que é?
— É uma intuição, um palpite, mas dos maus.
— Eu sei, mas qual é?
— Emílio acredita que tu enfrentarás grandes perigos no Tibete.
— Grandes perigos?
— Sim. Sombrios.
— Perigos sombrios?
— Sim.
— Está bem, Emílio... o que é?
— Emílio acabou de dizer: vais enfrentar grandes perigos.
— Eu sei, mas quais perigos?
— Emílio não sabe. Emílio só sabe o que lhe foi dito.
— E foi dito por quem? — E foi quando ele ficou mudo a olhar para mim, sério como sete grilos.
— Talvez Emílio tenha outra coisa para te contar — disse, finalmente.
— Bebe esse café primeiro. — E em menos de cinco segundos, eu vi-o beber o jarro de café numa golada só.
— Emílio tem um amigo.
— É bom ter amigos.
— Sim, mas este amigo só Emílio consegue ver.
— Ele vive longe?
— Ele está em todo o lado.
— Ele vende porta-a-porta?
— Talvez no passado... Emílio não sabe tudo dele. Ele fez muita coisa neste mundo oprimido onde os pérfidos se recusam a aceitar o portador da chama da solução, um Deus que à terra desceu para auxiliar os perdidos mortais. Milhões de tempestades se abaterão sobre este e outros planetas até que alguém se digne a chegar aos calcanhares do guerreiro Emílio Narciso Brúlio, que em toda a sua glória...

Deixei-o continuar a falar, mas eu já não o escutava. Humm... um amigo que só ele via... viajei até aos tempos em que o meu psiquiatra me tentava convencer de que a Hema era produto da minha imaginação. Tivesse eu caído no erro de negar o que via e hoje não teria uma amiga como a grande general Hema. Talvez até negasse que no meu quarto está um gafanhoto gigante próximo de uma ressaca. Não, eu sei das coisas.
— Tem a ver com lamas? — arrisquei.

De repente, ele pareceu ficar sóbrio e olhando-me nos olhos, disse:

— Emílio sempre soube que o Gersúlio é um indivíduo inteligente.

Sorri, orgulhoso. E também sorri por me aperceber que bêbedo ou sóbrio o Emílio é sempre o mesmo lírico.

— Emílio, o amigo que só tu vês... é um lama?

— Não, é uma pessoa.

— Uma pessoa?

— Sim, um homem. É um tibetano com excesso de peso e está sempre acompanhado por um lama.

— Pode ser *esquema*, Emílio...

— Oh! Do lama?

— Nunca se sabe, Emílio... Nestas coisas é preciso ter cuidado.

— Gersúlio — disse-me sério —, tu tens de parar de ver aqueles documentários.

— Os documentários de insectos?

— Emílio sabe lá, Gersúlio..., mas essa forma mafiosa de falar, esses *esquema*... tens de parar com isso.

— É uma coisa normal nos gafanhotos?

— Emílio fala sempre da mesma forma.

— Não é isso. É normal que os gafanhotos gigantes tenham amigos invisíveis?

— O Batuques não é invisível.

— Batuques?

— Sim, é o nome dele.

— Batuques é o nome dele?

— Sim — respondeu-me, enquanto limpava a baba ao braço da bata de paramédico que vestia. — Mas Gersúlio, isso não é importante agora. O importante é dizer-te que o Batuques avisa que irás correr perigo se fores para o Tibete. E o Batuques sabe muita coisa.

— O mundo dos gafanhotos gigantes é mesmo diferente — disse eu, sorrindo —, nas pessoas isso nunca acontece. Ter um amigo invisível, Ah! Ah! Ah!

— Obrigado por acreditares no Emílio.

— De nada, meu grande amigo. Já houve uma altura que me tentaram convencer de que a Hema não existia.

Ele soltou uma gargalhada.

— Como é possível mente tão fechada — disse ele. — É um desrespeito a um general daqueles.

A conversa foi longa e, sete jarros de café mais tarde, o Emílio aceitou que eu jamais cancelaria a viagem devido a uma premonição. "Nem se viesse do outro lama, o Dalai lama", afirmei. Entretanto, o velho Emílio regressou. De consciência tranquila, ainda que preocupado comigo, deixou imediatamente de beber álcool. No dia a seguir, o maior detective do mundo voltaria em força com aquilo que defendia ser a sua nova descoberta.

— Gersúlio, a tua avó não dança sempre em Portugal, pois não?

— Não, Emílio. A meia-final daquele concurso mais recente foi na Alemanha.

— Alemanha?

— Sim. Aliás, a minha avó viaja muitas vezes para a Alemanha.

— Tem lá família?

— Não, acho que não. Ela só começou a viajar para lá há coisa de ano, ano e meio. Ela adora aquele país. Mas porque perguntas?

— Gersúlio... sabes que nunca se soube quem era a terceira pessoa envolvida com o Xindedo e a Bonnie Rosa...

— Sim... e o que tem isso?

— Será coincidência? — insinuou o Emílio.

— Estás a tentar dizer que o meu pai era a terceira pessoa?

— Hã?! Não, Gersúlio! A tua avó!

— A minha avó diz que o meu pai era a terceira pessoa? — perguntei, num tom mais alto.

— Não, Gersúlio. Calma, concentra-te. Emílio está a dizer-te que a tua avó pode ser a chefe dos irmãos chineses, aquela que drogava as vítimas.

— Ó Emílio, tu voltaste a beber?

— Não, nada disso. Emílio está sóbrio como um grilo fofinho, daqueles que não conseguem saltar até ao tecto...

— A minha avó não faria mal a uma mosca. E depois, onde conseguiria ela as drogas?

— O teu avô, de quem ela agora é tão amiga, é farmacêutico... — E fitou-me, franzindo as sobrancelhas que nunca teve.

— Não, Emílio, não... não pode ser.

— A tua avó tem menos um mindinho de pé, não tem?

— Sim, é verdade — confirmei, nervoso —, mas que lógica seria essa? Foi vítima e cabecilha ao mesmo tempo?

— Não, Emílio não disse isso. Podia ser vingança dela.

— Vingança?

— Sim, raiva do mundo por lhe faltar um dedo no pé.

— E decidiu vingar-se só nos alemães?

— Emílio não pode responder a isso. Emílio é como qualquer Deus, não sabe tudo.

Durante alguns segundos no silêncio, olhei com atenção para aquele poeta guerreiro.

— Nylon — cortei o silêncio.

— Hã?! — Fitou-me, confuso.

— O casaquinho era feito de nylon.

Tibete

É fantástica a visão das montanhas que nos recebem no aeroporto de Lhasa. Como disse o doutor Bedelho e bem: "faz-nos sentir pequenos". Parece que estamos dentro de um vulcão onde nós somos a lava. E por falar em "lava", já conhece o novíssimo aspirador Gersus 2001 FXX? Não só limpa como lava. "Não varra, entube!"

— Uma hora da tarde — observou o meu pai. — Chegámos mesmo a tempo de ver os lamas comerem nêsperas, que eles almoçam a esta hora.

— Não sei se isso será verdade, meu sogro.

— Então? Confundi o fuso horário?

— Não é isso, eu não sei a que horas eles almoçam, mas acho que eles não comem nêsperas.

— Se tiverem fome é o que calhar — comentou o Bedelho.

— Isso é bem verdade — confirmei eu, entre risos —, mas não esqueçamos que os lamas são vegetarianos.

— Não sabia disso. Sempre ouvi dizer que havia lamas no Tibete, não sabia que vinham da Nigéria.

— Hã?! Não é nigerianos, meu sogro, é vegetarianos!

— Não sabia que existia um país chamado Vegetária — disse o meu pai, deixando-nos por um breve momento a olhar para ele até que se desfez em gargalhadas. Ele e nós! O meu pai não é estúpido, é só diferente.

— Berlefes, o minibus já não deveria estar aqui?

De facto, estávamos à saída do aeroporto onde àquela hora já deveria estar a nossa boleia. Como referi, o senhor Mamamanel organizou toda a viagem e ficou definido que um minibus nos levaria até ao mosteiro Palcho onde está o meu irmão. Teríamos cerca de quatro horas e meia pela frente, até à cidade Gyantse, mas todos víamos com agrado essa última jornada no meio de tão bela paisagem.

— Não te preocupes, Jordana, o Mamamanel não falha. — Tentou tranquilizar-nos, mas nem ele parecia convencido.

— Berlefes, como sabemos qual é o minibus? — perguntou o doutor Bedelho.

— Isso é fácil, será provavelmente o único laranja e com bigodes pintados.

— Que raio de minibus, papá. As camionetas no Tibete são todas coloridas?

— Não, filho, mas eu abri os cordões à bolsa e pedi ao Mamamanel para contratar um artista. Se é para ir de férias há que ir em grande estilo.

— E os bigodes?

— Os meus bigodes têm sempre estilo, filho.

Não pude explicar o mal-entendido, pois algo captou a atenção do meu pai.

— Quem tem fome? — perguntou ele, apontando para um vendedor manhoso a alguns metros de nós.

— Berlefes, tu não aprendeste nada na Alemanha? — perguntou o Bedelho.

— Oh, queres ver que agora todos os vendedores são psicopatas?

— Pelo menos parece ter melhor aspecto — disse eu.

— Vamos lá experimentar iguarias locais enquanto o minibus não chega — disse o meu pai, liderando o grupo em direcção à pequena barraca no meio de outras.

O vendedor era um senhor já com alguma idade, usava um longo casaco castanho e um chapéu. E, claro, tinha bigode. Existe algum misticismo na forma como os bigodes parecem atrair o meu pai, como se fosse um chamamento divino. Quando lá chegámos, ele estava sentado a olhar o horizonte, cercado por cachorros já preparados.

— Boa tarde — começou o meu pai —, nós vimos de Portugal. Faz cachorros-quentes à chinês bigodudo da Alemanha?

— *Germany*? — disse o vendedor. — *yo soy German.*

Ficámos todos confusos. Num inglês muito mau e misturado com algum português igualmente mau, mas suficiente para que a minha inteligente mãe o entendesse, o vendedor explicou que era alemão. O meu pai insistiu para que eu usasse o tradutor do telemóvel para fazer aquela pergunta. Não resultou, a aplicação que eu usava não reconheceu as palavras do meu pai.

— Tenta tu, filho, tenta sem bigode.

— Faz cachorros-quentes de chineses a viver na Alemanha? — falei eu para o telemóvel.

A voz do telemóvel devolveu algo onde claramente se poderiam ouvir as palavras "rottweiler" e "nazi". A violenta reacção do vendedor mostrou que o tradutor interpretou mal o "cachorro" e "Alemanha". Aquela simpatia transformou-se em gritos e num dedo a apontar para bem longe dele.

— Gersúlio — disse o Bedelho —, já te tinha dito o quão perigosos podem ser esses tradutores piratas. Tenho um amigo que está preso por causa de um tradutor.

— Preso por causa de um tradutor?! — Eu nunca tinha ouvido tal coisa.

— Sim, apanhou um ano de prisão.

— Mas o que disse o tradutor?

— "Isto é um assalto, passe para cá o dinheiro" — disse o Bedelho. — O meu amigo foi parvo o suficiente para tentar assaltar um banco com um tradutor.

— Mas porque é que ele não falou em vez de usar o tradutor? Ele era mudo?

— Não estás a perceber, Gersúlio. O tradutor não era um telemóvel, mas sim uma pessoa. Era o parceiro dele no crime.

— Ó doutor Bedelho, mas isso é muito diferente!

— Línguas diferentes, mas o mesmo risco — acrescentou ele.

Não houve tempo para comer, pois finalmente chegou a nossa boleia. Apesar de termos visto comida com bom aspecto, talvez tenha sido bom o meu pai não ter comido... Nem era pela possibilidade de serem dedos, que ele até gostou, mas sim pela potencial diarreia. Primeiro ouvimos uma buzina e, antes de olharmos na direcção do som, eu pensei que íamos ser atacados por um lama em fúria. O ronco era igual. O minibus era da cor de uma laranja peluda e aproximava-se a grande velocidade. Para além de alguns pintados, também havia bigodes de uma só peça, incrustados por todo o lado menos nas janelas. O vidro da frente parecia ter um nariz. O meu pai exagerou, mas confesso que adorei aquela visão surreal de um transporte sobre rodas. A porta abriu-se e surgiu uma mulher tão alta que o bigode do tejadilho lhe deu tranças. Um instinto de protecção levou-me a correr para a frente do Bedelho, evitando que ele fosse pisado.

— Boa tarde, minha gente — disse ela, numa voz animada —, peço imensa desculpa pelo atraso, mas apanhei um engarrafamento de lamas.

— Os lamas bebem-se? — perguntou o meu pai.

— Se os deixarem sim, mas o problema foi de trânsito — explicou ela. — Tive de esperar que um rebanho deles passasse. O senhor deve ser o Berlefes, correcto?

— Sim, como adivinhou?

— Foi-me informado que seria um senhor de bigode bonito.

O meu pai soltou uma gargalhada, a minha mãe não.

— Muito prazer, eu sou a trapalhona que vai ser a vossa motorista. — E cumprimentou toda a gente.

— Ora essa — disse o Bedelho —, não é nada trapalhona. Os atrasos acontecem.

— É muito simpático, mas não me percebeu. O meu nome é Trapalhona.

— Trapalhona?! — perguntou a minha mãe. — Mesmo Trapalhona?!

— Não, só Trapalhona — respondeu ela, enquanto entrávamos —, mas tenho uma tartaruga cujo nome é "Mesmo Trapalhona".

— As tartarugas são animais incríveis, não são? — O Bedelho tinha um brilho nos olhos.

— Papá, isto é incrível, até as traseiras dos bancos têm bigodes. Isto deve ter ficado caro.

— Nem por isso, filho, um amigo devia-me um favor.

— Tens amigos no Tibete?

— O teu pai tem amigos em todos os mundos — disse a minha mãe.

Não estávamos nem há 20 minutos em viagem, quando a Trapalhona saiu da estrada principal entrando por um caminho de terra batida. "Eu conheço um atalho", dizia ela, "Por aqui vai ser mais rápido", mas não foi. No exacto momento em que tivemos um pneu furado, eu lembrei-me do meu sábio avô. Ele é que costumava dizer "Quem se mete por um atalho, atrai azar para caralho".

— Isto é rápido, mudo o pneu num instante.

Eu a Teresa juntámo-nos a ela.

— Não me leve a mal, mas a sério que o seu nome é mesmo Trapalhona? — A Teresa estava muito curiosa em relação à origem daquele nome. Eu nem por isso, acho um nome perfeitamente normal, não é como se fosse um Sandro ou um Generoso.

— Para falar a verdade, eu nem sempre me chamei Trapalhona.

— Ah, eu sabia. Estás a ver, Gersúlio?

— Até há poucos anos atrás o meu nome era Trapalhão, mas isso foi antes de me passar a identificar como uma mulher gigante que corta caminhos.

— Pensei que só cortava caminhos com o minibus — disse a Teresa.

— Não, não só, ainda a semana passada cortei de bicicleta. Uma vez foi de tesoura, mas eu não quero falar nisso…

— Todos temos os nossos segredos… — disse a Teresa, fazendo-me arregalar os olhos, receoso…

— Olhem! Um grupo de lamas — disse o meu pai apontando para o campo ao lado.

Apesar do aviso da Trapalhona, ele correu em direcção ao rebanho junto ao penhasco. Eles são inofensivos, mas se os assustarem podem cuspir ou morder. Fui atrás dele e pedi-lhe que se aproximasse com calma. Não vimos nenhum ser humano, mas a Trapalhona disse-nos que o mais certo seria um pastor estar por perto. O meu pai é fascinado por lamas, mas surpreendendo-me, não era para eles que olhava.

— Filho, anda cá, olha-me esta visão.

— Não te aproximes demais, papá.

— Não há perigo, anda cá.

Realmente, a visão do alto daquela montanha era fantástica. Aqueles rochedos metiam respeito e a liberdade que delas emanava soprava-nos a cara. De repente e sem aparente motivo, os lamas começaram a roncar e depois correram em várias direcções. O chão começou a tremer. A Trapalhona gritou "é um tremor de terra!" Olhámos incrédulos um para o outro. "Saiam daí", gritou ela tarde demais. Quando vi o meu pai desequilibrar-se, atirei-me ao braço dele, mas juntos caímos ao precipício. O som ensurdecedor da terra a tremer ecoava nas montanhas. Pensei que era o nosso fim, até que as nossas mãos se agarraram àquele resto de árvore. Foi a nossa sorte. A terra já não tremia e agora podíamos constatar que havia a alguém a falar, quase como que a declamar. "Não existe um animal começado por C"; "Todos os pinguins são amigáveis"; "Não há castor que não goste de me ver nu".

— Pilóquio?! — disse o meu pai, em direcção ao escuro dentro da montanha.

— Papá?! — Eu não entendia o que estava a acontecer.

— Não, filho, Pilóquio!

— Pilates, papá?

— Não, filho. — E repetiu, emocionado: — Pilóquio!

Eu recusei-me a acreditar que o Pilóquio fosse real. O meu pai estava certamente em estado de choque. De repente, o salvador ao qual estávamos agarrados começou a recolher, puxando-nos para dentro de uma gruta que ao contrário do tronco era real. Aquilo não era um tronco, mas sim uma pila. Era a pila do Pilóquio que, mal pousámos os pés em terra firme, desapareceu por completo e levou o Pilóquio atrás.

— Quem era aquele, papá? — Eu estava incrédulo.

— Acho que tu sabes quem é, filho...

— Não pode ser o Pilóquio, papá... isso é só uma história que tu contavas...

— O Pilóquio nunca se mostra a alguém, só a mim — disse o meu pai, sério como nunca o vi. — Hoje revelou-se ao meu filho, o que só prova o amigo real que ele é.

— O Pilóquio salvou-nos, papá?

— Sim, filho. Ele já me ajudou muito. O Pilóquio é o amigo especial que tenho desde criança.

O meu coração disparou quando percebi que o meu pai também sabia deles. A minha mãe bem dizia que ele tem amigos em todos os mundos.

— Gersúlio! Meu sogro! — ouvimos a Teresa gritar.

— Estamos vivos! — respondemos aos gritos lá para cima. — E foi aí que a terra voltou a tremer.

— É uma réplica, papá, agarra-te! — E quase ao mesmo tempo ouvi o Emílio dizer: "Estás a ver como o Batuques nunca falha? E agora, Gersúlio? E agora?"

O chão daquela pequena gruta na parede da montanha partiu-se em dois e o meu pai ficou do outro lado. E depois o nosso chão começou a cair aos bocados. Foi quando já nos vi a cair que, sem nada que o explique, eu gritei de pulmões cheios: "Mansinhooooo!" O tremor de terra parou e algo susteve os nossos pés. Pensei que o Pilóquio tinha voltado, até olhar para baixo e ver que uma nuvem nos tinha salvo. Fomos cercados por mais nuvens, até que o vento começou a soprar mais forte para nos revelar uma visão do céu.

— Olha, filho, lá ao fundo. São dois lamas!

Longe, estava um lama de cócoras e outro a cheirar. Nunca tinha visto um lama a cheirar cocaína. E se calhar não era nada disso, nem cocaína nem cheiros. O stress daquele momento fazia-me ver coisas. A Hema estava de bikini e o Emílio conduzia um triciclo. A nuvem maior aproximou-se lentamente até que de repente se dividiu em duas. Algo vinha lá do meio, talvez uma terceira nuvem. Eu estava prestes a conhecer Deus. Talvez tivéssemos caído ao precipício, talvez estivéssemos mortos. Seria Deus um homem ou uma mulher? Seria ambos? Que número calçaria? Teria bigode? Talvez uma mosquinha?... Um coelho não era certamente, e o vento não bate assim. De repente, surgiu um tubo gigante.

— Hema, afasta-te depressa — gritei —, que eu estou mesmo a ver essas lantejoulas do bikini a serem sugadas pelo aspirador e a levarem-te atrás.

— Com quem falas, filho?

— Tu sabes que eu sou perito em aspiradores, papá!

— Aspiradores sei, mas lantejoulas?!

— Um bom aspirador até sapos gordos aspira, papá. Vai nenúfar, vai tudo. Não te parece um bom aspirador?

— Não é um Gersus 2000, mas sim… parece-me um bom aspirador.

— Quem está aí? Não é uma boa altura para limpezas — gritei nervoso em direcção à nuvem. — Nem a seco!

Eu não sou esquisito, eu aceito os diferentes de mim. Fosse qual fosse a forma daquele Deus eu estaria preparado.

— Quem está aí? — voltei a gritar. — Queres chover em nós?

— Sou eu! — a resposta veio firme e num tom grave. — Eu sou o "Terceira-Nuvem".

— Isso já sabíamos nós — respondeu o meu pai. — Estamos assustados, mas ainda sabemos fazer contas.

A nuvem aproximou-se ainda mais, ficando parada mesmo à nossa frente. Aos poucos, começou a dissipar-se para revelar Deus. Afinal, eu não estava preparado: Deus era um aspirador. Dos bons, mas um aspirador.

— Chamaste pelo mansinho, não chamaste? — perguntou o Terceira-Nuvem.

— Sim.

— Porquê?

— Não sei — respondi com honestidade. — Seja como for, tu não és o mansinho. Só se emagreceste muito.

— Não, eu não sou o mansinho — respondeu, enquanto desligava e encolhia os vários tubo-braços —, mas é em nome do mansinho que eu vos vou ajudar.

— Que mansinho, filho? O daquela senhora que me falaste?

— Sim, papá, da dona Satância.

— Geralmente, quando activas o teu poder é o mansinho que te vem ajudar — explicou o Terceira-Nuvem —, mas ele estava ocupado a salvar patos em Espanha.

— Que poder? — Eu não estava a perceber.

— O mansinho tem muitos poderes. Uma vez, ele conseg…

— Não é isso — interrompi —, que poder tenho eu? Que poder activei eu?

— Lembras-te do ritual da dona Satância?

— Sim…

— Tu és o neto do homem que lhe deu o mansinho. Como forma de agradecimento, ela invocou um Deus para te ajudar nas horas mais difíceis.

— O mansinho é um Deus?! Bem me parecia que o vi voar naqu…

— Não! — interrompeu-me o Terceira-Nuvem, num grito que fez tremer as montanhas. — Eu é que sou um Deus!

— Tu?! Tu és um simples aspirador — constatou o meu pai.

— Mas dos bons, papá!

— Silêncio! — voltou o irritado aspirador a gritar. — Eu sou o Deus aspirador!

— És o Deus dos aspiradores?

— Sim, Gersúlio. Eu sou Deus dos aspiradores e sou o Deus aspirador que contigo sempre estará. Pela minha graça e a pedido da Satância as tuas vendas terão ainda mais sucesso.

— Graças a Deus! Mas como é que ela te convenceu?

— Eu devia-lhe um favor, mas isso não é importante agora… vou tirar-vos daqui.

— Espera — pedi —, tu pareces-me ser um Deus bom, mas o que eu vi na casa da dona Satância parecia ser algo dos infernos. Pareceu-me o mansinho, mas tinha um par de cornos…

— Tanto o mansinho como eu podemos apresentar um par de cornos, depende do dia e da disposição. Ficas a saber que um par de cornos nem sempre é um sinal do inferno.

— Isso é verdade — disse o meu pai. — Tive um amigo, bonito e charmoso o estupor, que um dia, estando eu de joel…

— Silêncio! — gritou o Terceira-Nuvem. — Chega de conversa, que hoje ainda tenho muito para aspirar.

— Espera!

— O que foi agora, Gersúlio?

— Qual é o teu nome?

— Pensei que já o tinha dito, eu sou o Terceira-Nuvem.

— Esse é mesmo o teu nome? — perguntou o meu pai. — Ou é um nickname como o *rabinhos* que eu uso na internet?

— Não… — A voz dele saiu mais tímida.

— Então qual é o teu verdadeiro nome? — perguntei. — Temos de saber o nome do Deus que nos salvou.

Ele respondeu algo imperceptível. Tive de lhe pedir para falar mais alto. À terceira vez lá o conseguimos ouvir.

— Generoso — respondeu ele. — Generoso Malaquias.

Eu e o meu pai olhámos um para o outro e… não aguentámos, rimos tanto que até me doeu a barriga. Não dava para controlar, mesmo sabendo que troçávamos de um Deus.

— Já está, já riram tudo? Já sei que é um nome terrível, mas eu não tenho culpa, foi a minha mãe… por isso mudei de nome.

— Eu não sei o que se passa neste mundo — comentou o meu pai às gargalhadas, limpando as lágrimas às mangas do casaco. — É com cada nome estranho. Já o pato era Carlos.

— Papá, e não te esqueças do meu editor, o Sandro! — E voltámos os dois às gargalhadas.

As nuvens reuniram-se para formar uma só. Vindos não sei de onde, mais tubos de aspirador apareceram apontados para baixo. Ouviu-se um clique e todos foram accionados ao mesmo tempo empurrando-nos em direcção ao céu. Dei a mão ao meu pai e voámos como dois anjos tibetanos em busca de redenção. "Eu sou o Terceira-Nuvem", ouviu-se muito alto. "Eu tenho 12 velocidades", gritou a imponente nuvem. "Eu até superfícies húmidas limpo". Depois, gritou ainda mais alto, "em nome do pai, do filtro e do grito santo", e demos por nós a subir vertiginosamente até bem acima do chão, para espanto dos outros e de um casal de turistas que praticava o amor atrás de dois lamas magros e indiferentes. "Olha, filho, dois lamas com rabo de gente", gritou o meu pai enquanto descíamos lentamente até terra firme. Em defesa dele, do céu todos os rabos são iguais.

— Fico tão, mas tão feliz que estejam bem. — E dizendo isto, o doutor Bedelho foi o primeiro a correr para nos abraçar.

— O que acabou de acontecer aqui? — perguntou a Trapalhona.

Explicámos o melhor que pudemos, omitindo a parte em que o Pilóquio se excitou, mas todos pensaram que seriam devaneios do stress vivido. Só o doutor Bedelho acreditou em nós.

— O que aconteceu foi muito simples — explicou o Bedelho. — Este pai e filho são verdadeiras lendas. O Gersúlio é como Thor, deus do trovão, só que em vez de martelo tem um aspirador. Ele é o santo padroeiro dos aspiradores. E o meu amigo Berlefes — disse, colocando-lhe a mão no tornozelo —, é o mestre das andorinhas.

— Ámen — dissemos todos em coro.

Na camioneta dos bigodes, continuámos a nossa última grande viagem. Estava ansioso por ver o meu irmão, contar-lhe as novidades, falar-lhe do meu poder, explicar-lhe o quão inteligente e divino um javali pode ser. Como estará ele? Será que já tem bigode? E vergastadas nas costas, será que apanhou mais? Às vezes invejo esta vida santa que ele leva. A vida de um vendedor de aspiradores não é fácil. Quem está de fora dirá que isto é falar no vácuo e que há coisas mais difíceis, ou deitar-me à cara um "com Deus a ajudar, também eu", mas as vendas de tubos não são tão simples como a maioria pensa. A vida raramente é simples, não basta aspiração, há que dar o corpo e aguentar. Num dia, somos alvo de um processo civil conjunto, noutro dia somos dominados por javalis com cornos e testosterona a mais; e quando damos por nós estamos equilibrados na pila de um amigo de infância do Berlefes. Há que acreditar e nunca desistir. Hoje sorrimos e aceitamos mais um chá de framboesa, amanhã estamos a conversar com um Deus generoso. Nunca se sabe o que vai acontecer, nem quando, não sabemos sequer quem vamos ser. Até podíamos ser um mansinho especialista em batom, ou um mansinho que colecciona panelas, ou ambos, ou nenhum. E porque não uma das panelas vendidas na televisão, ou um invadido guarda-fatos que observa uma mãe de dedo esticado para um pai que está prestes a borrar a carpete? E se fôssemos todos gafanhotos líricos de dois metros e três cabelos que falam na terceira pessoa? Eles, os gafanhotos, eles é que falam, não os três cabelos. Os cabelos não falam. Sim, eu sei o que o leitor está a pensar, eu estou a par da madeixa que fala sete línguas, oito quando está à sombra, mas também li sobre um rabo que toca saxofone num bar, quando toda a gente sabe que é bateria onde calhar. Não podemos acreditar em tudo o que lemos, é preciso saber filtrar. Além disso, não será o observador quem decide? Muitas questões são respondidas com outras questões. "O debaixo conta?" é uma resposta ao luar, do trolha Crezílio para o meu pai, mas não deixa de ser uma pergunta. É aliás, a mesma pergunta que eu faço sempre que querem saber quantos olhos eu tenho. É verdade que não é uma questão usual, mas com ou sem trolha, haja ou não lua, eu pergunto sempre se o debaixo conta. Todos diferentes, mas quase sempre todos iguais. Não podemos desistir, mais cedo ou mais tarde a vida recompensa-nos.

O mosteiro Palcho é também conhecido por mosteiro Pelkor Chode. É tão grande que já o víamos à distância. Estávamos prestes a finalmente atingir o nosso destino quando uma procissão nos fez parar.

— Há festa? — perguntou o meu pai.

— É sua santidade, o Dalai Lama — explicou a Trapalhona.

— Aquele é o Dalai Lama? É diferente do que eu imaginava.

— Como assim, senhor Berlefes? Imaginava-o mais magro ou mais gordo?
— Pensei que ele tivesse cauda.
— Cauda?!
— Sim, Trapalhona. Então não é um lama?

Ao fundo, afastado da multidão, um roubo estava em progresso. Um grupo de miúdos jogava à bola quando um lama delinquente apareceu a correr e lhes levou a bola. Parecia um ponta de lança, desaparecendo velozmente para lá da montanha não sem antes pousar a bola no chão e lhes esticar o dedo médio da pata direita. Os lamas são animais muito queridos, mas como em tudo na vida, há sempre excepções. Alguns são o resultado de uma vida desregrada, criados na lama por pais indiferentes ou ocupados. Aquilo fez com que eu voltasse a pensar no meu trisavô Suzélio, o tal que foi preso por ser apanhado a brincar com bolas. Eu já tinha falado com a minha mãe para saber a verdadeira história. Agora que sou adulto, estou certo de que ela me contaria a verdade. Eu tinha razão: não eram bolas-de-berlim, mas sim berlindes. Roubar berlindes a crianças, pfff… senti-me um tetraneto envergonhado. O meu trisavô era um lama delinquente.

O combinado foi apanhar o Juzenildo, pois ele ficaria connosco no hotel. Ele estava tão diferente que se não fosse pela mochila eu quase não o reconheceria. Não tinha bigode, mas tinha uma barba até ao umbigo.
— Não sabia que os monges podiam usar barba.
— E não podemos, mas como eu ia de férias deixei crescer durante a noite.
— E como cresceu tão rápido?
— Ai Gersúlio, Gersúlio… tu não tens noção do que um monge pode fazer.
É bem verdade. Eu pouco li sobre monges. Sei que são pacientes, sei que não são à prova de fogo e… pouco mais sei... ah, e sei que alguns são Juzenildos.
— E o bigode não cresceu?
— Cresceu, mas eu rapei.
— Um bigode fica sempre bem, meu *bigodes*.
— Ó pai, lá estás tu...
— Já sabes como é o teu pai — disse a nossa mãe.
— Pois sei... E tu, pai, quando tiras esse bigode?

— Nunca, jamais em tempo algum. O teu pai há de estar no céu e o bigode continuará a crescer. — Abraçaram-se e lançámo-nos à estrada.

O leitor sabe que o meu irmão teve dificuldade em entender e aceitar o pai, mas isso são sumos do passado. O mosteiro e a idade trouxeram-lhe mais abertura de espírito. Mas se por um lado a barba e a mente aberta eram novidade, o mesmo não pode ser dito daquela mochila branca, que era a mesma que usava desde miúdo. Agora era preta, pois no Tibete o pó não perdoa, mas nunca deixou de ser a sua inseparável companhia. Foi um presente de aniversário do nosso tio Micael Juvílio que, quase num tom profético, lhe garantiu que um dia lhe seria muito útil.

— Que camioneta é esta, pai?

A reacção do meu irmão não foi muito diferente da nossa. E a resposta do nosso pai foi a mesma:

— Se é para ir de férias há que ir em grande estilo.

— Já sabes como é o teu pai…

— Pois sei, mãe… pois sei…

Com o hotel a 7 km a viagem foi num instante, mas ainda houve tempo para aprender.

— Olha o António — disse o Juzenildo, apontando lá para fora.

Era o lama delinquente, ainda com a bola na boca.

— Ele chama-se António?

— O nome dele é Mário Gaspacho, mas tratam-no por António. É mais fácil para os tibetanos, devido às consoantes nasais.

— António ou Gaspacho ele é um ladrão como o outro que roubava maçãs — resmungou o Bedelho. — Detesto ladrões.

— Ó doutor, você nem imagina do que ele é capaz.

— Não me digas que ele fala.

— Não, quase nunca, tirando uma ou duas palavras em francês, mas vou contar-lhe uma das dele. Há cerca de três anos, estava um grupo de turistas aqui perto numa despedida de solteiro. O António apareceu por lá, nas calmas, e até deixou que lhe fizessem festas. De repente, agarrou numa garrafa de vodka e fugiu a correr para o meio das montanhas. Nunca mais ninguém o viu.

— Os lamas bebem vodka? — perguntou o nosso pai.

— Se os deixarem, sim — disse a trapalhona.

— Esperem, o melhor vem agora — continuou o Juzenildo, animado —, ele ficou tão bêbedo que no dia a seguir apareceu na igreja, pensando que era o noivo.

— O lama é um bicho muito maluco… E como correu?

— Correu bem, pai. Ainda hoje estão casados. E ouvi dizer que está para chegar um bebé.

— Então se calhar é por isso… — disse a Teresa. — Se calhar é por isso que ele rouba brinquedos de criança.

— Pois, pode ser um lama pobre. — O Bedelho já não estava irritado com o pobre lama.

O hotel era perfeito, o senhor Mamamanel fez uma boa escolha. As pessoas eram muito simpáticas, tudo estava limpo e apresentável e, novamente, até um funcionário falava português. Era um português que soava a russo drogado, mas dava para entender. Depois de devidamente instalados fui ter com o meu irmão ao quarto dele. As saudades eram grandes e tínhamos muito que conversar.

— Já não me chamo Juzenildo, mano, mudei de nome.

— A sério?! Como te chamas?

— Mahatma Gandhi.

— Já não existe?

— Não, Gersúlio, não é esse o significado. Mahatma quer dizer "grande alma".

— E Gandhi?

— Não sei, mas achei que soava bem.

— E as pessoas aqui tratam-te por esse nome?

— Não, só usam o diminutivo.

— Qual é?

— Juzi.

— Queres que te chame Juzi?

— Como preferires, mano, tanto faz.

— Então, como estamos num país estrangeiro, vou tratar-te por *brother*. Pode ser? — Ele sorriu perante a minha inteligência com as línguas estrangeiras.

— Sim, pode ser.

— Posso fazer-te uma pergunta? Afinal, porque quiseste emigrar?

— Oh… acho que sabes porquê, Gersúlio…

— Sim, tenho uma ideia…, mas não achas que foi demais?

— Demais?! Eu acordava a meio da noite com suores frios, por causa dos pesadelos.

— Pesadelos com o quê?

— Eram quase sempre com o nosso pai. Ele tinha cara de barbie e tentava sufocar-me com um soutien cor de rosa. Tudo começou por pesadelos, mas depois vieram as visões.

— Não fazia ideia… E tinhas sempre o mesmo sonho?

— Não. Às vezes, eu via uma barbie gorda, ofegante, que se aproximava lentamente. Trazia nas mãos um esticado soutien rosa…

— E quando tinhas as visões, o que fazias?

— Fazia o mesmo que fazia nos sonhos: rezava e atirava-lhe kens. Depois, um terceiro sonho começou a repetir-se… eu sonhava com um mosteiro cheio de monges alegres e carecas e que se sentavam no sofá com a pila dentro das calças.

Bateram à porta. Quando abri, não vi ninguém. Pensando que era uma partida, talvez coisas de Berlefes, estava para fechá-la, quando ouvi uma voz:

— Sou eu! Aqui! — Olhei para baixo e vi que era o doutor Bedelho. — Desculpem interrompê-los, mas Gersúlio, será que me podes dar cinco minutos do teu tempo? Preciso de falar contigo.

— Claro, doutor.

Fomos até ao quarto dele. Eu nunca teria adivinhado o teor da conversa que se seguiu.

— Eu ouvi bem?

— Sim, Gersúlio, ouviste. É a mais pura das verdades e eu não tenho culpa…

— Ninguém tem culpa, doutor, estas coisas não se escolhem. Há quanto tempo sofre dessa xeno-nictofobia? — Eu acabara de saber que no estrangeiro o Bedelho tem medo do escuro.

— É difícil precisar uma data.

— Mais ou menos, tanto faz — disse eu —, é só para ter uma ideia.

— Que eu saiba desde ontem.

— Foi em Pequim que descobriu?

— Sim.

— E porque não nos falou disso?

— Oh, não quis incomodar… E depois, acho que a fobia não estava tão activa, até passei bem a noite. Tive umas duas horas com o cinto na mão, a lutar com monstros, mas de resto foi tranquilo. Conto-te isto a ti porque és tu quem está no quarto em frente ao meu e eu preciso de ajuda.

A partir daquela noite, o Bedelho teve de dormir de candeeiro aceso e de porta aberta. E pediu para ser vigiado, pois dizia ser perseguido por "estranhas energias". Do meu quarto em frente e de porta aberta eu esperava até ele adormecer. Infelizmente, ele não era o anão soneca. Ele demorava tanto tempo que por vezes eu e a Teresa adormecíamos primeiro. Não sei se seria parte da fobia, mas ele andava distante, num mundo só seu. Ele foi acalmando, mas as primeiras duas noites foram muito difíceis. Pouco depois de se deitar ele assobiava muito alto e não nos deixava dormir. Tive de o chamar à atenção várias vezes. Não era nada conhecido nem bonito, aquilo nem melodia tinha. Ele assobiava a mesma nota oito vezes seguidas e cinco minutos depois repetia, isto até o sol nascer. Às vezes, eu estava quase a adormecer e um novo ciclo de assobios despertava-me; noutras vezes, os agudos invadiam-me o cérebro e eu sonhava com uma lua muito cheia e um par de unicórnios anões que sorriam ao limpar copos e monges de cristal. Passávamos os dias cheios de sono, estávamos a enlouquecer. Foi por pouco que a Teresa não foi comigo ao quarto dele. Chegou a ter os dentes bem cerrados e um chinelo na mão, pronta para atravessar o corredor e castigar o pequeno.

As nossas férias foram semelhantes às dos outros estrangeiros que por lá andavam. O nosso grupo tinha mais bigodes, mais monges e mais anões, mas de resto foi igual: visitámos os lugares da praxe e experimentámos iguarias locais como o meu pai tanto queria e… ah, também éramos o único grupo com uma pessoa de bigode e saia. De resto, tud… ah, e tínhamos um porquinho-da-índia, mas também durou pouco, o coitado, uma vez que aquilo é bicho alérgico a portas que fecham de repente. Eu não fazia ideia, eu percebo é de insectos. Eu sabia lá que ele estava ali… A Teresa, sentada na sanita, chamou-me para a casa de banho e eu mal entrei fechei a porta. Quando ouvi o guinchar cheguei a pensar que era a Teresa com cólicas, que isto de comer comida estrangeira não é para qualquer um, mas não... senti-me mal, mas felizmente a tristeza dela foi breve. O porquinho-da-índia era recente, aliás só estava connosco por minha culpa. Na véspera da viagem, ao fazer compras de última hora, a Teresa pediu-me para adicionar três itens à lista. Já na loja, eu só me conseguia lembrar do açúcar amarelo e do gel de barbear, mas por mais que eu tentasse, falhava-me o resto. O que me safou, pensava eu, foi a lembrança de que tinha algo a ver com Índia. Só em casa percebi a confusão: ela queria caril e não um porquinho-da-índia. Já era tarde para o devolver e por isso ficámos com ele. Ainda nos ocorreu continuar com o mesmo plano para jantar, mas a Teresa é muito obstinada no que toca a alterar receitas da mãe. Fricassé com porquinho não deve ser mau, mas duvido que seja mais saboroso do que com caril. Trouxemo-lo para o Tibete, porque depois do que lemos na Internet nem pensar deixá-lo sozinho em casa. Aquilo é bicho bastante ardiloso: ele abre gaiolas e rói sofás, cortinas e frigoríficos. Ficámos a saber que um deles, bem maior, mas também parecido com o caril, fugiu de uma jaula após espancar dois leões mal-humorados e em menos de uma semana abriu uma empresa de cadeados com defeito. Apesar dos laços não criados, providenciámos um funeral digno: enterrámos o sem-nome junto à montanha, a Teresa leu algumas palavras da bíblia e eu atirei-lhe um ramo de coentros, pois a senhora da loja tinha o caril esgotado.

Não é habitual que turistas permaneçam no mosteiro durante a noite, mas nós tivemos essa honra e nem sequer tivemos de pagar. Convidados pelo monge mestre, fomos para aquela que seria a noite mais memorável das nossas vidas. O Juzenildo explicou-nos como tudo funcionaria. Depois de jantar com os monges, estaríamos sentados à volta da fogueira santa para uma conversa aberta e uma possível expiação de pecados.

— O jantar vai ter vergastadas?

— Não, Gersúlio, nem vergastadas nem coentros.

— Ah, ainda bem... Eu antes gostava, mas agora dá-me azia e marcas nas costas.

— Por mim, até pode ter nabo — disse o meu pai já em modo festivo.

— Ó pai, vejo-te muito animado, aquilo não é bem uma festa...

— Filho, festa é quando o homem quer.

Em certas coisas, não vale a pena argumentar com o meu pai. Íamos para um mosteiro religioso, não para um show de cabaret, mas isso não o impediu de usar ligas por debaixo daquela saia amarela à Bonnie Rosa, nem de estar a praticar Marilyn Monroe em frente ao espelho.

— Papá, a sério que vais levar essa saia amarela?

— Ó filho, o amarelo fica bem com tudo.

Os monges deitam-se cedo, mas nós tínhamos planos para continuar aquela nossa última noite de férias. Um grupo de turistas daria uma festa temática e nós fomos convidados. Arder pecados é giro, mas eu prefiro o carnaval. "Não se esqueçam, é obrigatório virem mascarados", disseram eles. Sim, estávamos em junho, mas nas palavras do brasileiro de bigode: "Carnaval é quando o homem quer". Entretanto, a Trapalhona estava connosco. Já se esperava que ela ficasse no hotel, uma vez que no dia seguinte nos levaria ao aeroporto, mas foi uma surpresa vê-la chegar dois dias antes... seja como for, ainda bem que o fez, pois os irritantes assobios diminuíram quase por completo. De alguma forma, ela tinha um efeito calmante sobre o Bedelho.

A convite de um advogado sorridente, a Trapalhona veio connosco ao jantar e à festa. Foi o meu pai que escolheu as fantasias. Ficou decidido que todos íamos iguais: de fato-macaco e com uma máscara de Veneza. "Seremos os macacos de Veneza", disse ele. Achámos piada e concordámos. Foi o meu pai que foi fazer as compras, de manhã cedo enquanto todos dormiam. A minha querida mãe tinha-lhe dito para comprar algo para oferecer ao monge mestre que nos convidou. Voltou ao hotel com os fatos-macacos, uma garrafa de vinho e uma camisola às riscas, amarela.

— Francamente, Berlefes, tu não sabes que os monges não bebem?

— Então? Morrem à sede?

— Eles só bebem água, Berlefes Silva. E depois, que cor tão garrida é essa? Ele é um monge, não um DJ.

— Ó Jordana, mas é quentinha!

Decidimos deixar a roupa e as máscaras no minibus antes de entrar no mosteiro, pois a festa era lá perto. Além disso, o meu pai achava um desperdício esconder aquela bela saia a noite toda.

— Para isso ia nu por debaixo do fato, não é?

— Está bem, Berlefes — concordou a minha mãe —, vestimo-nos todos depois do jantar.

O Bedelho seria o único que não usaria o fato-macaco. Primeiro, porque não gostou da ideia; segundo, porque não encontrámos fatos para o tamanho dele. Mesmo assim também foi mascarado, mas a fantasia dele era mais complicada, não dava para tirar. Tanto para a festa como para o jantar, ele foi mascarado de anão e com um apito amarelo ao peito. Gostei muito, dava um certo charme ao grupo e encaixava com a saia do meu pai. O amarelo fica mesmo bem com tudo. Aconselho vivamente o leitor a experimentar um guisado de vegetais sem coentros feito por um tibetano de camisola às riscas. Foi das melhores coisas que comi na vida. A comida era como todos os monges que nos rodeavam: agradável e sem cabelos.

— Tenho muito gosto em conhecê-los — disse o mestre para os meus pais. — Quero dar-vos os parabéns pelas mentes abertas que demonstraram ter ao nos confiarem o vosso filho.

— Foi um chamamento do miúdo, mestre — disse a minha mãe. — Eu acredito nisso.

— Talvez, mas foram vocês que permitiram que ele emigrasse por uma causa maior.

A conversa foi interrompida por um ensurdecedor *Piiiiiiii*. Do outro lado da fogueira, o Bedelho apitava sem parar.

— Doutor, está tudo bem? — Mas ele não me respondia, parecia estar em transe.

— Não se preocupem — disse o monge mestre. — E caminhou em direcção ao Bedelho, que não parava de apitar e tinha os olhos muito abertos.

Ficámos preocupados e sem saber o que fazer.

— Continuem o jantar, por favor, eu trato do vosso amigo. — E saiu com ele ao colo em direcção a um dos templos. E o Bedelho sempre a apitar, com os olhos muito abertos e a babar-se.

Aquele monge era diferente dos outros: para além de ser o mestre, ele demonstrava grande sentido de humor e falava todas as línguas do mundo. Dizia-se que era mais velho do que as árvores que nos cercavam. O Juzenildo contou-nos que se suspeita que ele seja imortal, pois já morreu quatro vezes, algumas longe do mosteiro, e regressou sempre. Da última vez demorou mais dias a voltar a casa, mas isso foi devido ao motivo dessa morte: guilhotina. Sem cabeça foi difícil encontrar o caminho de regresso, e vagueou nas estradas cegas até ser encontrado por um monge que o reconheceu pelas mãos. Segundo se conta, isto aconteceu quando ele foi de férias visitar a família. Foi uma sorte ele ter deixado as luvas em casa, senão ainda hoje estaria perdido nas montanhas a cambalear e a chutar pedras irritado, tal como foi encontrado. De nada lhe adiantaria falar tantas línguas, primeiro porque as montanhas não falam, segundo porque a boca estava na cabeça perdida.

Os restantes monges foram dormir e a Trapalhona decidiu ir ver como estava o nosso amigo. A minha mãe foi com ela, deixando-nos a conversar sobre monges e aspiradores. O nosso pai mostrava-se orgulhoso nos seus dois filhos bem-sucedidos, cada um à sua maneira, mas com um ponto em comum: o mais velho limpava casas, o outro limpava almas. A conversa estava boa, mas eu estava preocupado com o Bedelho e, além disso, eu estava muito curioso para ver o poderoso mestre em acção.

— Papá, mano Juzi, venho já. Vou ver se o doutor está melhor. Teresa, vens comigo ou ficas?

— Fico, Gersúlio. O teu pai ficou de me dar umas dicas sobre moda.

— Ah pois tenho, querida nora. Diz lá que esta saia não é o último grito.

— É sim, sogro! É sim!

— E depois — acrescentou o meu pai — vou ao minibus e trago todos os nossos fatos-macacos que a festa dos brasileiros já começou.

Dentro do humilde templo havia uma cama de madeira. Cerca de um terço da cama estava ocupada pelo Bedelho, que ressonava como gente grande enquanto um saudável fio de baba se juntava à poça na almofada. Ele parecia bem melhor: sorria como um anjo acordado a um domingo pela fresquinha e, mais importante, já não apitava nem assobiava. Ao seu lado, um candeeiro aceso afastava os maus espíritos. Pousados na cama estavam vários crucifixos, três gatos dos grandes, um tabuleiro com dois jarros de água, um rádio dos antigos, uma guitarra eléctrica com amplificador e um conjunto inteiro de fina porcelana da China. Ao fundo, no que restava da cama, estavam sentados o mestre, a minha mãe e a Trapalhona. Eu ia juntar-me a eles, espaço não faltava, mas quando apanhei aquela conversa entre o monge e a minha mãe decidi ficar escondido a ouvir.

— Sim, por causa do doutor Bedelho, o Gersúlio tem dormido de porta aberta — dizia a minha mãe. — Ontem, vi-o de rabo empinado, a falar. Isso é normal, já com menos de dois anos ele falava a dormir, mas…

— Nessa altura o seu filho já falava? — interrompeu o monge.

— Sim, já dizia algumas coisas, tipo *aga*.

— Água, não é? Que giro! E já dizia papá?

— Papá ainda não, mas já dizia pila, pilates e cinta de pila artificial pendurada.

— A sério?! Tão pequenino e já conseguia dizer "cinta"? O meu sobrinho, na primeira vez que disse "cinta" já tinha provado muito cinto. Ele tinha uns 27 anos.

— Eles aprendem a velocidades diferentes.

— Isso é bem verdade! Então o que ouviu o seu filho dizer durante o sono?

— Primeiro, ouvi "cinta de pila artificial pendurada"; depois "está um bonito dia de sol" e a seguir baixou o rabo e disse "segredo de Fátima".

— Por acaso nem tem chovido, mas quem é a Fátima?

— Pois, isso é o que me preocupa… imagine que a minha nora o ouve a dizer aquilo. Será que o meu filho se anda a portar mal?

— Oh, não pense nisso. No Tibete, costumamos dizer que os sonhos são como os chapéus: há muitos e de todos os feitios.

— No Tibete também se diz isso?

— Sim! "isso", "isto", "aquilo"... Neste país também usamos pronomes.

— Entendo…

— Sim, também dizemos, mas preferimos o "percebo".

— Percebo… pois, se calhar tem razão, foi só um sonho estúpido.

— Os sonhos — continuou o velho monge —, podem ter significado, mas só depois de muita prática e disciplina. A maior parte são apenas viagens perdidas no nosso cérebro. Certa vez sonhei que tinha uma capa de super-homem e que voava por cima de um rebanho de lamas. Será que isso quer dizer que sou um potencial monge voador?

A minha mãe soltou uma gargalhada.

— Se calhar é! Já voou?

— Sim, num balão. Também já sonhei com um homem que tocava bateria com o rabo, veja lá a parvoíce.

— Pois... os sonhos podem ser muito parvos... obrigado por este bocadinho, mestre, já me sinto mais aliviada.

Eu nem sabia que falava durante o sono. Ouvi toda aquela conversa e voltei para junto da fogueira, onde os três nos mascarámos.

— Juzi, anda comigo, quero falar contigo.

— Ah, conversa secreta de manos, que bonito — disse a Teresa. — Vão, vão, que, entretanto, eu e o vosso pai vamos ter com os outros e já lhes levamos os fatos-macacos.

Já os dois sozinhos, o meu irmão quis ser o primeiro a contar-me algo.

— E isso foi quando? — perguntei.

— Foi ontem. A seguir, a nossa mãe baixou as calças e gritou "surpresa!" e mostrou a toda a gente a sua pila. E tu dizias "e eu a pensar que já tinha visto grandes". Depois, eu perguntei se fui adoptado ao que ela respondeu "não, filho, isto fui eu que comprei".

— Bro, foi só um sonho, não tens de estar preocupado. — Apesar de eu nada dizer, fiquei intrigado com a minha participação naquele sonho...

— Sim, Gersúlio, mas não sei... foi tudo muito estranho.

— Esquece isso, mano.

— Vou tentar... Desculpa, tu querias falar comigo e eu comecei a falar-te deste sonho parvo. O que querias falar comigo, Gersúlio?

— Sabes o que é uma cinta de pila artificial pendurada?

O Juzenildo corou...

— Ó mano, eu sei que tu és monge, mas ainda somos irmãos, podemos falar de tudo.

— Sim, eu sei..., mas não, não sei o que é.

— É um strap-on — respondi efusivamente, para depois lhe saborear a reacção. Eu sabia que o Juzi ficaria orgulhoso do mano poliglota. Eu sabia!

Deixámos os jardins para trás e atravessámos um dos muitos corredores de acesso ao pátio. Foi quando vimos, atrás de um templo, uma sinistra sombra. Pareceu-me o vulto de alguém a sacudir algo.

— Deve ser alguém a…

— …mijar — completei eu.

— Eu ia dizer urinar…

— Prefiro mijar, bro, não gosto de urinar.

Aproximámo-nos e constatámos que pela roupa e pela máscara só podia ser um de nós. Sim, porque, entretanto, andávamos todos mascarados. O nosso pai teve a ideia de começar o carnaval mais cedo.

— Quem será? — perguntou o Juzenildo.

— Será a Teresa?

— A Teresa!? Ó Gersúlio, então não vês que está a urinar em pé?

A voz do Juzenildo ecoou no muro mijado, alertando o misterioso ser. Apanhado em flagrante, voltou-se para nós retirando a máscara. Mascarado ou não, para mim não fazia diferença, pois mal se voltou eu soube quem ali estava. E não, o sonho do meu irmão não se realizou, aquela não era a nossa mãe. Mesmo à distância, eu reconheci aquele guerreiro de cabeça-cogumelo a acenar fora da braguilha. Aquela era a Teresa, a minha mulher.

— Ai, desculpem… é que eu estava mesmo muito aflita… são tantos corredores… uma pessoa perde-se aqui dentro… — Com a surpresa, a Teresa esquecera-se de recolher o dito cujo.

O Juzenildo olhou para mim. Eu olhei para ele. Até a Teresa estava em estado de choque, com as mãos na cabeça. Aquele silêncio foi interrompido pelos nossos pais que chegavam agora ao pátio.

— Teresa?! — A minha mãe não queria acreditar no que via.

— Muito me contas tu, Teresa! — No meu pai, eu não via tanto terror.

— Sogros?!…

Foi então que a minha mulher cedeu à pressão:

— Sabem que mais? Ninguém tem nada a ver com isso!

Em lágrimas, afastou-se a correr com o guerreiro a bailar entre as coxas. Ao som de batuque de pila, vimo-la deixar o largo pátio. Parecia um filme dramático, daqueles com choro e chapadas e onde o herói nem sempre sabe por onde anda. E nós ali, calados e sem saber o que fazer, quando tudo parecia acontecer em câmara lenta. Senti-me mal por ela, foi muito azar a porta mais próxima estar tão afastada. Deve ter demorado uns bons 45 segundos a desaparecer de vista, aquele mosteiro é mesmo gigante. Naquele preciso momento chegaram o Bedelho e a Trapalhona, mesmo a tempo de verem a Teresa quase a tropeçar. No meio daquele filme ninguém se questionou como já estava ele a pé, aparentemente recuperado. Só mais tarde a Trapalhona nos disse: "Ele está como novo. Não há maleita que três gatos e um conjunto de porcelana da China não curem".

— Bem, já que estamos numa de segredos — disse um monge vindo do nada —, tenho uma confissão a fazer. — E baixou as calças, revelando duas pilas.

Saída de um dos templos, apareceu uma mulher que nunca tínhamos visto e que disse:

— Já que estamos numa de segredos…

— Quem é você? — perguntou o Juzenildo.

— O meu nome não é importante. — E depois baixou as calças para libertar uma pomba, daquelas com asas. Todos batemos palmas àquele truque de magia. A seguir ela mostrou-nos a sua pila.

Depois veio um monge a cavalo, vindo do monte.

— Já que estamos numa de segre… — E o meu pai interrompeu-o:

— Também tens pila?

— Não — disse ele, descendo pelo rabo do cavalo e beijando-lhe uma das nádegas. — Eu fui cozinheiro neste mosteiro durante muito tempo. Eu atirava pentelhos para a panela da sopa comunitária.

— Já que estamos numa de segredos… — disse o doutor Bedelho. — Eu não sou anão.

— O quê?! Porque nos mentiste?

— Outra coisa… — disse o Bedelho, ignorando a minha pergunta. E baixou as calças e depois as cuecas.

— O que tem? — perguntou a Trapalhona.

— Nada — respondeu ele. — Só queria mostrar.

Nunca esquecerei aquela noite. Acontecem coisas muito estranhas em mosteiros. O leitor deve estar a questionar se aquilo foi surpresa para mim. Bem… sim e não. Eu nunca tinha visto um monge de duas pilas, eu nem sabia que existia, mas eu também nunca tinha ido ao Tibete. Truques com pombas sim, eu já tinha visto algumas vezes; mas sim, eu sabia que a Teresa tinha pila. Foi com ela que eu casei, claro que eu sabia. Ainda hoje me lembro da primeira vez que o contei ao meu psiquiatra cego. Lembro-me também de ele comentar que às vezes agradece a Deus por ser cego, mas que reclama por não ser surdo.

— E o que dizia o teu outro psiquiatra? — perguntou-me ele.

— Dizia que ela não é um homem.

— Então?

— Ele dizia que a Teresa é uma pessoa de pila.

— E isso magoou-te?

— Só às vezes, nas gengivas.

— Quando desconfiaste que ela podia ser uma pessoa de pila?

— Quando fui lavar os dentes e ela estava coiso… sentada na sanita.

— Coiso?

— Ó doutor… você sabe…

— Fala sem vergonhas, Gersúlio, aqui não existem tabus.

— Ela… ela estava sentada na sanita… a bater uma punheta… aí sim, fiquei desconfiado, pois ela nunca se senta na sanita.

— E como lidaste com a situação?

— Ó doutor, você sabe como é… uma pessoa habitua-se…

— Isso é verdade, nós somos criaturas de hábitos, mas o que eu pergunto é como reagiste nesse momento.

— Oh… eu tentei disfarçar, fazendo de conta que não vi…, mas quando eu estava para sair ela chamou-me…

— E tu foste?

— Da primeira vez que ela chamou, não… não fui. — Esfreguei os joelhos e mudei de assunto. Lá estava eu a falar do que não deveria só porque quis fugir à conversa sobre a Hema. Era tudo crónico.

— Doutor, volto a dizer-lhe que já não vejo a Hema há muitos anos.

— Posso confiar nisso?

— O Emílio Narciso Brúlio é testemunha. Somos dois contra um.

— Falemos então desse Emílio — disse o psiquiatra.

Aquela também foi a primeira vez que referi o Emílio. Até àquele momento, só os anteriores psiquiatras tiveram conhecimento do melhor detective do mundo.

Penso que o leitor não ficará surpreso se lhe disser que tudo ficou bem com a Teresa. Somos uma família muito unida, habituada ao diferente… Para os meus pais e mesmo para o doutor Bedelho, o facto de a Teresa ter pila foi mais uma terça-feira ou um sábado de pilates. Sentados à volta da fogueira, queimámos os nossos pecados, a rir, a comer e a beber; e a comparar pilas, para que ela se sentisse aceite e amada. Ela ainda tinha lágrimas, mas agora eram de felicidade. A Teresa estava diferente, livre de segredos, renascida. O estar num país estrangeiro aumentou a sua sensação de liberdade, se calhar até demais... Agora fazia coisas que jamais a tinha visto fazer: antes do seu segredo ser revelado ela não se coçava tanto, e naquele mesmo dia foi apanhada pelo monge-mestre a limpar o rabo às flores do jardim. São pormenores, o que importa é que ela esteja feliz. Feliz e de rabo limpo. Sem ninguém notar, questionei o meu pai:

— Papá, alguma vez imaginaste que o doutor não era mesmo anão?

— Ó filho, não ligues, já sabes que ele anda estranho. Claro que ele é anão, então não se vê pelos dentes?

Disseram-nos que a festa ia ser grande, mas eu nunca imaginei ver aquele mar de gente. A maioria tinha viajado para o Tibete no próprio dia, de propósito para a festa. Ficámos a saber que o Adamel John, o brasileiro que nos convidou, era conhecido em todo o mundo por dar festas de carnaval fora de tempo. Contou-nos que até no natal festeja o carnaval e que tudo começou com um feliz acidente: as pilhas acabaram e o calendário ficou nove meses em março. Só se apercebeu que era natal quando, ao ligar a televisão, viu o Macaulay Culkin sozinho em casa. O gosto já estava tão entranhado que tudo o que era festa passou a carnaval. Para o Adamel o carnaval não são três dias, mas sim um estilo de vida. Tal como ele, toda a gente foi muito amigável e divertida. Havia muita comida e bebida e soube bem ouvir português tão longe de casa. E a criatividade dos mascarados foi fantástica. Desde simples coelhos com pilhas ao pescoço até mamutes de enxaqueca, passando por bruxas de chocolate e crocodilos menstruados, havia um pouco de tudo. Até mascarados de botas de cano alto havia. Ah, e não éramos o único grupo que estava vestido da mesma forma. Os amigos mais próximos do Adamel estavam mascarados de brigada dos pescadores de Aljustrel. Estavam mesmo engraçados, até cana com minhoca tinham.

— Filho, aquele não é o monge das duas pilas? — perguntou o meu pai, apontando para um mascarado junto ao bar.

— Não sei, papá, é uma festa de carnaval, aquele crocodilo ali ao fundo também não é um crocodilo verdadeiro, espero eu.

Ri sozinho da minha piada, porque quando olhei para o lado o meu pai já lá não estava. Decidiu abordar o mascarado e confirmar a sua suspeita. Aproximei-me deles para cumprimentar o senhor com quem o meu pai acabara de simpatizar.

— Eu vi logo que era você — ouvi o meu pai dizer. — Muito prazer, eu sou o Berlefes.

— O prazer é meu, eu sou o Bipila monge Xavier.

— Não me parece nada um monge — disse o meu sorridente pai.

— E não sou. Monge é o meu nome do meio.

— Do que vem mascarado? — perguntei eu ao observar as três mangueiras que lhe saíam do meio das pernas.

— Ah, foi uma ideia de última hora. Estou mascarado de tripila.

Aquele lugar junto ao bar passou a ser o preferido do meu pai. Segundo ele era ali onde serviam melhor, mas eu sei que o motivo não era esse. O meu pai é muito sociável, adora conhecer pessoas novas e não resiste a uma boa conversa. Durante o resto da noite, eu dancei, conheci pessoas novas, andei para lá e para cá e ele sempre no mesmo lugar. Pelo menos até começarmos a correr...

A noite já ia longa quando um visitante indesejado apareceu. No meio de tanto animal, aquele poderia ser mais um mascarado, mas não... aquele era o lama delinquente. Eu estava sentado numa pedra que me fazia doer o rabo, mas preguiçoso demais para me levantar, quando ouvi o meu irmão dizer "não acredito que ele vai fazer o mesmo". Quando olhei, o António fugia da festa não com uma, mas sim duas garrafas de cachaça. Havia mais garrafas, muitas mais, mas todos os bêbedos decidiram correr atrás do lama e nós também fomos. Alguns caíram, outros foram desistindo e no final só nós perseguíamos o António.

— Deixem lá o moço — disse a Trapalhona.

— Não, os ladrões não podem fugir — gritou o Bedelho, quase sem ar, bem atrás de nós todos.

— Vamos, força — disse o meu pai. — Será que só eu estou curioso para saber onde ele vai?

Aquilo era um lama em boa forma física. Ele foi tão rápido que nós ainda não tínhamos saído do vale e ele já estava na esquina da montanha, de garrafas no chão e dois dedos médios esticados em nossa direcção. E aquele roncar... bem, eu não falo lamês, mas se o pudesse traduzir, diria que era um agressivo "chupem!"

— Ai o sacana — disse o Bedelho não próximo de nós. — Para além de ladrão, é mal-educado. Espera, que eu já te apanho.

Claro que não apanhou. Nem ele, nem nós. Quando lá chegámos, não havia sinal do António.

— Ao menos fizemos exercício — comentou o Juzenildo enquanto esperávamos pelo Bedelho.

— Ele deve estar a chegar — disse a minha mãe.

— Esperem, deixa ver se os trouxe. — E o Juzenildo foi à mochila buscar os binóculos.

— Então, bro? O doutor está a chegar?

— É melhor sentarmo-nos — respondeu.

Assim o fizemos, no chão ao lado da montanha. Aquela Trapalhona é mesmo engraçada, tem mesmo muito jeito para contar anedotas. O Bedelho chegou mesmo no final da décima anedota.

— "Porque não tinha bracinhos" — terminou ela. Rimos tanto.

— Quem é que... não... tinha... braços? — perguntou o ofegante doutor.

— Oh, não tem piada contar novamente — disse ela. — Depois conto-te, quando estivermos sozinhos. — E piscou-lhe o olho.

— Doutor, custa-me dizer-lhe isto — disse a minha mãe —, mas o António fugiu e... vamos ter de voltar para trás.

— Eu levo-o às cavalitas — disse a Trapalhona.

O Bedelho olhou-a durante algum tempo, tempo a mais...

— Obrigado — disse ele, finalmente.

— Não vamos já embora.

— Então, pai? A festa é lá ao fundo.

— Bigodes, tu sabes que o pai é muito observador...

— Sim, também és isso... — disse a minha mãe.

— Eu vi o António com muita atenção — continuou o nosso pai, ignorando o comentário — e reparei que ele foge sempre para o mesmo sítio, que é para trás daquela montanha. Não acham estranho que ele fuja sempre para o mesmo sítio?

Olhámos uns para os outros, surpresos com aquela perspicácia.

— Berlefes... já pareces... um... detective — disse o Bedelho, ainda a recuperar o fôlego.

Em cima da montanha, o Emílio piscou-me o olho. Depois apontou para baixo, para o lado de lá da montanha. "Papá Berlefes tem razão", avisou ele.

— Está bem, papá. Já que estamos aqui, vamos lá atrás da montanha.

Foi inesperado o que vimos escondido atrás da montanha. A vegetação foi de si só uma surpresa, nenhum de nós imaginava que ali existisse uma pequena floresta, daquelas com árvores, mato e cenas..., mas o que nos deixou de boca aberta foi a quantidade de garrafas e bolas de futebol ali amontoadas. Eram centenas, senão milhares! Parecia um cemitério de ex-futebolistas, agora alcoólicos. Tal como eu tinha aprendido na internet, os lamas são grandes coleccionadores. O António não era a excepção. O meu pensamento foi interrompido por um som muito agudo. Era novamente o Bedelho com o apito.

— Ó doutor, outra vez não, por favor — disse a Teresa enquanto tirava o chinelo.

— Desculpem-me, mas tenho de fazer isto, não consigo explicar.

Desta vez ele estava muito lúcido e olhava em direcção aos altos arbustos por debaixo das árvores. Largou o apito e meteu os dedos à boca, assobiando tal como no quarto do hotel. Sem percebermos o que se passava, limitámo-nos a observá-lo, até que ao oitavo assobio um vento nos atravessou, as árvores começaram a abanar e um trovão explodiu no céu. Foi quando ele ergueu os braços e caminhou com as mãos levantadas em direcção ao escuro das árvores. O Juzenildo fechou os olhos e começou a rezar, a Teresa e a minha mãe agarraram-se a mim, ninguém ousou falar. Até o meu pai estava calado, ainda que visivelmente nervoso, com a saia puxada até à boca como se a fosse roer. Eu nem sei quando despiu o fato-macaco, mas naquele momento isso era o que menos importava. Nem isso nem o facto de ele estar sem cuecas. Estou certo de que até a Trapalhona estava nervosa, embora eu não o possa precisar porque a cara dela fica muito longe.

— Venham, vamos atrás dele — disse o meu irmão. — O mestre bem me disse que o doutor Bedelho era especial...

O Bedelho parou em frente às árvores e baixou os braços.

— Está tudo bem, doutor? — Ele não me respondeu, parecia estar em transe.

— Vem aí alguém — disse a Teresa, apertando forte o meu braço.

De facto, todos nós ouvimos passos. E acho que posso falar por todos quando digo que um ligeiro terror se apoderou de nós. Esperámos ansiosos, mas tenho de confessar que só não saí dali a correr porque a Hema me tranquilizou, garantindo-me que nada havia a recear. "Vai ser uma surpresa", acrescentou o Emílio, "mas é boa". O que dali saiu foi tema de conversa durante as semanas que se seguiram. Nós sabemos o que presenciámos, nenhum de nós tem agora dúvidas, mas aqueles primeiros minutos foram de total incredulidade. Quem lá vinha não tinha pressa. O vulto ganhava forma, aproximando-se lentamente, até que parou em frente ao Bedelho. Trajava um vestido justo e colorido e tinha um laço na cabeça. Em princípio, era uma mulher. Como que a adivinhar os meus pensamentos, o Emílio disse-me:

— Sim, é uma mulher. E Emílio tinha ou não razão? É boa, não é?

— Olavo, nós procuramos-te há décadas! — disse a estranha.

— Mas tocaram à campainha de minha casa? — A voz dele tremia. — Às vezes aquilo falha!

— Olavo, sabes quem eu sou?

— Branca de neve? — perguntou a medo.

— Sim, meu querido Olavo, eu sou a Branca de neve.

— Mas então… o pai natal também existe?
— Não, Olavo, só a Branca de neve.
— Só mesmo a Branca de neve?
— Sim. E a fada dos dentes.
— A sério?!
— Não, Olavo, continuas o mesmo ingénuo de sempre.

Ela ajoelhou-se, colocou-lhe carinhosamente as mãos na cara e perguntou:

— Olavo, não te lembras de mim?
— Mãe? Mãezinha?!
— Não! Sou eu, a tua ama.
— Ama? Amazinha?!
— Sim, meu filho, sou eu.
— "Meu filho"?!
— É uma forma de falar, meu querido. — E abraçaram-se.

A poucos passos deles estávamos nós, mudos e com cara de parvos. Eu lembro-me de pensar que já não se fazem vestidos daqueles. Era de uma classe que envergonharia qualquer costureiro com ou sem pila. "É um decote de classe, sem dúvida", comentou o Emílio. A saia do meu pai eram agora duas saias, resultado de tanta mordidela. Nunca o tinha visto tão nervoso.

— Tenho outra surpresa para ti — disse a Branca de neve, para depois assobiar oito vezes para o escuro da floresta.

De novo ouvimos algo, mais barulhento. Eram passos, mas certamente de muito mais gente. Apesar de potencialmente previsível, eu não esperava ver o que vi: eram seis anões, daqueles pequenos. Sorridentes como nas histórias infantis contadas por pais normais, juntaram-se ao nosso anão preferido e os sete deram um abraço em roda. Era óbvio demais o que ali acontecia: o Olavo Bedelho era o anão em falta. Nem todos choravam de felicidade, mas a maior parte cantava "Kumbaya". O meu pai agarrou-se a mim com lágrimas nos olhos. A minha mãe fingia não chorar. A Teresa limpava as lágrimas com uma mão, com a outra coçava os colhões. O leitor poderá achar chocante o que acabou de ler, mas é o que é. Eu é que sou o marido, só eu sei que aquilo não são tomates, que as saladas não se fazem assim.

A Branca de neve voltou a assobiar oito vezes e o Emílio voltou a mencionar o decote de classe. Ouviu-se um uivo e as folhas ao longe começaram a abanar, a floresta parecia abrir-se. E eis que surgiu um unicórnio mais branco do que a Branca de neve.

— Olá, Olavo — disse o unicórnio.

— Os unicórnios falam?

— Não, Olavo, só este — respondeu a Branca. — Fui eu que o ensinei.

— Salta-me para cima, Olavo — relinchou o unicórnio.

— Posso ir antes de Branca de neve?

— Ah, Olavo… o mesmo maroto de sempre — disse a Branca de neve. Depois, vimo-la a procurar algo numa sacola que um dos anões trazia.

— Tu és mesmo um trapalhão — disse ela. — Não acredito que te esqueceste do copo. E agora?

— Talvez eu possa ajudar — disse o meu irmão, aproximando-se deles enquanto abria a mochila. — Tomem, eu tenho um copo.

— Boa, bro Juzi! O Tio Juvílio bem dizia que essa mochila haveria de dar jeito!

A Branca de neve abraçou o Juzenildo com tanta força que o Emílio até soltou uma gargalhada, explicando que se lembrou de um gafanhoto que deixou de ser padre após ter sido esmagado pelas mamas de uma beata. A Branca aproximou-se do unicórnio e meteu-lhe o copo por debaixo das pernas. Depois, fez-lhe uma festa no rabo e disse:

— Está na hora de fazer chichi.

Eu não percebia o que estava a acontecer, mas eu sei bem que nem todas as histórias infantis são contadas da forma certa. Há pessoas cuja ignorância os faz acreditar que o Pilóquio tinha um nariz que crescia. Eu não me surpreenderia que se viesse a descobrir que a Cinderela é um camionista de botas da tropa e que os três porquinhos são um tabuleiro de xadrez em Paris… uma torre já lá está…

De copo cheio, a Branca aproximou-se do Olavo Bedelho.

— Toma, meu querido, bebe isto.

— Ah, muito obrigado, mas não é preciso… eu estou bem.

— Confia na tua ama — gritou um dos anões.

— Eu bebi cachaça… a mistura pode cair-me mal…

— Olavo, confia em mim — disse a Branca. — Tu tens de beber isto para te lembrares de quem tu verdadeiramente és.

Depois de alguma relutância, o doutor bebeu tudo num trago só.

— Bastava molhares os lábios — disse o mesmo anão —, mas agora já está.

— Pronto, já bebi. E agora o que acont… — Não terminou de falar, pois caiu redondo, sendo amparado pela Branca.

— Não se preocupem, isto é normal — tranquilizou-nos ela. — Daqui a nada ele acorda, mas ficará alguns minutos sem conseguir falar.

Os seis anões sentaram-se à volta do sétimo que, já acordado, olhava à sua volta com os olhos muito abertos.

— Tu, anda cá. — Com grande surpresa, a Trapalhona era chamada à presença da Branca.

— Eu sou só uma mulher que corta caminhos — disse a Trapalhona atrapalhada.

A Branca chamou um anão ao calha.

— Anão Ócalha, dá-me o elixir.

Abriu o pequeno frasco que o anão retirou das ceroulas e entregou-o à Trapalhona.

— Toma, bebe isto. Também tu não sabes quem és.

Entretanto, o Bedelho recuperara a fala:

— O elixir também serve para recordar? — perguntou, ainda meio atordoado e com acentuação até nos "s" que não existiam.

— Sim — respondeu a Branca. — É igual à urina de unicórnio.

— Mas então porque me calhou a urina?

— Porque eu perdi uma aposta com este teu irmão. — E apontou para o anão Ócalha. — E tive de o fazer.

Todos os anões soltaram gargalhadas e nem o unicórnio se conteve. Rebolavam pelo chão de tanto rir e até a Branca de neve confessou ter ficado com um pingo nas cuecas. "Emílio aposta que são fio dental". O unicórnio não. Os unicórnios riem, mas jamais rebolam no chão e nem pensar usarem fio dental. A Trapalhona molhou os lábios e também caiu redonda. A diferença esteve no amparo: um tronco de árvore defendeu-lhe a cabeça e projectou-a contra um tronco mais largo que a cuspiu contra um arbusto de peito feito, de onde uma doninha coscuvilheira fugiu em direcção à escuridão.

— Esta talvez demore mais tempo a acordar — disse a Branca, fazendo com que os anões rebolassem novamente no chão às gargalhadas. Alguns até peidos soltaram. Que cheirinho a sabonete natural!

Aqueles anões eram mesmo divertidos. Eu acho que noutra vida o meu pai foi um anão. Com a nossa ajuda, os anões e a Branca de neve arrastaram a Trapalhona para o lado do Bedelho. Arrancámos-lhe as lascas do nariz, retirámos-lhe as pinhas dos ouvidos e o unicórnio lambeu todo o sangue. Num instante, ela estava como nova. Os dois, agora bem acordados, piscavam os olhos, tinham um ar alucinado e pareciam relembrar algo... Os elixires sagrados começavam a fazer efeito.

Ao contrário da Branca e dos seis anões, nenhum de nós percebia o papel da Trapalhona naquela história, até que o impensável aconteceu: de repente, o Olavo Bedelho e a Trapalhona olharam-se fixamente e depois beijaram-se com a saudade de quem já não se vê há centenas de anos anões. Afinal, o Bedelho não era o único anão perdido. A gigante trapalhona era também um anão perdido. Com a paciência de um monge que viu as flores do seu jardim limparem rabos, a Branca de neve explicou-nos tudo. Aqueles dois eram os anões desaparecidos: ele era "o assobiador" e ela era a oitava anã, a sua eterna amada. Senti-me mal por tantas vezes rir daqueles dentes a assobiarem. Não havia qualquer género de anomalia nem condição. Sendo ele o anão assobiador, só fazia o que lhe competia. Ela era a anã perdida na vida, que tanto cortava caminhos como mudava de género. Ficámos a saber que até um par de calças de ganga ela já tinha sido, por várias vezes, embora nunca de marca.

— Amigos, encontrei a minha família... — disse o Bedelho. E com um brilho nos olhos nada mais disse.

Não eram necessárias palavras, todos nós percebíamos o que estava prestes a acontecer... o nosso querido amigo ia embora. O gigante doutor Olavo Bedelho subia para o unicórnio. À vigésima vez que tentou, o meu pai foi ajudá-lo. Chamei a Teresa para ver aquela triste partida.

— Vou já, Gersúlio. — Sacudiu três vezes em frente à árvore e depois fechou a braguilha.

— Vais embora sem me dar um abraço? — perguntou o meu pai.

— Tens toda a razão, meu grande amigo. — E pediu ao unicórnio para baixar o rabo para que pudesse descer.

Estávamos todos lado a lado e o nosso pequeno amigo pediu-nos para nos colocarmos de joelhos, pois queria falar-nos nos olhos.

— Meu querido amigo Berlefes, tu tens um grande coração. — disse o Bedelho, com as mãos na cara do meu pai. — Nunca esquecerei o teu amável convite para esta viagem. Vim para ver lamas, mas encontrei muito mais do que isso. Sem ti eu nunca teria reencontrado a minha família. Obrigado. — E abraçaram-se.

— Meu querido Gersúlio, tu és um santo. O santo desta família e o santo padroeiro dos aspiradores. Tu tens muitos poderes, nunca te esqueças disso. — Abracei-o como o irmão *dentuças* que nunca tive.

Depois agarrou nas mãos da minha mãe, da Teresa e do Juzenildo e juntou-as junto à sua cara.

— Esta família é abençoada. Obrigado por serem quem são, obrigado por toda a alegria que trouxeram à minha vida. Mantenham-se unidos e nunca parem de rir de tudo e todos.

Demos um abraço colectivo que se estendeu por um longo período. Depois subiu para o unicórnio, desta vez puxado pela Trapalhona. Antes de partir, deixou-nos um conselho de ouro (o pote viria mais tarde):

— Meus queridos amigos, nunca reneguem a vossa empatia perante os diferentes, mas riam, riam sempre. Não é um adeus, é um até sempre.

Assobiou oito vezes e depois gritou muito alto "*abracadabra*" o que fez com que o unicórnio abrisse as pernas de trás. "*Let's go*", gritou o Olavo Bedelho.

— "*Let's go*" quer dizer "vamos" — expliquei eu ao Juzenildo.

Da traseira do unicórnio saiu um fumo com todas as cores do arco-íris. Começou por ser só um fuminho, mas foi aumentando de intensidade até atingir o nível jacto, altura em que finalmente disparou o unicórnio para o céu deixando para trás um rasto de mil cores. Tão bonito! E que cheiro delicioso a sabonete! Adeus, meu querido amigo, até um dia.

— Papá, nós deveríamos ter desconfiado, claro que o doutor Bedelho era especial. Não existem bocas humanas cujos dentes ultrapassam o queixo. É um anão, não uma morsa.

O regresso

— Então?! Onde estão elas? Vamos perder o avião!

— Calma, papá. Elas vêm já, ainda é cedo.

— Que raio de altura para conversas na casa de banho. Afinal, do que falam elas?

— Não sei, mas ouvi algo sobre strap-on. Temos muito tempo, papá. Além disso, o novo motorista ainda não chegou.

De malas feitas, estávamos prestes a rumar ao aeroporto. Com a partida da gigante anã no unicórnio do rabo mágico, tivemos de ligar ao senhor Mamamanel para nos fornecer um novo motorista. Já prontos, eu e o meu pai esperávamos cá fora pela minha mãe e pela Teresa. O Juzenildo já tinha regressado ao mosteiro.

— Filho, enquanto esperamos, tenho uma música nova para te mostrar.

— Mas não tens aqui bateria!

— Não é preciso, filho, é só uma letra que eu inventei.

— Okay, papá. Canta!

A bateria soava bem como o diabo
Ninguém parava, tudo abanava o rabo
O trolha Crezílio chegou
E assim a festa se completou

Foi uma festa com muita emoção
Com bigodes e soutiens na decoração
Na amizade e riso a nossa celebração
Nesta festa, o amor é a nossa canção

— Está uma música bonita, papá!

— Espera, ainda não acabou. Tenho mais uma estrofe:

A Branca de neve usou o soutien como tiara
E o anão a ele já ninguém o pára
Para fazer rir, serve qualquer utensílio
Toda a gente ri, até o Emílio.

Por um breve momento duvidei do que ouvi e não me refiro ao utensílio, até porque existe música com palavras tão ou mais feias. Por exemplo, a canção preferida do meu tio Juvílio tem furúnculo no refrão, ele só no rabo. Olhei espantado para o meu pai cujo sorriso confirmava a minha suspeita.

— Emílio, Papá?! Tu sabes do Emílio Brúlio?!

— Eu sempre soube, meu filho… eu sempre soube…

Epílogo

Os motoristas são como os chapéus: há muitos e de todos os feitios, alguns repetem-se, outros nem por isso. A nova motorista contratada pelo senhor Mamamanel era e é de formato único. Ao contrário da Trapalhona que nos recebeu com toda a simpatia, esta estacionou e ficou sentada ao volante sem nada dizer, acenando-nos para que entrássemos. Um véu preto, talvez de cetim ou refeito de um trapo qualquer, pintado com bonitas caveiras e um javali cornudo, evitava que lhe víssemos a cara. Só dentro do minibus, quando ela o retirou, constatámos com surpresa que se tratava da dona Satância. Trocámos efusivos abraços e depois de ela recitar uma prece invocadora de uma boa viagem, com os olhos revirados e um latim abagaçado, partimos em direcção ao aeroporto. Ela nunca nos explicou como chegou ao Tibete tão depressa, apenas disse que teve a ajuda de um amigo e que por isso chegou de mansinho.

O casal de anões vive feliz, talvez para sempre, no mundo de unicórnios, neves e coisos, mas de tempos a tempos dão-nos o privilégio da sua visita; e marcaram presença no natal que se seguiu — uma festa de arrombar, feita na gigante garagem do meu avô, pois assim a Trapalhona não corria o risco de vazar um olho no candeeiro do tecto. Sempre que partem, sentimos um misto de emoções: bate-nos a dor da despedida, mas deixam-nos com os corações cheios e um ou outro pote de ouro. A sua cativante presença dá-nos esperança na humanidade.

As semanas que se seguiram foram marcantes: a Hema e o Emílio anunciaram que iam viver juntos. Fiquei muito feliz por eles, principalmente quando percebi que a terra escolhida foi Gafanha da Nazaré cuja distância me permitiria vê-los mais vezes. Com tanta coisa a acontecer, eu não me apercebi do amor que florescia entre aqueles dois. À data que escrevo isto, espero com ansiedade pelo dia em que vou ser um género de tio, um tio especial, um daqueles babados e com uma hemorroida lírica nos braços.

Quanto ao meu pai, o grande Berlefes Silva — razão única para a existência deste livro —, não posso dizer que algo tenha mudado nele. Continua fiel a si próprio: transparente, excêntrico, libertino e sempre pronto para festas. Eu bem tentei que ele não falasse em público acerca do que presenciámos no Tibete, mas ele não me quis ouvir. Agora que ature os amigos do café que mal o veem, cospem um "lá vem o gajo dos soutiens e da Branca de neve". Se o mundo não acredita em hemorroidas falantes nem em gafanhotos mais competentes do que o Sherlock Holmes, como pode acreditar em Brancas de neve? E logo com o recentemente imigrado Trulídeo Jesus, o dono do café, que acredita que a neve não existe, que é uma criação dos poderosos para nos fazer sonhar com ursos polares. Às vezes penso que o meu pai é uma criança dentro do corpo de um homem, só que com mais pêlo — no corpo e em caixas.

Quanto a mim, eu continuo com a minha nobre missão: aniquilar todas as vassouras do mundo. Agora que tenho protecção divina, as vendas vão de vento em popa. E não é pouco o vento, como o comprova o meu próximo aspirador prestes a ser lançado: *Generoso Malaquias FXX - um poder de sucção que minha nossa!* (esteja atento às minhas redes sociais e habilite-se a descontos e prémios divinais). Visito frequentemente a dona Satância e acabei por concluir que afinal eu tinha um preconceito: seres com cornos não são necessariamente seres maléficos. Recentemente o mansinho aprendeu a tocar saxofone. Arrisco deixar aqui uma previsão para os próximos anos: acredito muito que ele será um deus do jazz.

A Teresa reaprendeu a viver. Ela nunca foi estúpida, depressa percebeu que a sua nova liberdade não poderia interferir com a liberdade dos outros. Ser livre para sermos quem quisermos é uma coisa; ser livre e achar que podemos balancear o guerreiro cogumelo em plena praça pública é outra. Agora não vejo o balancear do guerreiro (pelo menos não em público), mas constato com agrado que a mulher que mais amo tem uma vida balanceada. Quando faço um balanço da minha vida a conclusão é: sim, gosto. Já do meu exagero nestes trocadilhos com palavras da família balanço eu não gosto tanto, mas a minha família não é nem nunca foi uma família comum, por isso permitam-me balancear estas analogias como bem me apetecer. Ainda sobre a renascida esposa, verifica-se mais um ponto em comum entre nós: para a sociedade este livro é uma abanadela; a Teresa abana a dela.

O mundo está louco. Porém, a loucura não nasce dos diferentes, mas sim dos que exigem que o vizinho seja igual a si. Deveríamos celebrar a singularidade de cada indivíduo, perceber e aceitar que cada um de nós é uma peça valiosa neste quebra-cabeças chamado humanidade. Vivemos num mundo que clama por diversidade, no entanto muitos são rápidos a julgar e a condenar aquele que foge à cega adesão dos padrões convencionais… Essa falta de empatia tornou-se não só assustadora como tragicamente triste. Não és obrigado a gostar de tudo, mas não ouses cancelar os outros só porque criaram algo que não aprecias. Rir é uma dádiva da natureza, senão a mais importante. Não permitas que te digam do que deves rir. Tu tens de ser capaz de perceber que humor é só humor, não nasceu para magoar, nasceu para te renascer. Por isso, toca a rir, rir muito! Ri de ti, ri de mim, ri de tudo. Ri sempre que puderes, ri quando quiseres, ri sem remorsos. A sanidade será resgatada quando aceitarmos a loucura da diversidade. Até isso acontecer, o mundo continuará louco.

Fim

...OU PRINCÍPIO?

Cláudio Lopes

O que diz a crítica

"Saltei de tanto rir" — Joana, professora de educação física.

"Finalmente um livro cómico com tribunais" — João Sentenças, juiz.

"A melhor coisa que aconteceu aos javalis desde as praias do Alentejo" — Alfredo Mansinho, biólogo.

"Simpatizo com todos os sexos do mundo e adorei este livro" — Romeu Flores, leitor.

"A descrição dos psiquiatras é mais certeira do que muitos possam imaginar. Fantástico livro!" — Amanda Farinha, Psiquiatra.

"Finalmente uma obra de arte sobre os gafanhotos e a sua realidade. Uma ode aos detectives originais. Chupa, Sherlock Holmes" — Jasmina Capuz, detective privada.

"A forma carinhosa como os animais são tratados neste livro deixaram-me em lágrimas. O autor está de parabéns" — H.A.Barata, funcionária de jardim zoológico.

"Chorei de emoção ao ler este livro. As pessoas acham que sofro de perturbações mentais por coleccionar soutiens, mas isso é um mito. Este livro veio lançar alguma luz nesta questão-tabu. Obrigado, meu Tó" — Xavier Grades, ex-recluso.

"O evangelho de Lúcifer lembrou-me os meus anos de juventude" — Anabela Rebelde, ex-freira da ordem das carmelitas.

"É comédia — e da boa —, mas é de realçar o fantástico trabalho pedagógico que o autor fez com as hemorroidas. Chega de discriminação. As hemorroidas têm tanto direito ao planeta como nós." — Joaquim Apertado, ex-proctologista.

"Eu tive uma experiência semelhante à do Berlefes, mas a mim ofereceram-me chouriço em troca" — Marco Porta-a-Porta, vendedor de afins e outros.

“Brinquei com bolas toda a vida, mesmo quando os meus pais não aprovavam. Com o Berlefes, redescobri o prazer das bolas” — Juvenal Valetudo, instrutor de ioga.

“Certa vez tivemos uma obra que demorou 1 ano a completar. O motivo foi que o chefe era incompetente, que é um motivo bem diferente do deste livro. Mesmo assim, trouxe-me recordações e muitas gargalhadas” — Bino Cerveja, construtor civil.

"Como ex-mulher desde muito nova, que decidiu mudar de sexo aos 40 anos para voltar a ser homem homossexual, devo dizer que admiro as Jordanas deste mundo" — Mário Maria 0.2, Transformer.

Sobre o autor

Gersúlio Berlefes Silva, também conhecido por Viagens Suzélio Antunes, é um ser multifacetado cuja viagem pela vida é um turbilhão de contrastes, risos e surpresas. Nascido com um espírito inquieto e uma mente que flutua entre o intelectual e a irreverência brejeira, V.S. Antunes é um explorador de extremos, cuja narrativa se desenrola num espectáculo de altos e baixos.

Facebook: https://www.facebook.com/Berlefes

Instagram: https://www.instagram.com/berlefes_o_pai_libertino/

Threads: https://www.threads.net/@berlefes_o_pai_libertino

Twitter: https://twitter.com/Berlefes_o_pai

Página de autor: https://www.amazon.com/author/gersulio_berlefes

Ri de ti, ri de mim, ri de tudo. Ri sempre que puderes, ri quando quiseres, ri sem remorsos.

Até breve.

Zeitfracht Medien GmbH
Ferdinand-Jühlke-Straße 7
99095 Erfurt, Deutschland
produktsicherheit@kolibri360.de